动车组安全监控分析系列丛书

动车组相互救援

何旭升　丁　毅　牛　刚　李小虎　主编

赵小兵　陈席文　罗　果　伍高飞　主审

中国铁道出版社有限公司

2021年·北　京

内容简介

全书共分为八章，主要介绍了动车组救援概述、救援装置及救援原理、救援选择、救援车操作流程、被动车组救援时操作流程、被机车救援时操作流程、救援操作相关事项等内容。书中对于救援优先级别、救援操作流程的介绍，均以列表形式总结归纳，条理清晰、图文并茂，具有很强的实用性。

本书可为铁路系统动车组相互救援工作提供参考，也可为高等院校、科研院所等相关师生和科研人员提供学习资料。

图书在版编目(CIP)数据

动车组相互救援/何旭升等主编．—北京：中国铁道出版社有限公司，2021.8
(动车组安全监控分析系列丛书)
ISBN 978-7-113-28167-0

Ⅰ.①动… Ⅱ.①何… Ⅲ.①高速动车-救援-研究 Ⅳ.①U298.6

中国版本图书馆 CIP 数据核字(2021)第 145497 号

书　　名：**动车组相互救援**
作　　者：何旭升　丁　毅　牛　刚　李小虎

责任编辑：李润华　吕自强　　**编辑部电话**：(010)51873138　　**邮箱**：jiliang@tdpress. com
封面设计：崔　欣
封面制作：尚明龙
责任校对：孙　玫
责任印制：高春晓

出版发行：中国铁道出版社有限公司(100054，北京市西城区右安门西街 8 号)
网　　址：http://www.tdpress.com
印　　刷：国铁印务有限公司
版　　次：2021 年 8 月第 1 版　2021 年 8 月第 1 次印刷
开　　本：787 mm×1 092 mm 1/16　印张：15　字数：279 千
书　　号：ISBN 978-7-113-28167-0
定　　价：98.00 元

前　言

根据随车机械师应急处置工作要求，编者针对运用动车组在救援中遇到的具体问题及难点，梳理、总结出运用动车组故障状态下的相互救援原理、装置、流程和操作方法，编写了《动车组相互救援》。本书旨在使随车机械师在动车组故障处置和救援过程中能够快速、正确、有效地处置，以保障动车组运行安全，尽量减少对运输秩序的影响。

本书共分为八章，介绍了动车组相互救援的基本知识、救援装置及救援原理，汇编了各种常见动车组车型被救援时救援优先级别的选择、作为救援车时的操作流程、被动车组救援时的操作流程、被机车救援时的操作流程、连挂引导、制动试验以及操作风险。本书围绕动车组救援过程中的基本操作及故障处置流程进行讲解，以中国铁路广州局集团有限公司技术主导局分工任务为准则。同平台细分的车型及连接方式相同相似，不同平台的动车组连挂方式也是万变不离其宗。其他平台车型的相互救援可结合书中介绍的理论、方法和实例进而触类旁通，运用动车组重联与解编知识完成相互救援应急处置工作。

本书由中国铁路广州局集团有限公司广州动车段何旭升、丁毅、牛刚、李小虎主编；由中国铁路广州局集团有限公司广州动车段赵小兵，中国铁路广州局集团有限公司车辆部陈席文、罗果、伍高飞主审。本书参编人员有中国科学院北京国家技术转让中心张恒，中国铁路济南局集团有限公司青岛动车段刘克思，中国铁路广州局集团有限公司广州动车段唐晖、张红亮、张锐敏、刘鹏飞、李文锋、屈磊、吴振山、何宇星、姜珊、钟海雄，中南大学高广军、傅勤毅，湖南交通工程学院刘杰、涂宇，湖南铁路科技职业技术学院彭永成，湖南高速铁路职业技术学院陈春泉，广州铁路职业技术学院陈选民，湖南铁道职业技术学院方小斌，中车青岛四方机车车辆股份有限公司燕家旭、张希杰、郭震，青岛四方庞巴迪铁路运输设备有限公司单玉玺、汪涛、王建华，中车唐山机车车辆有限公司杨亮。

本书作为“动车组安全监控分析系列丛书”的第三册，可为铁路系统动车组相互救援工作提供参考，也可为高等院校、科研院所等相关师生和科研人员提供学习资料。

由于编写人员时间、水平有限，书中难免有疏漏之处，敬请广大读者批评指正。

编　者

2021 年 4 月

目　录

第一章　概　　述

第一节　动车组救援的背景及意义

与其他交通运输方式相比较，高速铁路具有输送能力大、速度快、安全性好、受气候变化影响小以及正点率高等特点。近年来，我国的高速铁路得到了快速发展。截至2020年底，我国高速铁路运营线路里程已经达到3.79万km，在拉动经济发展、促进区域文化交流等方面发挥着重要作用。

我国已系统掌握多种复杂地质及气候条件下高铁建造的成套技术，攻克了铁路建设领域一系列世界性技术难题，全面掌握了时速200～250 km、300～350 km动车组制造技术，构建了涵盖不同速度等级、成熟完备的高铁技术体系。其中，我国自主研制的具有世界领先水平的"复兴号"动车组，成功实现时速350 km商业运营；成功研制智能型"复兴号"动车组，在世界上首次实现时速350 km自动驾驶功能，成为世界智能铁路发展的重要引领者。

动车组作为高速铁路系统的一个重要组成部分，其运行状态直接影响到铁路的运输秩序，因此当动车组在运行途中发生故障时，科学地进行应急处置就显得尤为重要。动车组救援是动车组途中故障应急处置中最为极端的一种手段，在其他应急处置手段实施后或通过实施其他应急处置手段无法使动车组恢复正常运行的情况下，迅速、有序、高效地开展动车组救援工作，能最大限度地降低故障造成的损失或危害、防止事故的进一步扩大、维持高速铁路的正常运输秩序。

第二节　动车组救援方式

动车组救援主要分为动车组救援动车组和机车救援动车组两种方式。其中，动车组救援动车组可以分为同型动车组救援和异型动车组救援两种情况。

无论采用哪种方式，救援的实质是通过救援车与被救援车之间的救援装置实现两者的机械连接、电气连接、气路连接以及制动控制，从而保证两者能正常、安全地运行和停止。

救援装置主要由动车组(机车)前端车钩、过渡车钩、救援连接器、BP救援装置以及制动转替装置等构件组成，救援车与被救援车必须依靠救援装置的部分构件组合才能完成车组的连接。救援车与被救援车的连接模式可以分为以下三种。

第一种模式:救援车与被救援车以重联的模式进行连接。两车的前端车钩直接参与连接,机械钩和电钩能自动完成连挂,救援车能够实现对被救援车的完全控制。此种模式建立的条件比较苛刻,必须是硬件结构相同且软件协议相容的同型动车组才有实现的可能,即使是同型动车组的相互救援,采用这种模式也很有可能将被救援车的故障"传染"给救援车,导致救援失败。此种方式运用可靠,可在网络、电池电压等车组自身参数正常的情况下最大速度运行,在正常运行图实施条件下可实现插空回送。

第二种模式:救援车与被救援车仅进行机械钩的连接。电气及气路均不参与连接,仅靠机械钩向被救援车传递救援车的牵引力和制动力,被救援车完全依靠救援车的机械推、拉实现启停。此种模式主要应用于被救援动车组蓄电池电压低于规定值,而切除空气制动或停放制动的情况。此种方式往往伴随运行限制条件较多、运行速度较低,对运输秩序影响较大,救援效率较低。

第三种模式:救援车与被救援车进行机械钩以及气路的连接。除了机械钩向被救援车传递救援车的牵引力和制动力外,救援车还能通过气路连接控制被救援车的空气制动。此种方式相对前两种模式限制条件较少、运行速度适中,对运输秩序的干扰较低。

第三节　动车组的种类

目前,由于生产厂商不同、生产技术标准不同等一系列因素,我国"和谐号"各型动车组的造车平台仍存在一些差异。后续"复兴号"动车组的相互救援兼容性有着较大的提升。

另外,我国动车组的发展,经历了"引进—消化吸收—再创新"的过程,同一平台生产的动车组,由于生产技术的不断改良或者客户需求的不同,各批次的动车组也存在差异。

如此庞大的动车组体系,中国国家铁路集团有限公司将国内现有的动车组按技术平台、车型、批次进行了梳理分类。根据动车组速度等级、主要系统构成、检修维护特点等进行划分,现有动车组共划分为 15 个技术平台,分别为 CRH1A 平台、CRH2A 平台、CRH3A 平台、CRH5A 平台、CRH3C 平台、CRH2C 平台、CRH380A 平台、CRH380B 平台、CRH380C 平台、CRH380D 平台、CRH6A 平台、CR400AF 平台、CR400BF 平台、CR300AF 平台、CR300BF 平台。

根据动车组设计结构的差异性,将同一车型的动车组划分成不同的生产批次。本书涉及的车型批次如下：

CRH1A 型动车组，指的是 CRH1A 技术平台下型号为 CRH1A 的第(1)、(4)、(5)、(6)批次动车组，车号包括：1001～1021，1086～1090，1094～1104，1106～1109，1117～1119，1121～1166，1167～1168。这 4 个批次的动车组典型特征在于最高运行速度不同，在动车组救援方面无差别。

CRH1A-A 型动车组，指的是 CRH1A 技术平台下型号为 CRH1A-A 的第(1)、(2)、(3)、(4)批次动车组，车号包括：1169～1176，1177～1182，1183，1185～1208，1217～1228，1234～1260，1209～1216。这 4 个批次的动车组典型特征在于车内布局不同，在动车组救援方面无差别。

CRH2A 统型动车组，指的是 CRH2A 技术平台下型号为 CRH2A 的第(2)、(3)批次动车组，车号包括：2212～2359，2360～2416，2427～2456，2457～2460，2473～2499，4001～4071，4082～4095，4114～4131。这 2 个批次的动车组均采用了统型设计方案，第(3)批次在第(2)批次的基础上，车内增加了行包柜，在动车组救援方面无差别。

CRH2E 非统型动车组，指的是 CRH2A 技术平台下型号为 CRH2E 的第(1)批次动车组，车号包括：2121～2138，2140。该批次采用了非统型的设计方案，无停放制动功能，前端车钩无电钩。

CRH2E 统型动车组，指的是 CRH2A 技术平台下型号为 CRH2E 的第(2)、(3)批次动车组，车号包括：2461，2462。这 2 个批次的动车组前端车钩均无电钩，典型特征在于主供电及牵引传动模式不同，但是在动车组救援方面无差别。

CRH3C 型动车组，指的是 CRH3C 技术平台下所有的动车组，一共有 2 个批次的动车组。典型的特征在于：第(1)批次的最高运行速度为 310 km/h，齿轮传动比为 2.793。第(2)批次的最高运行速度为 350 km/h，齿轮传动比为 2.429。因为传动比不一致，这两个批次的动车组不能相互重联救援。

CRH6A 非统型动车组，指的是 CRH6A 技术平台下型号为 CRH6A 的第(1)批次动车组，车号包括：0401～0408，0601～0610。该批次的动车组前端车钩无电钩，车组采用了非统型的设计方案，无停放制动功能。

CRH6A 统型动车组，指的是 CRH6A 技术平台下型号为 CRH6A 的第(2)、(4)批次动车组，车号包括：0414～0417，0611～0622，0422～0429，4132～4137。这 2 个批次的动车组前端车钩无电钩，车组均采用了统型设计方案，具有停放制动功能，典型特征在于车组的定员不同，但是在动车组救援方面无差别。

CRH380A 统型动车组，指的是 CRH380A 技术平台下型号为 CRH380A 的第(2)批次动车组，车号包括：2641～2740，2741～2807，2809～2817，2819～2827，2829～2841。

该批次的动车组采用了统型设计方案,具有停放制动功能。

CRH380AL 非统型动车组,指的是 CRH380A 技术平台下型号为 CRH380AL 的第(2)批次动车组,车号包括:2571～2640。该批次的动车组前端车钩无电钩,车组采用了非统型设计方案,无停放制动功能。

CRH380AL 统型动车组,指的是 CRH380A 技术平台下型号为 CRH380AL 的第(3)批次动车组,车号包括:2913～2920,2926～2930。该批次的动车组前端车钩无电钩,车组采用了统型设计方案,具有停放制动功能。

CRH380B 型动车组,指的是 CRH380B 技术平台下型号为 CRH380B 所有的动车组,一共有 2 个批次的动车组。典型特征在于:第(2)批次在第(1)批次的基础上,在车内增加了行包柜,在动车组救援方面无差别。

CR400AF 型动车组,指的是 CR400AF 技术平台下型号为 CR400AF 的第(2)批次动车组,车号包括:2021～2028,2030～2064,1006～1025,为 8 编组的标准化动车组。

CR400AF-A 型动车组,指的是 CR400AF 技术平台下型号为 CR400AF-A 的第(1)批次动车组,车号包括:2065～2084,1001～1005,1026～1028,为 16 编组的标准化动车组。该批次的动车组前端车钩无电钩。

CR300AF、CR300BF 型动车组是在 CR400AF、CR400BF 型动车组的平台上制造和延伸的,存在着通用性,同型动车组不存在相互救援的障碍。

本书所涉及的车型均指出厂时的动车组,各铁路局集团公司在实际运用过程中,有可能对动车组进行过技术改造或者软件升级,在参考本书时,请注意区别。

在考虑动车组相互救援的可行性分析时,需要注意相关思路的整理,注意实施过程的技术风险防控,需要系统考虑下述相关必要因素以确保可靠、平稳操作:

(1)考虑纵向动力学及车端连接超负荷的问题。需要注意禁止超长编组动车组间的相互救援,禁止 CRH380D、CRH1A-A 型动车组重联参与长编组救援长编组。由于配属的受限,本书暂不讨论 CRH5 型动车组的相关救援问题。

(2)考虑限制区间的小曲率半径曲线动车组通过顶送问题。需要注意可能出现的前后制动不同步的可能情况排除、注意压钩力超标问题的排除,避免顶送动车组,避免动车组受限的小曲率半径曲线通过。日常救援过程注意尽量仅允许进行临近站间救援,以最快可能速度开通区间,不考虑较长距离的跨界输送。较长距离的跨界输送通过恢复动车组功能自走行或通过天窗时段限速以保障输送。

(3)考虑动车组运行过程中的坡度问题。需注意在长大坡道上禁止短编动车组救援长编动车组,以免制动能力不足或不同步出现救援次生问题。

(4)考虑制动接口模块匹配问题。需考虑可能出现的部分 ATP 无法启动、部分制动传递不理想等情况带来的对救援过程的影响。

(5)考虑在相互救援过程中的高差桥接能力的匹配。考虑各类动车组可能的组合情况,排除不可连情况,最后才是车型选择。注意中车青岛四方机车车辆股份有限公司既有平台内部通过救援连接器双向传递指令的救援方式,其整个体系与其他相互救援原理和配套风险防控体系不同。

第四节 动车组车钩的种类

目前,高速铁路线路上“和谐号”动车组及“复兴号”动车组中,CRH1、CRH3、CRH5、CRH380B、CR400AF 系列动车组的车钩采用沙库式 10 型车钩,CRH2 系列、CRH380A 系列动车组采用日本柴田式车钩。

一、柴田式车钩

统型前的 CRH2 系列及 CRH380A 系列动车组(如 CRH380AL、CRH2E 型动车组)前端车钩采用的是柴田式全自动车钩,如图 1-1 所示,车钩高度为(1 000±5) mm。

柴田式全自动密接式车钩是柴田卫氏提出来的密接式车钩,可以实现机械、空气管路的自动连挂和分解,钩头主要包括钩体、钩舌、解钩杆、拉伸弹簧、解钩风缸、空气管路、MRP 阀和钩锁;缓冲器为单式缓冲器,主要包括横销、纵销、框接头、橡胶堆、缓冲器框等。

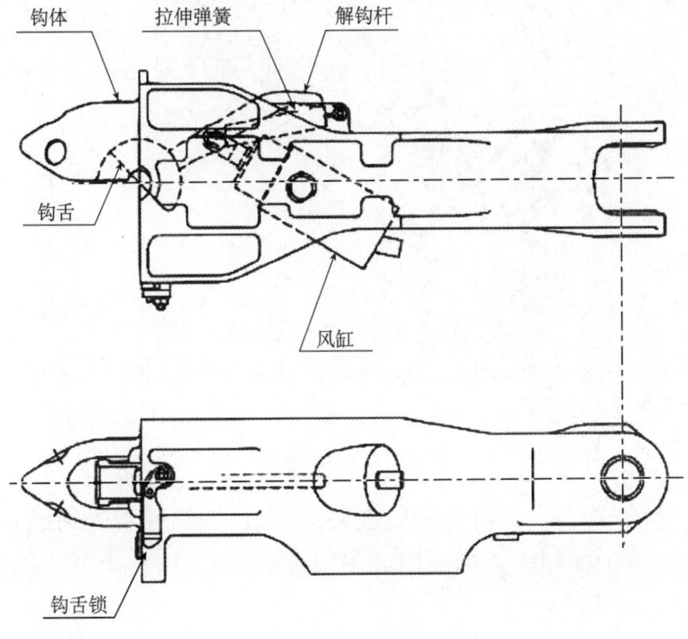

图 1-1 柴田式车钩结构

两车钩连挂时，以规定的速度相互接近，一车钩的凸锥深入到另一车钩的凹锥体内，在前进的过程中会压迫对方的半圆钩舌发生逆时针转动，同时两车钩的解钩风缸内的弹簧收到相对应作用力，使得钩舌继续旋转。当两车钩的连接面接触时，一凸锥完全深入到另一凹锥的里面，此时由于解钩风缸内弹簧的作用，使得两钩舌同时发生顺时针方向的旋转恢复到原来位置，两车钩处于闭锁状态。

当两车钩进行分离时，需要驾驶室的司机操纵解钩风缸阀，使得压缩空气从总风管进入到前车或后车的解钩风缸内，由解钩风缸内的活塞缸向前并推动解钩杆，使得钩舌发生逆时针转动，直到两钩舌分离，即车钩处于解钩状态。还有一种方法通过人力手动推动解钩杆，使得钩舌发生转动直到车钩处于解钩状态。采用手动推动解钩杆的车钩属于半自动车钩。

二、沙库式 10 型车钩

统型后的车钩均为沙库式 10 型车钩，主要由钩头、电气连接器、主风管连接器、对中装置、缓冲系统、气动控制系统和安装座等部件组成，如图 1-2 所示。根据实际需要，部分车钩还设置了前置或后置式压馈管，用以吸收更多的能量。

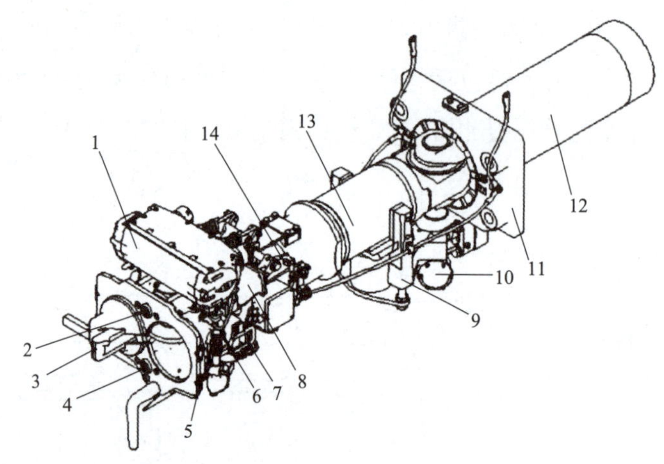

图 1-2　沙库式 10 型车钩

1—电气连接器；2—BP 阀组成；3—连挂组成；4—MRP 主风管连接器；5—加热棒压块；6—解钩系统；7—手动解钩拉环；8—推送风缸；9—橡胶支撑；10—对中装置；11—安装座；12—后压馈管；13—缓冲系统；14—气动控制系统

两车钩在待挂前，钩舌定位杆被固定在待挂位置，钩锁弹簧受到最大拉力，处于拉伸状态。钩锁连接杆由于钩锁弹簧的作用处于凸锥体的最里面，钩舌上的钩嘴对着钩头正前方。

两个车钩相对接触时，一个凸锥体伸入到相邻车钩的凹锥里面，并推动定位杆顶块，定位杆顶块运动使钩舌定位杆离开待挂位置,钩锁弹簧的回复力使钩舌作逆时针转动,并带动钩锁连接杆伸入到相邻车钩钩舌的钩嘴,完成两车钩的连接闭锁。这时两钩的钩锁连接杆和钩舌形成稳定的平行四边形,当车钩受到相对拉力时,拉应力由两钩的钩锁连接杆平均承载,使得车钩的钩舌处于锁紧状态。

解钩时,司机可以操纵解钩按钮,控制电磁阀动作,使解钩风缸内充风,解钩风缸内的活塞杆伸出推动钩舌发生顺时针转动,使得两钩的钩锁连接杆脱离相邻的钩舌钩嘴。同时钩锁连接杆受到钩锁弹簧的拉应力,缩到钩头的椎体内,这时定位杆顶块控制钩舌定位杆,使得钩舌处于解钩状态。两车钩分离后,解钩风缸内的风排入大气,定位杆顶块由于弹簧作用复位,钩舌恢复到待挂位,两车钩又回到原来的待挂状态。

复习思考题

1. 请叙述我国动车组运用现状和前景。

2. 请叙述动车组救援的意义。

3. 请叙述动车组救援时的三种连接模式。试比较哪种救援模式对运行秩序影响最小?哪种模式影响最大?

4. 请列简表叙述动车组的技术平台分类和车型分类。

5. 动车组车钩主要有哪些种类?请简述其特点。

第二章　救援装置及救援原理

本章主要介绍组成救援装置的相关构件以及救援装置相关构件的救援原理，用于合理选用救援装置构件的搭配和组合。

第一节　救援装置的介绍

一、动车组（机车）前端车钩

目前，动车组（机车）前端车钩包括三大类型：沙库式 10 型车钩、柴田式车钩以及机车的前端车钩 13/15 号车钩。三种常见的前端车钩如图 2-1 所示。

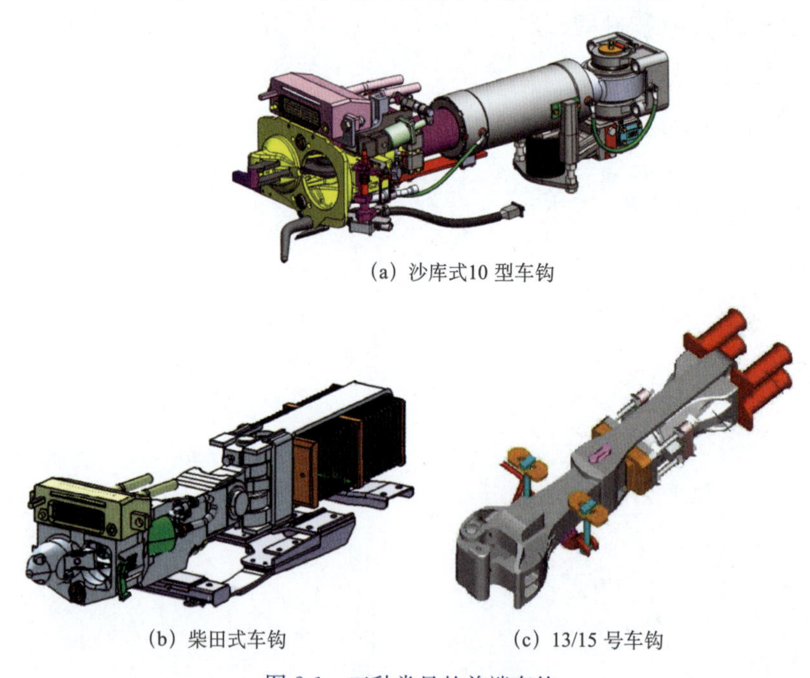

(a) 沙库式10 型车钩

(b) 柴田式车钩　　(c) 13/15 号车钩

图 2-1　三种常见的前端车钩

其中，这三大类型的车钩中，尤以沙库式 10 型车钩在动车组上的应用最为广泛。另外，配置在各型动车组上的同类型前端车钩，在结构和功能上虽大同小异，但在实际的运用中往往会因为这些差异性而使得整个救援操作流程有很大的不同。表 2-1 主要从车钩的伸缩功能、标称高度、BP 制动接口这三个方面归纳各车型前端车钩的共同性和差异性。

表 2-1 动车组/机车前端车钩配置

车钩型号	车钩匹配的动车组车型/机车	是否有伸缩功能	标称高度	是否有BP接口
沙库式 10 型车钩	CRH1A 型动车组	是	880 mm	是
	CRH6A 非统型动车组/CRH3C/CRH380B 型动车组	是	1 000 mm	是
	CRH1A-A/CRH2A 统/CRH6A 统/CRH2E 统/CRH380A(L)统/CR400AF(-A)型动车组	否	1 000 mm	是
柴田式车钩	CRH380AL 非统/CRH2E 非统型动车组	否	1 000 mm	否
13/15 号车钩	机车	否	880 mm	否

从表 2-1 可以看出：只有 CRH380AL 非统/CRH2E 非统型动车组的前端车钩为柴田式车钩，其他动车组的前端车钩均为沙库式 10 型车钩；只有沙库式 10 型车钩设计了伸缩功能，且主要集中在 CRH1A/CRH6A 非统/CRH3C/CRH380B 型动车组上；只有配置在 CRH1A 型动车组上的沙库式 10 型车钩以及机车的 13/15 号钩的标称高度为 880 mm，其他车型的前端车钩标称高度均为 1 000 mm；柴田式车钩及 13/15 号车钩未设置 BP 接口，沙库式 10 型车钩均设置了 BP 接口。

由于各型动车组的前端车钩存在这些差异性，要实现不同车型动车组的相互救援，就必须借助过渡车钩，将不同车型的动车组连接起来。也正因为各型动车组的前端车钩也存在着共同性，使得过渡车钩实现统型设计成为可能。

二、过渡车钩

目前动车组上配备的统型过渡车钩，在动车组救援回送过程中发挥了极大的作用。

1. 统型过渡车钩的组成

动车组统型过渡车钩共分为四个模块，如图 2-2 所示：模块 1 为 880 mm 钩高的 10 型过渡车钩模块；模块 2 为柴田式过渡车钩模块；模块 3 为 1 025 mm/1 000 mm 钩高的 10 型过渡车钩模块，包括单风管和双风管结构；模块 4 为机车过渡车钩模块。

过渡车钩各模块均采用了焊接结构，设计有插隼结构，每两个模块之间都可以使用插隼结构连接组合成完整的过渡车钩，如图 2-3 所示。

过渡车钩模块 1(880 mm 钩高的 10 型过渡车钩模块)由焊接钩体、锁闭机构、辅助挂钩和风管四部分组成，如图 2-4 所示。焊接钩体与锁闭机构组成一个完整的机械连挂系统，可与标称高度 880 mm 的沙库式 10 型前端车钩连挂。辅助挂钩可以使操作者在没有其他外力辅助的条件下，凭借一个人的力量将过渡车钩模块与被救援动车组的前端车钩连挂到位。

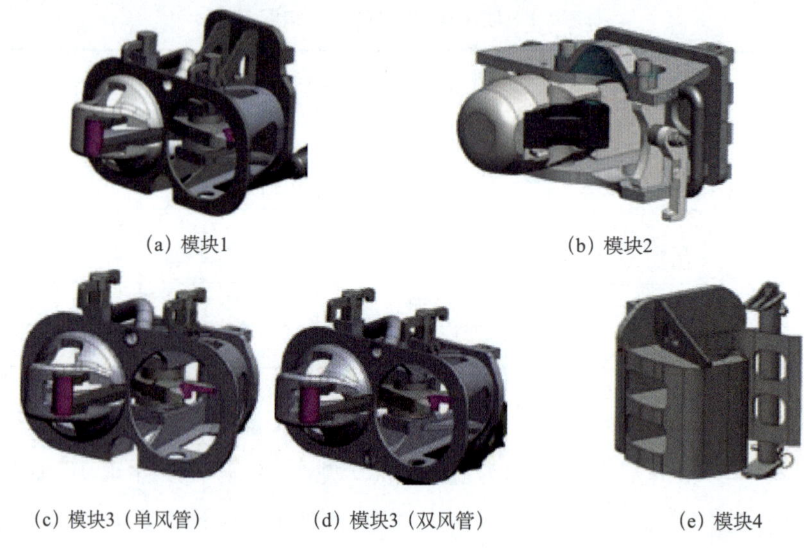

(a) 模块1　(b) 模块2

(c) 模块3（单风管）　(d) 模块3（双风管）　(e) 模块4

图 2-2　统型过渡车钩

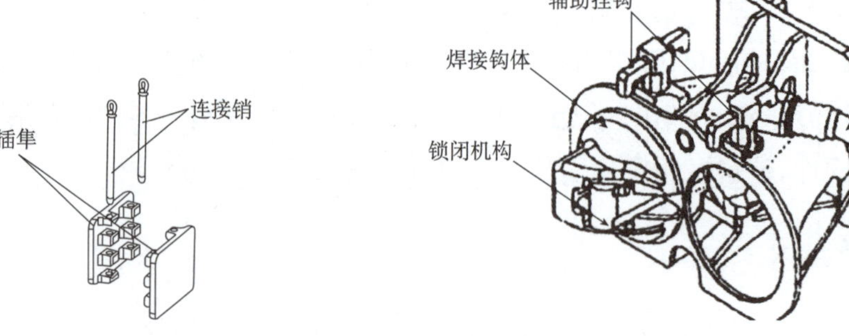

图 2-3　统型过渡车钩模块插隼连接结构

图 2-4　统型过渡车钩模块 1

统型过渡车钩模块 2(柴田式过渡车钩模块)由焊接钩体和锁闭机构两部分组成,如图 2-5 所示。焊接钩体和锁闭机构组成一个完整的机械连挂系统,可与柴田式前端车钩连挂。

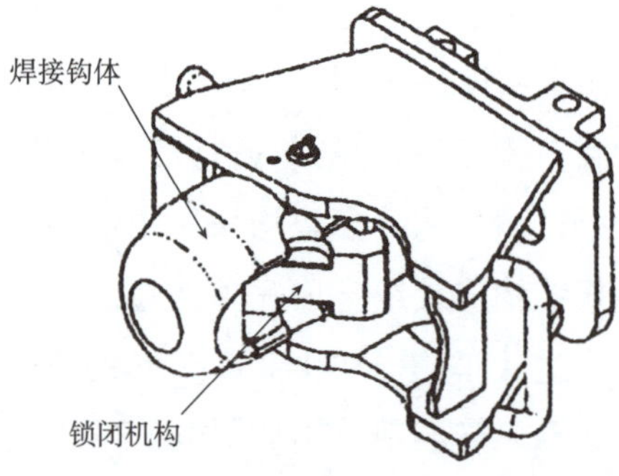

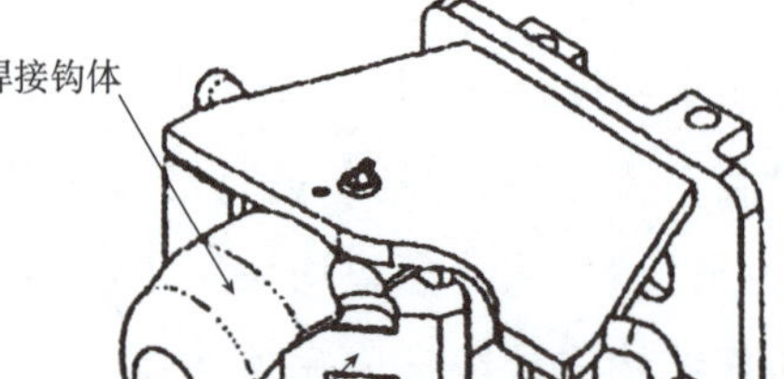

图 2-5　统型过渡车钩模块 2

统型过渡车钩模块 3(1 025 mm/1 000 mm 钩高的 10 型过渡钩模块)结构与过渡车钩模块 1 结构类似,如图 2-6 所示,仅后部插隼结构的高度不同,以适应 1 000 mm 钩高的前端车钩。

统型过渡车钩模块 4(机车过渡车钩模块)主要由三块横向支撑板、外围蒙板和后座板等焊接而成,在过渡车钩的侧边加装防跳装置,与机车的 13/15 号车钩连挂,如图 2-7 所示。统型过渡车钩的主要性能参数见表 2-2。

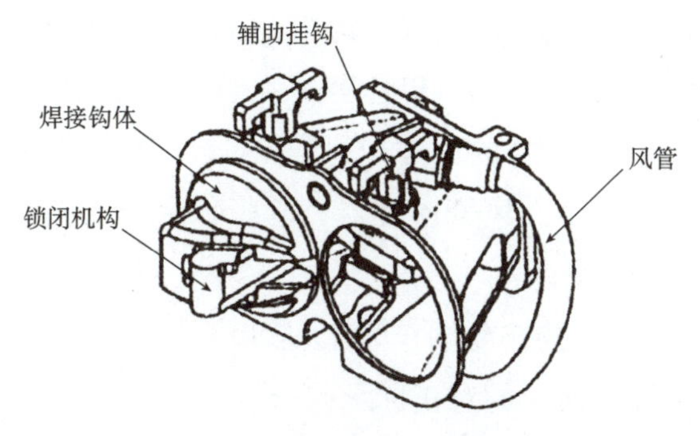

图 2-6　统型过渡车钩模块 3

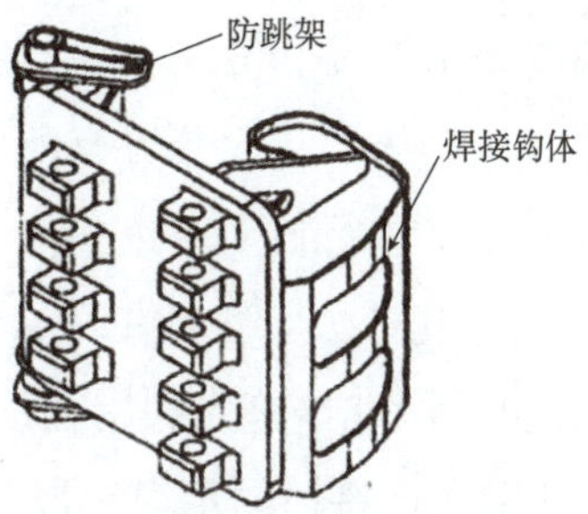

图 2-7　统型过渡车钩模块 4

表 2-2　统型过渡车钩的主要性能参数

性　能	参　数
拉伸屈服载荷	≥500 kN
压缩屈服载荷	≥550 kN
最大拉伸试验载荷	≥800 kN
过渡车钩各个模块质量	≤50 kg
救援运行速度(被救援动车组有制动能力)	120 km/h

从参数上看,统型过渡车钩的拉伸、压缩屈服载荷满足救援长编、短编重联的动车组的要求。

2. 各型动车组统型过渡车钩的配置情况

在实际应用中,统型过渡车钩在各型动车组上的配置原则为:与该型动车组前端车钩相适应的统型过渡车钩模块+与机车前端车钩相适应的统型过渡车钩模块 4。这个过渡车钩的配置原则实际上就是机车救援动车组的模式。根据这一原则,结合前述的各型动车组前端车钩以及统型过渡车钩的情况,总结出各型动车组统型过渡车钩的配置情况,见表 2-3。

表 2-3　各型动车组统型过渡车钩的配置情况

动车组车型	统型过渡车钩模块
CRH1A 型动车组	模块 1+模块 4
CRH1A-A/CRH2A 统/CRH3C/CRH380B/CRH6A 统/CRH6A 非统/CRH2E 统/CRH380A(L)统/CR400AF(-A)型动车组	模块 3+模块 4
CRH380AL 非统/CRH2E 非统型动车组	模块 2+模块 4

模块 1+模块 4 的统型过渡车钩配置情况:模块 4 用来与装有 13/15 号车钩的机车车钩连挂。为了防止使用过程中因线路等因素影响车钩连接处上下跳动导致车钩脱钩,模块 4 上设计有上、下防跳装置,如图 2-8 所示。其中,上防跳装置有 2 个安装孔,下防跳装置有 3 个安装孔,在实际使用安装时,可根据具体情况调整。

模块1适用于CRH1A型动车组，用来与动车组前端车钩相连挂。前端连挂面板用以承受压力载荷和冲击，牵引载荷则通过连接杆和钩舌传递至过渡车钩的其他部分。模块1焊接钩体的正面布置有凸锥面和凹锥面，这样的结构有利于在过渡车钩与前端车钩连挂时用来进行自动对正和对中。模块1还带有风管连接器(BP管)，用于在救援工况时救援车组对动车组的供风及制动控制。

连挂操作时，首先利用辅助挂钩把模块1挂在前端车钩上，然后把模块4扣在模块1上并插入连接销固定，扣合位置参见图2-9所示的对正标示。

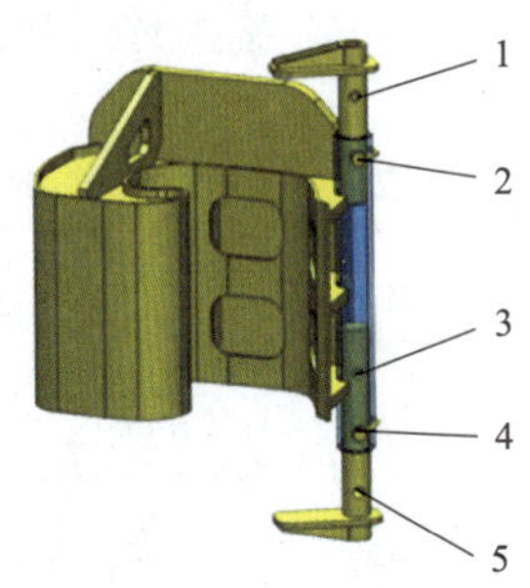

图2-8 统型过渡车钩模块4防跳装置

1～5—5个安装孔位置

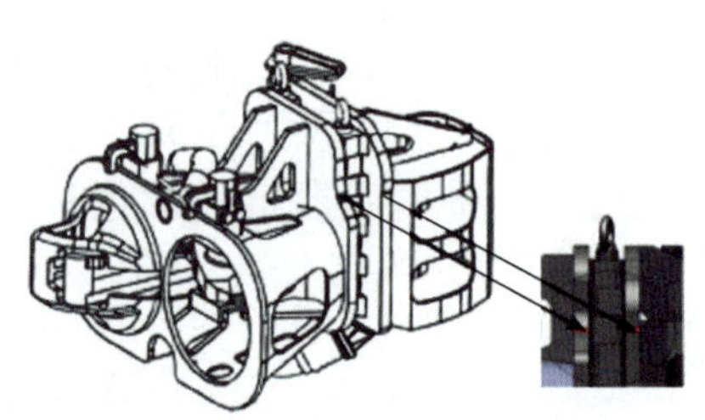

图2-9 模块1与模块4的扣合位置

检查和前端车钩无干涉现象后，用力下压模块4触发前端车钩进行连挂操作，连挂运用的零部件明细如图2-10所示，最后确认模块1的指示是否到位，如图2-11所示。

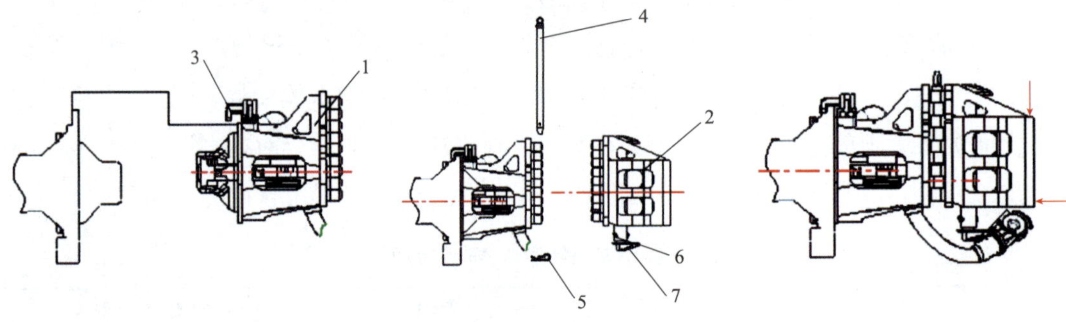

图2-10 安装过渡车钩过程示意

1—模块1；2—模块4；3—辅助挂钩；4—连接销；5—R型销；6—自锁销；7—防跳止挡

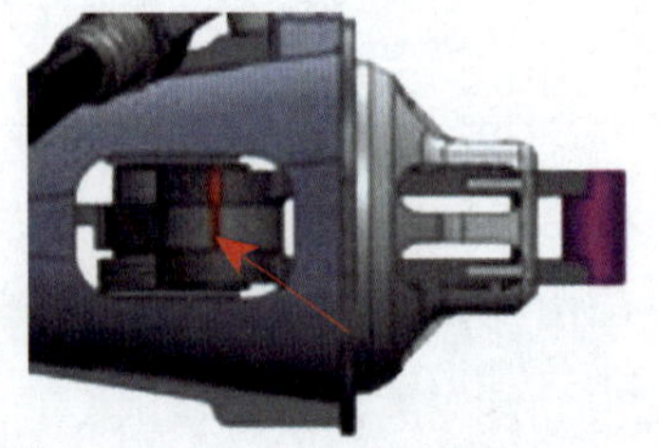

图2-11 模块1和模块4连挂到位的指示

模块 2+模块 4 的过渡车钩配置情况：模块 2 为柴田式过渡车钩，适用于 CRH380AL 非统/CRH2E 非统型动车组，用来与前端车钩相连接。工作原理为模块 2 的钩舌挤压动车组前端车钩钩舌使其发生逆时针转动，当钩舌相互进入对方的钩舌腔后，在前端车钩拉簧的作用下钩舌顺时针转动恢复初始位置，连挂完成。

连挂操作如图 2-12 所示。拉动前端车钩的解钩手柄至全开位，使模块 2 和半前端车钩的凸凹锥相互插入，连挂面贴合，松开解钩手柄，确认连挂到位（前端车钩解钩手柄恢复到初始位置）。把模块 4 安装到模块 2 上，参照图 2-12 所示装配模块（红色对正槽齐平或两模块上平面齐平），依次穿入连接销，并插入 R 型销锁定。

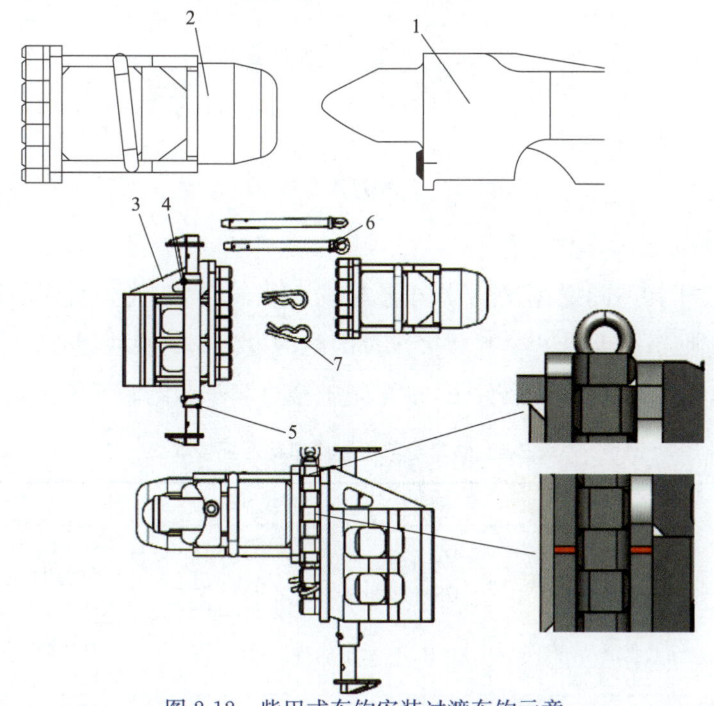

图 2-12　柴田式车钩安装过渡车钩示意

1—前端车钩；2—模块 2；3—模块 4；4—自锁销；5—防跳止挡；6—连接销；7—R 型销

模块 3+模块 4 的过渡车钩配置情况：模块 3 适用于 CRH1A-A/CRH2A 统/CRH3C/CRH380B/CRH6A 统/CRH6A 非统/CRH2E 统/CRH380A(L)统/CR400AF(-A)型动车组，用来与前端车钩相连接。主体承载结构和模块 1 是一致的，前端连挂面板用以承受压力载荷和冲击。牵引载荷则通过连接杆和钩舌传递至过渡车钩的其他部分。模块 3 焊接钩体的正面布置有凸锥面和凹锥面，这样的结构有利于在过渡车钩与前端车钩连挂时用来进行自动对正和对中。模块 3 带有风管连接器(BP 管)(部分模块 3 还带有总风风管连接器 MR 管)，用于在救援工况时救援车组对动车组的供风及制动控制。

模块 3 还配备 1 000 mm 钩高和 1 025 mm 钩高两种高度可调的辅助挂钩，如图 2-13

所示。其中 1 000 mm 的辅助挂钩适用于除 CRH5 型以外的动车组，1 025 mm 的辅助挂钩适用于 CRH5 型动车组。用于 CRH5 型动车组时，辅助挂钩人工旋转 180°，调至挂钩较高的一侧进行连挂。

连挂操作与模块 1＋模块 4 的操作基本相同，可以参考图 2-10。

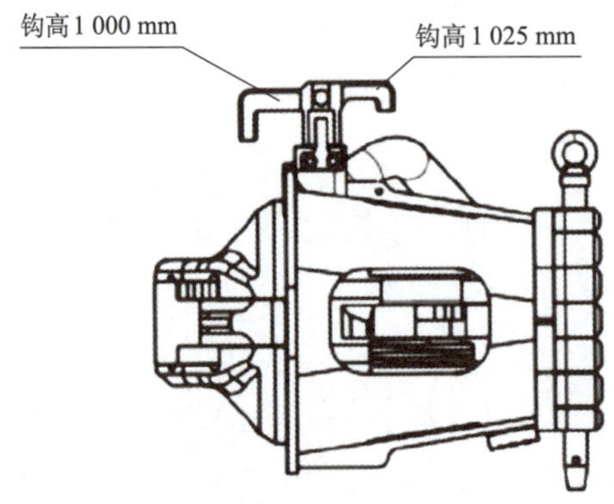

图 2-13　统型过渡车钩模块 3

3. 动车组救援过渡车钩匹配

动车组过渡车钩的配置，实现了机车救援动车组的模式，但要实现不同动车组之间的相互救援，必须选用与救援车、被救援车都匹配的过渡车钩模块组合。

在不考虑其他因素的影响条件下，动车组救援过渡车钩的匹配情况见表 2-4。

表 2-4　动车组救援过渡车钩匹配情况

被救援车	救援车			
	CRH1A 型动车组（模块 1＋模块 4）	CRH380AL 非统/CRH2E 非统型动车组（模块 2＋模块 4）	CRH1A-A/CRH2A 统/CRH3C/CRH380B/CRH6A 统/CRH6A 非统/CRH2E 统/CRH380A(L)统/CR400AF(-A)型动车组（模块 3＋模块 4）	机　车
CRH1A 动车组（模块 1＋模块 4）	直接连挂	模块 2＋模块 1	模块 3＋模块 1	模块 1＋模块 4
CRH380AL 非统/CRH2E 非统型动车组（模块 2＋模块 4）	模块 1＋模块 2	直接连挂	模块 3＋模块 2	模块 2＋模块 4
CRH1A-A/CRH2A 统/CRH3C/CRH380B/CRH6A 统/CRH6A 非统/CRH2E 统/CRH380A(L)统/CR400AF(-A)型动车组（模块 3＋模块 4）	模块 1＋模块 3	模块 2＋模块 3	直接连挂	模块 3＋模块 4

注：各型动车组（　）中的模块为车组本身配备的救援车钩类型，横排竖列相交处的模块为对应不同车型救援时，选用需要安装的模块。

从表 2-4 所示可以总结出，动车组相互救援过渡车钩的模块组合主要有 3 种：模块 1+模块 2，模块 1+模块 3，模块 2+模块 3。前面介绍机车救援动车组时，过渡车钩组合模块需要事先安装在被救援动车组的前端车钩上，然后等待机车进行连挂。同样的，在动车组相互救援中，正常情况下过渡车钩组合模块需要先安装在被救援的动车组前端车钩上，然后引导救援动车组进行连挂。

下面分别对这三种组合模式进行介绍。

模块 1+模块 2 过渡车钩组合，如图 2-14 所示。此种情形适用于 CRH1A 型动车组与 CRH380AL 非统/CRH2E 非统型动车组的相互救援。

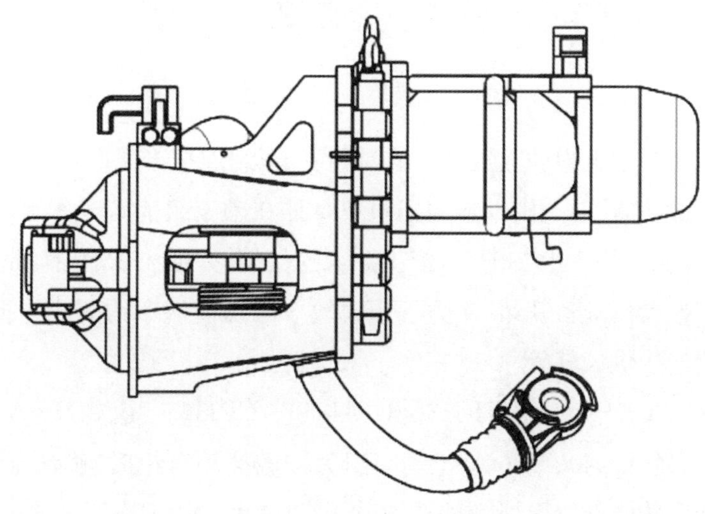

图 2-14　模块 1+模块 2 组合

当 CRH1A 型动车组为被救援动车组时，确认车组连挂工作准备完毕后清除两车钩头凹锥上所有外部物质，通过辅助挂钩把模块 1 挂在动车组前端车钩上，确认无干涉情况，把模块 2 扣合到模块 1 上装配后，依次穿入连接销，并插入 R 型销，此时，过渡车钩与前端车钩间的连挂操作准备就绪，用力下压过渡车钩模块 2 触发前端车钩完成连挂操作，需要时待车组连挂试拉完毕后连接供风软管。

当 CRH380AL 非统/CRH2E 非统型动车组为被救援动车组时，确认车组连挂工作准备完毕后清除两车钩头凹锥上所有外部物质，把模块 2 安装在动车组前端车钩上，确认无干涉情况，把模块 1 扣合到模块 2 上装配后，依次穿入连接销，并插入 R 型销，此时过渡车钩与前端车钩间的连挂操作准备完毕，待车组连挂试拉完毕后连接供风软管。

模块 1+模块 3 过渡车钩组合，如图 2-15 所示。此种情形适用于 CRH1A 型动车组与 CRH1A-A/CRH2A 统/CRH3C/CRH380B/CRH6A 统/CRH6A 非统/CRH2E 统/CRH380A(L)统/CR400AF(-A)型动车组的相互救援。

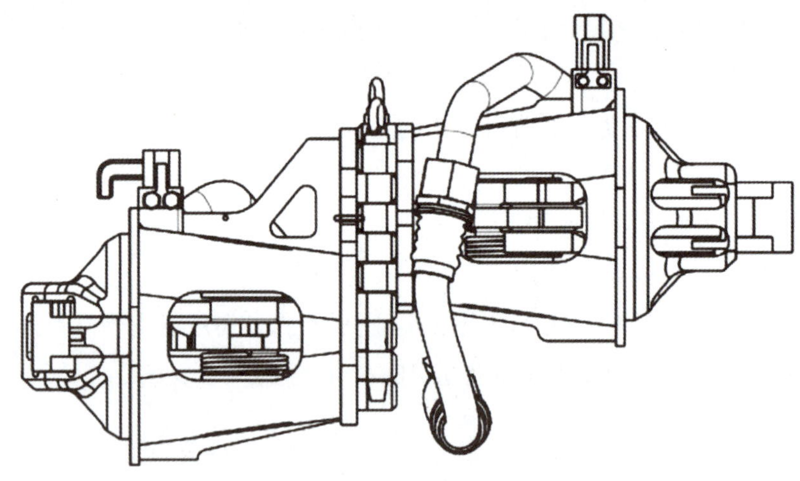

图 2-15　模块 1+模块 3 组合

当 CRH1A 型动车组为被救援动车组时，确认车组连挂工作准备完毕后清除两车钩头凹锥上所有外部物质，通过辅助挂钩把模块 1 挂在动车组前端车钩上，确认无干涉情况，把模块 3 扣合到模块 1 上装配后，依次穿入连接销，并插入 R 型销，此时过渡车钩与前端车钩间的连挂操作准备就绪，用力下压模块 3 触发前端车钩完成连挂操作，待车组连挂试拉完毕后连接供风软管。

当 CRH1A-A/CRH2A 统/CRH3C/CRH380B/CRH6A 统/CRH6A 非统/CRH2E 统/CRH380A(L)统/CR400AF(-A)型动车组为被救援动车组时，确认车组连挂工作准备完毕后清除两车钩头凹锥上所有外部物质，通过辅助挂钩把模块 3 挂在动车组前端车钩上，确认无干涉情况，把模块 1 扣合到模块 3 上装配后，依次穿入连接销，并插入 R 型销，此时过渡车钩与前端车钩间的连挂操作准备就绪，用力下压模块 1 触发前端车钩完成连挂操作，待车组连挂试拉完毕后连接供风软管。

模块 2+模块 3 过渡车钩组合，如图 2-16 所示。此种情形适用于 CRH380AL 非统/CRH2E 非统型动车组与 CRH1A-A/CRH2A 统/CRH3C/CRH380B/CRH6A 统/CRH6A 非统/CRH2E 统/CRH380A(L)统/CR400AF(-A)型动车组的相互救援。

当 CRH380AL 非统/CRH2E 非统型动车组为被救援动车组时，确认车组连挂工作准备完毕后清除两车钩头凹锥上所有外部物质，通过辅助挂钩把模块 2 安装在动车组前端车钩上，确认无干涉情况，把模块 3 扣合到模块 2 上装配后，依次穿入连接销，并插入 R 型销，此时过渡车钩与前端车钩间的连挂操作准备完成，待车组连挂试拉完毕后连接供风软管。

当 CRH1A-A/CRH2A 统/CRH3C/CRH380B/CRH6A 统/CRH6A 非统/CRH2E 统/CRH380A(L)统/CR400AF(-A)型动车组为被救援动车组时，确认车组连挂工作准

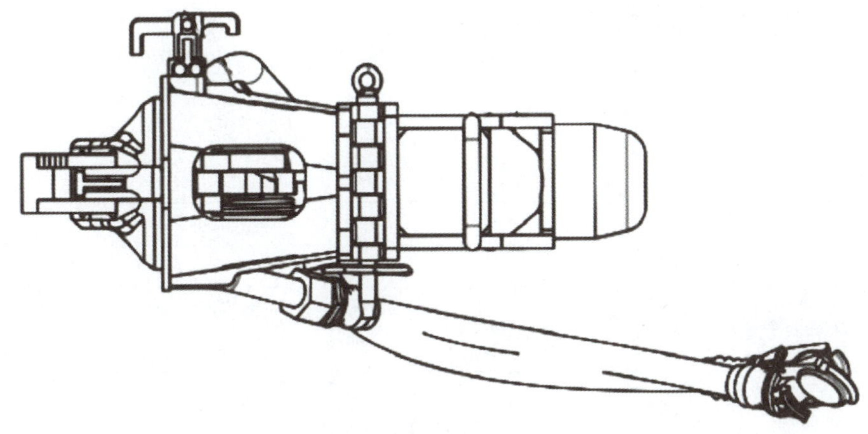

图 2-16　模块 2+模块 3 组合

备完毕后清除两车钩头凹锥上所有外部物质，通过辅助挂钩把模块 3 挂在动车组前端车钩上，确认无干涉情况，把模块 2 扣合到模块 3 上装配后，依次穿入连接销，并插入 R 型销，此时过渡车钩与前端车钩间的连挂操作准备就绪，用力下压过渡车钩模块 2 触发前端车钩完成连挂操作，需要时待车组连挂试拉完毕后连接供风软管。

三、救援连接器

CRH380AL 非统/CRH2E 非统/CRH2A 统/CRH2E 统/CRH6A 统/CRH6A 非统/CRH380A(L)统型动车组在头车设置了救援连接器，可以让同型号动车组之间及同平台不同型号动车组相互之间进行救援作业。救援连接器位置如图 2-17 所示。

图 2-17　救援连接器外形位置

1. 救援连接器指令定义

救援连接器分为7芯救援连接器和32芯救援连接器，救援连接器的指令定义见表2-5、表2-6。

表2-5　7芯救援连接器

线　　号	功能说明
Y01T～Y05T	备用
10T	辅助制动切除指令
157T	耐雪制动指令

表2-6　32芯救援连接器

线　　号	功能说明
61T～67T	制动指令控制
152T	非常制动指令
152T	
153T	紧急制动指令
154T	制动指令
155T	紧急制动风阀指令
156T	紧急制动复位
411T	辅助制动力信号
461T	
Y06T～Y11T	备用
103T	DC 100 V电源线
100	电源负线

2. 救援连接器的使用方法

7芯救援连接器：由指令定义可以看出7芯救援连接器内部主要是辅助和耐雪制动指令线，可视情况配合32芯救援连接器使用，当需要辅助制动和耐雪制动时连接7芯、32芯救援连接器，不需要时可只连接32芯救援连接器。

32芯救援连接器：32芯救援连接器内有61T～67T常用制动指令线、152T快速制动指令线、153T/154T紧急制动指令线、103T直流电源线，因此使用时可按以下三种方式进行划分。

第一种情况：当救援车或被救援车电钩受损、短编车与长编车互救、相互救援的动车组电钩无法连接而又要传递制动信号时，需要安装32芯救援连接器，依靠32芯内制动指令线传递制动信号。这种情况下，需要将救援车、被救援车救援连挂端的救援手柄(HELPS)分别旋至“救援”位。

第二种情况：当被救援车无法升弓送电且回送时间较长（超过 2 h）或被救援车蓄电池电压低（低于 77 V，动车组无法正常启动），需要使用 32 芯救援连接器内部 103T 直流电源线，通过 103T 线给被救援车提供直流电并对蓄电池充电。此时，无需操作救援手柄。

第三种情况：当被救援动车组为重联动车组且被救援车无法升弓送电、回送时间较长（超过 2 h），或被救援车蓄电池电压低（低于 77 V，动车组无法正常启动），需要在两列被救援车之间连接 32 芯救援连接器，使用的是 32 芯救援连接器内部 103T 直流电源线，通过 103T 线给被救援车提供直流电并对蓄电池充电。此时，无需操作救援手柄。救援手柄位置如图 2-18 所示。

图 2-18　司机室边柜中的救援手柄

3. 救援连接器使用注意事项

(1)当 32 芯救援连接器作为制动信号传递时，需将两个连挂端救援手柄（HELPS）旋至“救援”位。

(2)以上车型相互救援需要安装或拆卸 32 芯救援连接器前，需将两组动车组断电降弓、拔取主控。

(3)除 CRH6A 非统/CRH6A 统型动车组因切除保持制动需要投入主控外，其余被救援动车组不得投入主控，避免造成车组制动无法缓解。

(4)被救援动车组需要投入主控时，仅被救援动车组 MON 屏显示“紧急制动”时属正常现象，但此时车组制动无法缓解，需要将被救援车连挂端短接开关盘上的 2A-2A1 断接。

(5)被救援动车组需要投入主控时，严禁短接被救援动车组连挂端短接开关盘上的 3-154G2(154G1)，否则会造成动车组发生轴温报警等突发情况时紧急制动无法自动施加，部分车型作为救援动车组时还会导致其 ATP 制动测试无法通过。

(6)使用 32 芯救援连接器时，务必保证两车组蓄电池电压差值不得高于 5 V，避免造成车组部件烧损。

四、救援空气制动控制装置

救援空气制动控制装置是救援工况下制动系统的重要组成部分，在实现相互救援的动车组制动可控方面起到了重要的作用。救援空气制动控制装置由回送面板、制动转替装置、BP 救援装置、BP 救援转换装置以及贯穿全列的 BP 管等几部分构成。动车组救援空气制动控制装置配置见表 2-7。

表 2-7　动车组救援空气制动控制装置配置

动车组车型	装置名称
CRH1A 型动车组	回送面板
CRH6A 非统/CRH380AL 非统/CRH2E 非统型动车组	制动转替装置
CRH3C/CRH380B 型动车组	贯穿全列的 BP 管
CRH2A 统/CRH2E 统/CRH380A(L)统型动车组	BP 救援装置＋制动转替装置
CRH1A-A/CRH6A 统/CR400AF(-A)型动车组	BP 救援转换装置

回送面板，在动车组救援过程中，作为救援车时可以将自身车组的制动信号由电信号转换为空气信号输出给被救援车，实现对被救援车的制动控制；作为被救援车时可以通过该装置将救援车发出的空气信号转换成为电信号反馈给自身制动控制单元，接收和反馈来自救援车的制动信息。

制动转替装置，在动车组救援过程中，作为被救援车时可以通过该装置将救援车发出的空气信号转换成为电信号反馈给自身制动控制单元，接收和反馈来自救援车的制动信息；作为被救援车时无法输出制动信号。

BP 救援装置，在动车组救援过程中，作为救援车时可以将自身车组的制动信号由电信号转换为空气信号输出给被救援车，实现对被救援车的制动控制；作为被救援车时无法识别救援车发出的制动信号。

BP 救援转换装置，在动车组救援过程中，作为被救援车时可以通过该装置将救援车发出的空气信号转换成为电信号反馈给自身制动控制单元，接收和反馈来自救援车的制动信息；作为救援车时可以将自身车组的制动信号由电信号转换为空气信号输出给被救援车，实现对被救援车的制动控制。

贯穿全列的 BP 管，在动车组救援过程中，作为救援车时可以将自身的制动压力信号通过 BP 接口直接传递至被救援车；作为被救援车时可以将救援车发出的空气信号传递至自身每个车厢的 BCU 从而实现制动力的传递。

综上所述，仅配置制动转替装置的 CRH6A 非统/CRH380AL 非统/CRH2E 非统型动车组作为救援车组时无法控制其他型号动车组的制动。

第二节 救援原理

一、救援制动控制装置控制原理

1. 回送面板

回送面板 B07 由以下部件组成:.06 减压阀、.04 电磁阀、.13 节流限制堵、.12 人工测试接口、.08 紧急电磁阀、.02 活塞阀、.11 空气滤尘器、.01 压力传感器、.05 压力开关。其中,.06 减压阀的作用是将总风降至 600 kPa,以便符合 BP 管的压力要求;.04 电磁阀是救援/回送模式的切换电磁阀,即当处于救援状态时 .04 电磁阀得电、处于被救援(回送)状态时失电;.08 紧急电磁阀在紧急制动工况下失电排空 .02 活塞阀内的空气;.02 活塞阀内的空气经 .08 紧急电磁阀排空后其快速排风口打开迅速排空 BP 管内的空气;.05 压力开关动作的压力值为 400 kPa,其动作会影响紧急制动回路;.01 压力传感器实时监测 BP 管空气压力并反馈至 TCMS。回送面板气路原理如图 2-19 所示。

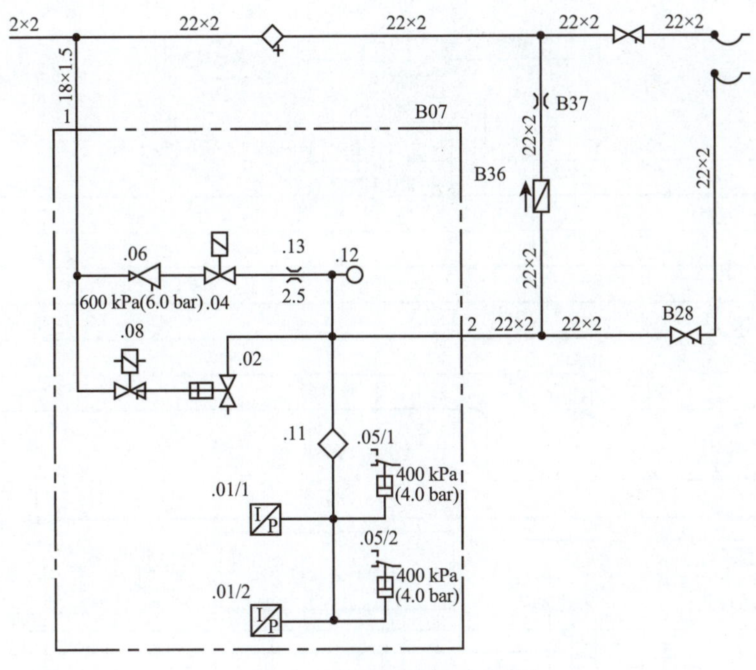

图 2-19 回送面板气路原理

综上所述,车组担当救援车时,将救援开关旋至“救援”位后,总风经减压阀降压至 60 kPa 后经 .04 电磁阀向 BP 管路充风向被救援车提供 BP 风;当车组因故障触发紧急制动时 .08 紧急电磁阀失电快速排空 BP 风从而向被救援车发出紧急制动指令;当被救援车组因故障触发紧急制动或其他原因导致 BP 管风压降至 400 kPa 以下时,压力开关

.05 压力开关动作使车组紧急制动回路断开，同时传感器 .01 压力传感器会将 BP 压力反馈至 TCMS，达到被救援车组紧急制动可以影响救援车的目的。

车组担当被救援车时，将救援开关旋至“回送”位后，因 .04 电磁阀失电总风无法向 BP 管充风，此时车组 TCMS 依靠 .01 压力传感器对 BP 压力的实时监测从而计算并施加相应的制动力；当车组因故障触发紧急制动时，.08 紧急电磁阀失电，快速排空 BP 风向救援车传递紧急制动指令，达到被救援车组紧急制动可以影响救援车的目的。

2. 制动转替装置

制动转替装置把 BP 压力空气通过半导体式压力传感器进行空电变换，变换后的电压信号进入微处理机进行演算，通过制动信息转移指令器输出常用制动指令，模拟制动手柄动作输出高电平使制动控制手柄定位继电器 B1FR、B2FR、B3FR、B4FR、B5FR、B6FR、B7FR 得电，从而使常用制动指令线 61～67 号线得电，实现施加常用制动的功能，但因其无法主动使制动控制手柄定位继电器 BFR 失电，故无法触发紧急制动。制动转替装置原理如图 2-20 所示，其实物如图 2-21 所示。

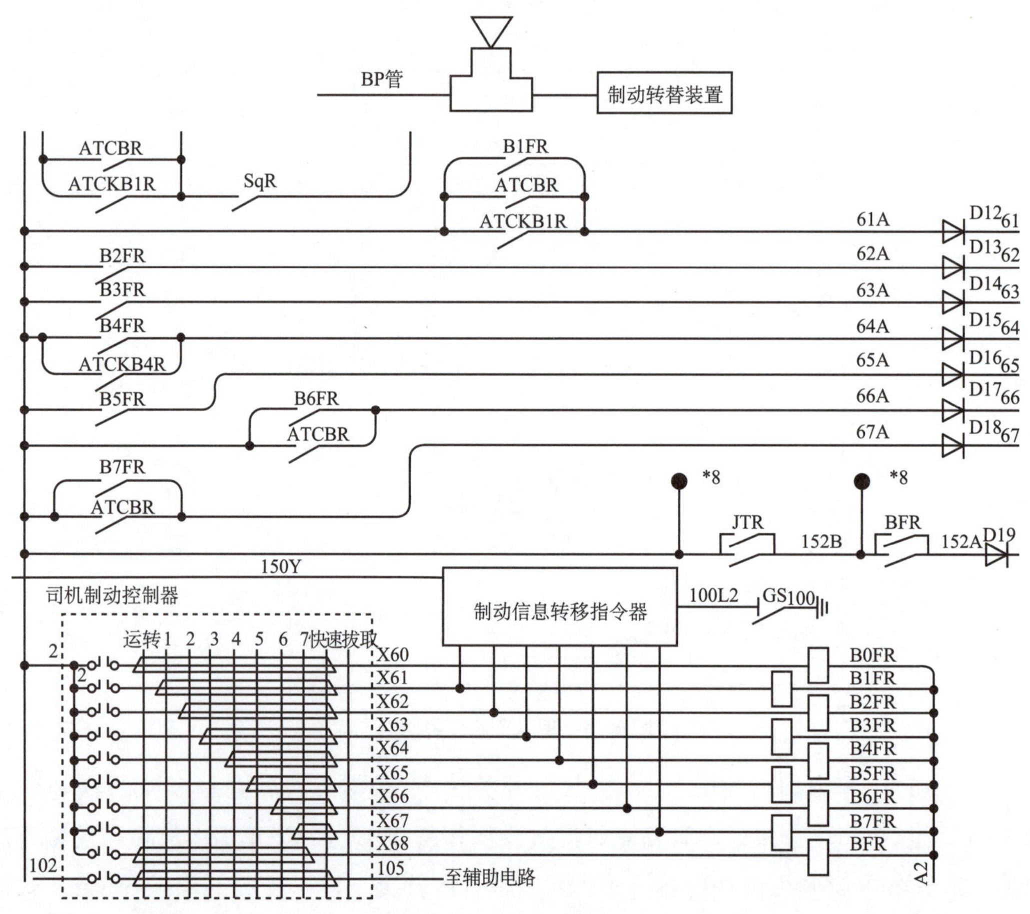

图 2-20　制动转替装置原理

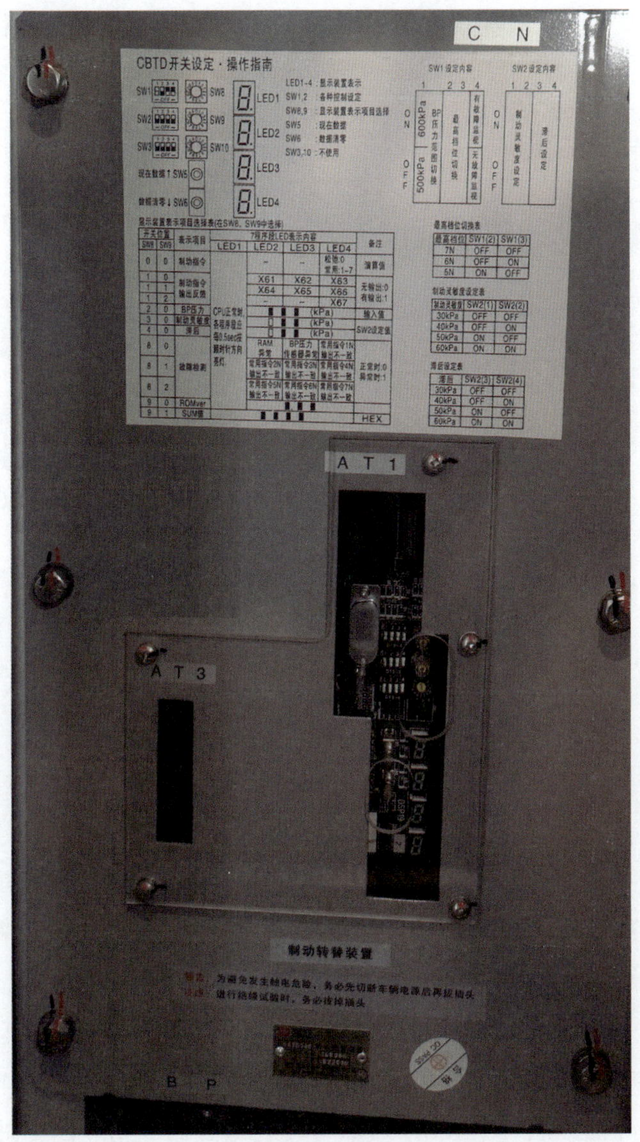

图 2-21　制动转替装置实物

3. BP 救援装置

BP 救援装置由滤尘器、电空变换阀、0.5 L 的辅助风缸、中继阀、吐出阀、紧急电磁阀、BP 救援指令器、5 L 的储风缸、压力传感器等部件组成。其中，电控变换阀的作用是将制动指令电信号转换为空气信号；中继阀的作用是将接收到电空变换阀输出的预控空气压力信号进行放大流量后输出制动压力；吐出阀的作用是在紧急制动情况下能快速排空 BP 管内的空气；紧急电磁阀的作用是在紧急制动情况下排空吐出阀内的空气以便于吐出阀快速排风口打开；BP 救援指令器的作用是将接收到的制动指令计算成所需的制动力，然后控制电空变换阀进行电空变换；压力传感器的作用是对 BP 管压力进行实时监测，并将信息反馈至 BP 救援指令器以对 BP 救援装置状态进行判断。BP 救援装置原理如图 2-22 所示。

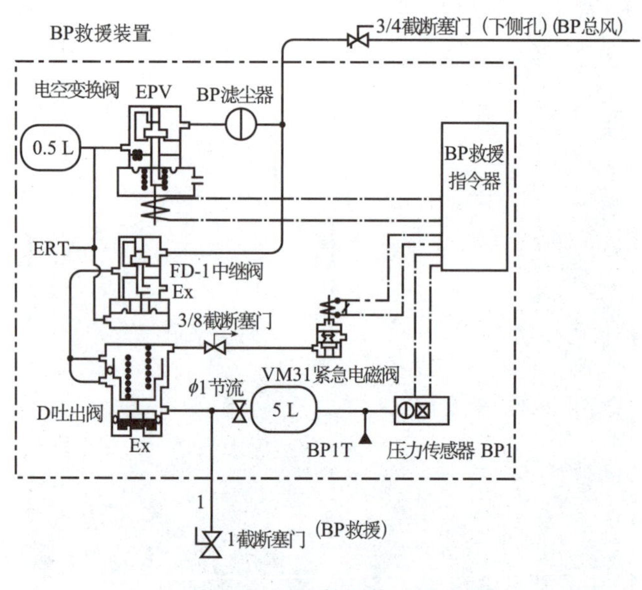

图 2-22　BP 救援装置原理

作为救援车时，闭合救援指令器空开后 BP 救援指令器工作，根据接收到的制动指令控制电空变换阀输出相应的制动压力信号，电空变换阀输出的预控压力信号经中继阀从总风管获得风源后放大流量输出制动压力，输出的制动压力进入吐出阀后先是推动吐出阀内的弹簧装置动作确保吐出阀快速排风口关闭，然后再经过吐出阀向 BP 管输出制动压力信号供被救援车接收检测，同时向 5 L 的储风缸充风已保证 BP 管保持稳定的风压，必要时可通过 BP 管可向被救援车提供风源。当车组因故障触发紧急制动时，BP 救援指令器发出指令使紧急电磁阀得电将吐出阀内的空气排空从而使吐出阀快速排风口打开排空 BP 管空气，使得被救援车能快速接收到紧急制动指令。因被救援时救援指令器空开保持断开，BP 救援指令器无电，故 BP 救援装置仅适用于作为救援车时使用。

4. BP 救援转换装置

目前，动车组上配置有三种 BP 救援转换装置，分别安装在不同的车型上。这三种 BP 救援转换装置大体上的工作方式是一样的，只是在具体的部件等部分有所差异。

(1)适用于 CRH6A 统型动车组的 BP 救援转换装置

该种 BP 救援转换装置安装在 CRH6A 统型动车组上，主要由滤尘器、电空变换阀、中继阀、制动管截断阀、吐出阀(带旁路止回阀)、紧急电磁阀、5 L 的储风缸、压力传感器等部件组成。其中，电控变换阀的作用是将制动指令电信号转换为空气信号；中继阀的作用是将接收到电空变换阀输出的预控空气压力信号进行放大流量后输出制动压力；吐出阀的作用是在紧急制动情况下能快速排空 BP 管内的空气；紧急电磁阀的作用是在紧急制动情况下排空吐出阀内的空气以便吐出阀快速排风口打开；制动管截断阀的作用是截断中继阀输出的制动压力，避免制动压力进入吐出阀，借以实现救援模式与被救援模式的切换；压力传感器的作用是对 BP 管压力进行实时监测，并将信息反馈至 BP 救援指令器以对 BP 救援装置状态进行判断，同时当监测到 BP 压力低至 210 kPa 以下时会触发紧急制动。适用于 CRH6A 统型动车组的 BP 救援转换装置如图 2-23 所示。

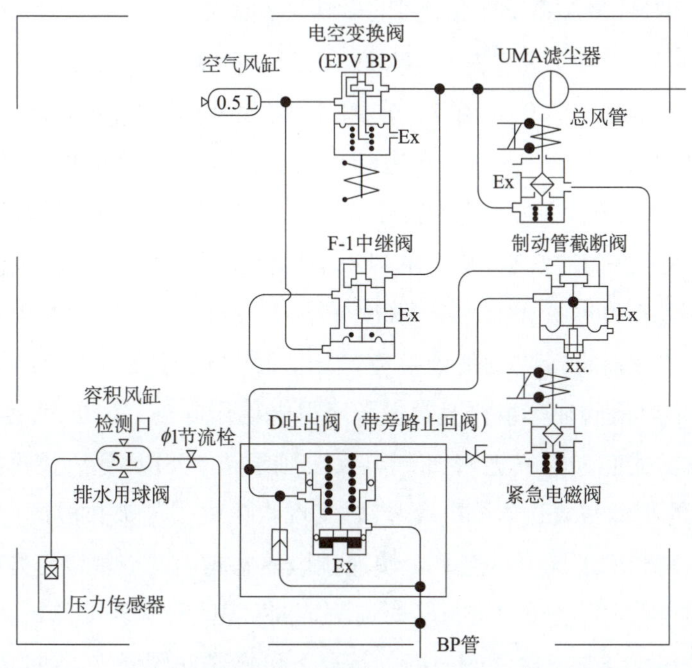

图 2-23　BP 救援转换装置(适用于 CRH6A 统型动车组)原理

作为救援车时，闭合救援装置空开操作救援开关至“救援”位，电空变换阀根据接收到的制动指令输出相应的制动压力信号，电空变换阀输出的预控压力信号经中继阀从总风管获得风源后放大流量输出制动压力。由于救援开关处于“救援”位，此时 BP 管充风电磁阀失电，总风由电磁阀打开制动管截断阀气路通道，经制动管截断阀气路通道输出的制动压力进入吐出阀后先是推动吐出阀内的弹簧装置动作确保吐出阀快速排风口关闭，然后再经过吐出阀向 BP 管输出制动压力信号供被救援车接收检测，同时向 5 L 的储风缸充风以保证 BP 管保持稳定的风压，必要时可通过 BP 管向被救援车提供风源。当车组因故障触发紧急制动时，BP 救援指令器发出指令使紧急电磁阀失电将吐出阀内的空气排空，从而使吐出阀快速排风口打开排空 BP 管空气，使得被救援车能快速接收到紧急制动指令。

作为被救援车时，闭合救援装置空开操作救援开关至“被救”位，此时 BP 管充风电磁阀得电，电磁阀排风口打开，排空制动管截断阀内空气，然后制动管截断阀内弹簧动作推动挡板截断其内部通道，从而确保没有总风进入 BP 管路。此时 BP 管路风压由救援车控制，压力传感器实时进行监测，将制动压力空气信号转换为电信号反馈给车组以确保制动能正常施加。当车组因故障触发紧急制动时，紧急电磁阀将失电，其排风口打开排空吐出阀内的空气，吐出阀快速排风口打开快速排空 BP 管空气，达到被救援车组紧急制动可以影响救援车的目的。

(2)适用于 CRH1A-A 型动车组的 BP 救援转换装置

该种 BP 救援转换装置安装在 CRH1A-A 型动车组上，主要由 .03 单向阀、.02.01 充风阀、.02.02 排风阀、.02.03 传感器、0.5 L 的辅助风缸、.01 中继器、.07 救援模式切换电磁阀、.08BP 管活塞阀、.13 紧急电磁阀、.12 紧急电磁阀旁路阀、.11 快速排风活塞阀、.09 传感器、B33 压力开关等部件组成。其中，.03 单向阀的作用是确保总风能向 .02 预控阀模块供风，但 .02 预控阀模块内的风不会倒流至总风管；.02.01 充风阀、.02.02 排风阀与 .02.03 传感器在救援开关旋至“救援”位后互相配合，根据车组指令输出相应的预控空气压力；.01 中继器将接收到的预控空气压力信号进行放大流量后输出制动压力；.07 救援模式切换电磁阀在车组作为救援车时得电动作排空 .08BP 管活塞阀内的空气，使 .01 中继阀输出的制动空气进入 BP 管，反之则通过 .08BP 管活塞阀截断管路，防止 .01 中继阀输出的制动空气进入 BP 管，借以实现救援模式与被救援模式的切换；.13 紧急电磁阀在紧急制动的工况下排空 .11 快速排风活塞阀内的空气以打开快速排风口；压力传感器的作用是对 BP 管压力进行实时监测，并将信息反馈至 TCMS；.12 紧急电磁阀旁路阀的作用是在 .13 紧急电磁阀故障的情况下可操作此阀旁路，保证紧急制动可以正常缓解；B33 压力开关的作用是当 BP 管风压低于 400 kPa 时动作，从而在电路上断开紧急制动 EB 回路。适用于 CRH1A-A 型动车组的 BP 救援转换装置如图 2-24 所示。

作为救援车时，操作救援开关至“救援”位后，.02 预控阀模块通过充风阀、排风阀动作，根据接收到的制动指令输出相应的制动压力信号，.02 预控阀模块输出的预控压力信号经中继阀从总风管获得风源后放大流量输出制动压力，由于救援开关处于“救援”位，此时 .07 救援模式转换阀得电排空 .08BP 管活塞阀内的空气，.08BP 管活塞阀 A2-A3 通道导通，向 BP 管输出制动压力信号供被救援车接收检测，必要时可通过 BP 管可向被救援车提供风源。当车组因故障或当 B33 压力开关监测到 BP 风压低于 400 kPa 时触发紧急制动，.13 紧急电磁阀失电将 .11 快速排风活塞阀内的空气排空从而使快速排风口打开并排空 BP 管空气，使得被救援车能快速接收到紧急制动指令。

作为被救援车时，操作救援开关至“被救援”位后，.07 救援模式转换阀失电，总风经 .07 为 .08BP 管活塞阀充风，.08BP 管活塞阀 A2-A3 通道被截断，从而确保没有空气进

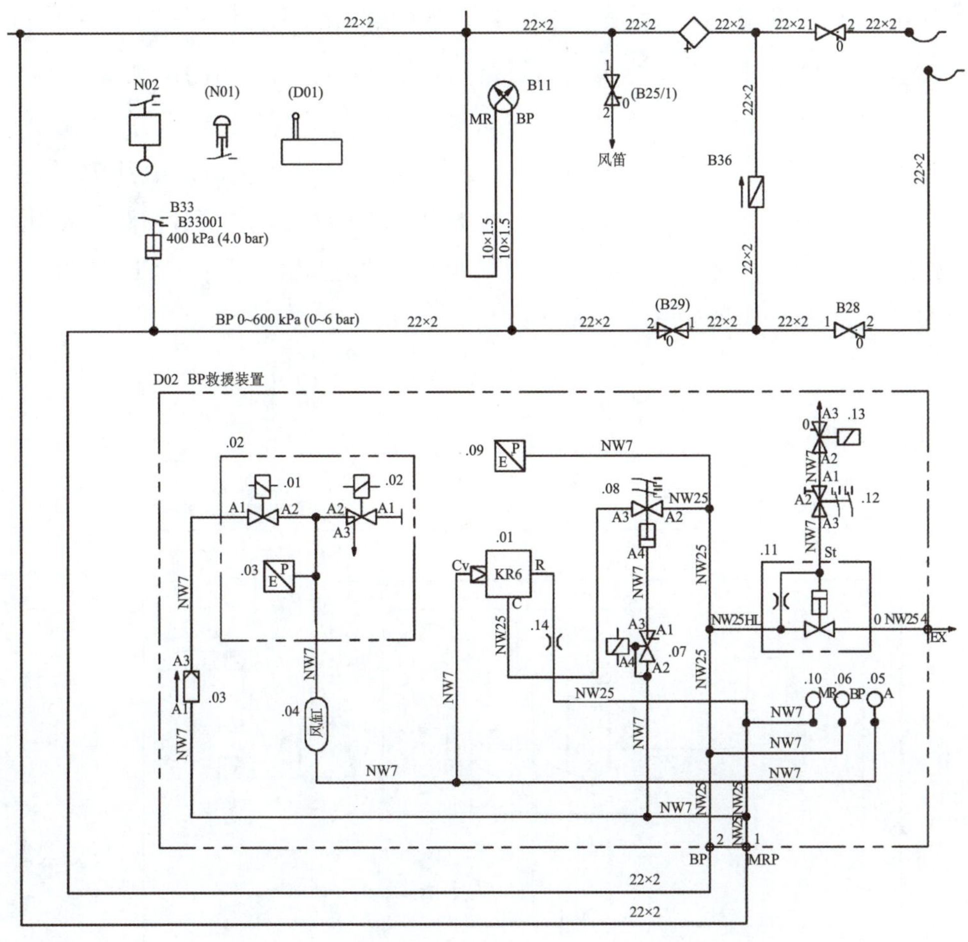

图 2-24　BP 救援转换装置(适用于 CRH1A-A 型动车组)原理

入 BP 管路。此时 BP 管路风压由救援车控制，一方面压力传感器实时进行监测，将制动压力空气信号转换为电信号反馈给车组以确保常用制动能正常施加，另一方面当 B33 压力开关监测到 BP 风压低于 400 kPa 时车组自动触发紧急制动，同时当车组因故障触发紧急制动时，.13 紧急电磁阀失电将 .11 快速排风活塞阀内的空气排空从而使快速排风口打开排空 BP 管空气，使得救援车能快速接收到紧急制动指令。

(3)适用于 CR400AF(-A)型动车组的 BP 救援转换装置

该种 BP 救援转换装置安装在 CR400AF(-A)型动车组上，主要由 .01 减压阀、.02 高速开关阀、.04 中继器、.06 救援模式切换电磁阀、.07 气控阀、.03 紧急电磁阀、.11 紧急气控阀、.10 压力开关、.09 传感器等部件组成。其中，.01 减压阀的作用是将总风降至 600 kPa，以便符合 BP 管的压力要求；.02 高速开关阀在救援开关旋至“救援”位后根据车组指令输出相应的预控空气压力；.04 中继器将接收到的预控空气压力信号进行放大流量后输出制动压力；.06 救援模式切换电磁阀在车组作为救援车时得电动作将总风导入.07气控阀内从而推动.07动作，使.04中继阀输出的制动空气可以经.07气控阀进入BP管，反之则通过.07气控阀截断管路防止.04中继阀输出的制动空气进入BP管，借以实现救援模式与被救援模式的切换；.03紧急电磁阀在紧急制动的工况下失电将总风导入.11紧急气控阀内从而推动.11动作以打开快速排风口；.10压力开关的作用是当BP管风压低于400 kPa时动作从而在电路上断开紧急制动UB回路；.09压力传感器的作用是对BP管压力进行实时监测，并将信息反馈至车组。适用于CR400AF(-A)型动车组的BP救援转换装置如图2-25所示。

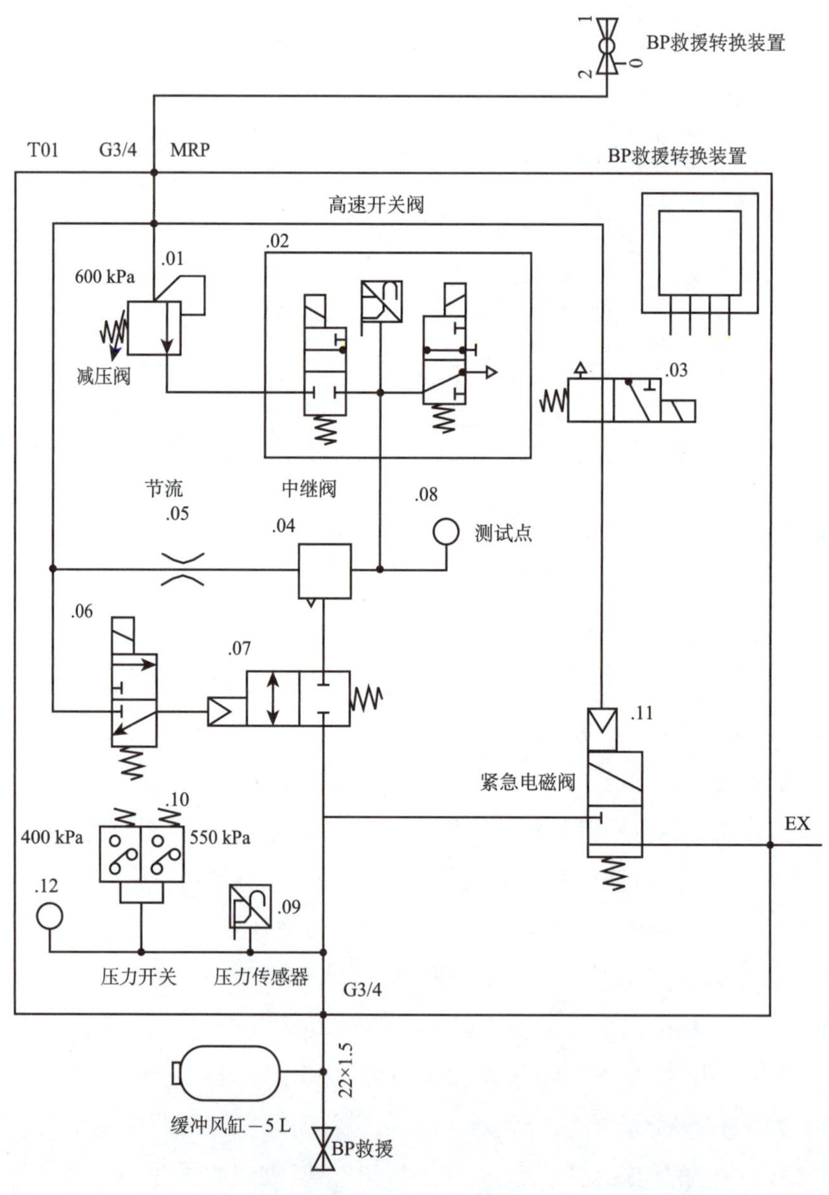

图2-25　BP救援转换装置[适用于CR400AF(-A)型动车组]原理

作为救援车时，闭合救援装置空开，操作救援开关至“救援”位后，.02 高速开关阀通过充风阀、排风阀动作根据接收到的制动指令输出相应的制动压力信号，.02 高速开关阀输出的预控压力信号经中继阀从总风管获得风源后放大流量输出制动压力，由于救援开关处于“救援”位，此时 .06 救援模式转换阀得电将总风导入 .07 气控阀内从而推动 .07 动作，使 .04 中继阀输出的制动空气可以经 .07 气控阀进入 BP 管，向 BP 管输出制动压力信号供被救援车接收检测，必要时可通过 BP 管向被救援车提供风源。当车组因故障或当 .10 压力开关监测到 BP 风压低于 400 kPa 触发紧急制动时，.03 紧急电磁阀失电将总风导入 .11 紧急气控阀内从而推动 .11 动作以打开快速排风口排空 BP 管空气，使得被救援车能快速接收到紧急制动指令。

作为被救援车时，闭合救援装置空开，操作救援开关至“被救援”位后，.06 救援模式转换阀失电，将 .07 气控阀内的空气排空使 .07 内的通道被截断，从而确保没有空气进入 BP 管路。此时 BP 管路风压由救援车控制，压力传感器实时进行监测，将制动压力空气信号转换为电信号反馈给车组以确保常用制动能正常施加。当车组因故障或当 .10 压力开关监测到 BP 风压低于 400 kPa 触发紧急制动时，.03 紧急电磁阀失电将总风导入 .11 紧急气控阀内从而推动 .11 动作以打开快速排风口排空 BP 管空气，使得救援车能快速接收到紧急制动指令。

5. 贯穿全列的 BP 管

CRH3 型动车组采用的是贯穿全列的 BP 管来传递制动信号，同时 CRH3 型动车组在作为救援车时要启用备用制动来改变 BP 管压力。因此作为救援车时制动控制装置通过改变 BP 管的压力进行输出、传递制动信号；作为被救援车时每个车厢的制动控制装置通过 BP 管的压力波动变化控制输出制动。

如图 2-26 所示，CRH3 型动车组间接制动模块 B55 主要由 B55.04 压力传感器、B55.05 压力传感器、B55.02 分配阀、B55.03 截断阀组成，其中压力传感器的作用是对 BP 管压力进行实时监测，并将信息反馈至车组；B55.03 截断阀的作用是可对 B55.02 分配阀的供风进行隔离；B55.02 分配阀的作用是根据 BP 管压力输出预控压力至 B60.07 中继阀。当 BP 压力降低时会通过 B55.02 分配阀发出相应的制动压力信号，从而完成制动信号的传递。

如图 2-27 所示，CRH3 型动车组备用制动模块即控制 BP 管压力模块主要由 C01.04 减压阀、C01.03 单向阀、C01.02 充风电磁阀、C14 备用制动供风阀、C02 备用制动手柄、C11 均衡风缸、C01.05 单向阀、C01.06 中继阀、C01.08 活塞阀组成。

车组在正常情况下时 C14 备用制动供风阀处于关断状态，此时 C01.02 充风电磁阀得电将经 C01.04 减压阀减压至 600 kPa 后的风导入 BP 管；但是当 C14 备用制动供风阀打开后 C01.02 充风电磁阀失电，此时 BP 管将无法再次通过 C01.02 充风，而是通过操作 C02 备用制动手柄至缓解位方可进行充风；C14 开启后减压后的总风经 C14 的 1-2 通道为 C01.08 活塞阀充风使其 A-P 通道打开，操作 C02 备用制动手柄至缓解位后减压后的总风经 C14、C02 手柄 1-2 通道向 C11 均衡风缸充风，同时输出预控压力 C_V 使总风通过 C01.06 中继阀 R-C 通道向 BP 管充风，此时 BP 管开始充风；当操作 C02 备用制动手柄至制动位时，C02 备用制动手柄 2-3 通道导通进行排风，但是此时 C01.06 中继阀 R-C 通道不通，总风无法向 BP 管充风，故 BP 管风压下降，以此实现制动信号的传输。

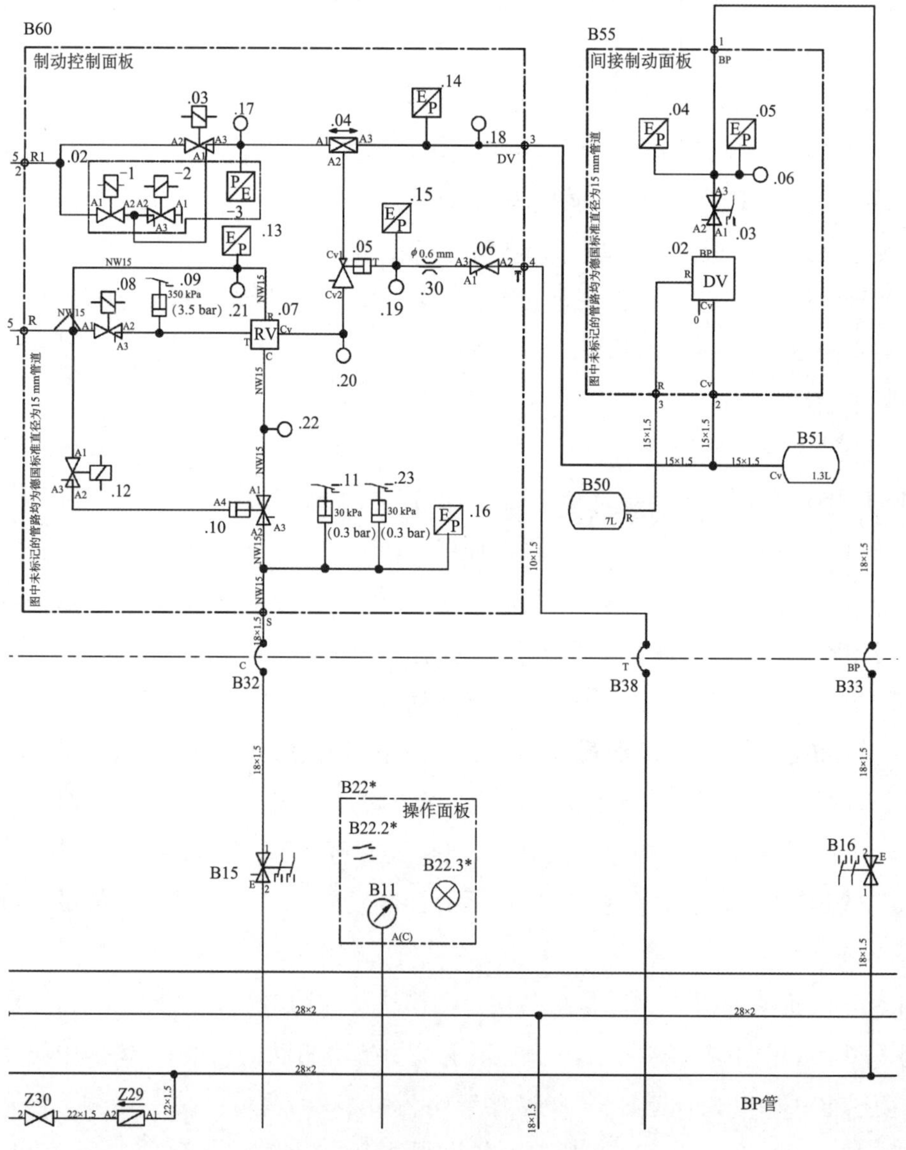

图 2-26　CRH3 型动车组间接制动气路原理

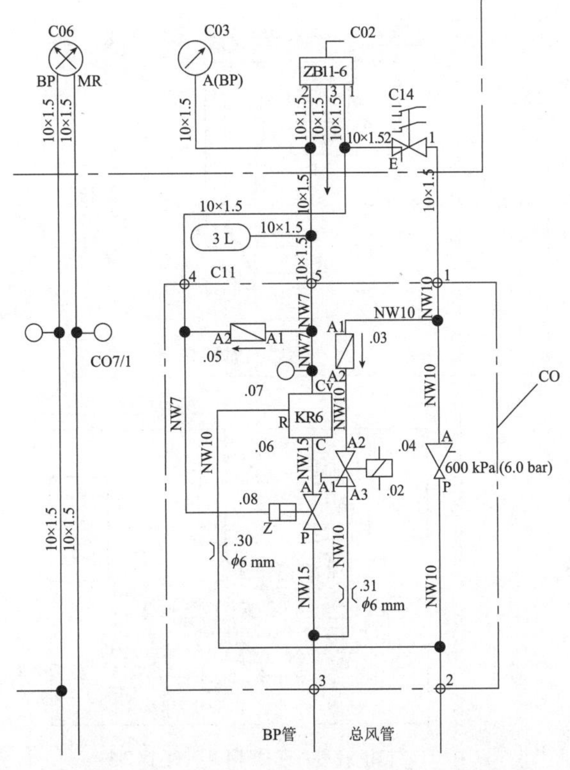

图 2-27　CRH3 型动车组备用制动原理

二、救援装置风路分析

救援装置在救援过程中发挥着重要的作用，而其中的风路风压是一个极为重要的因素。风压分为总风压和制动管 BP 风压。下面通过几个车型的救援风路走向分析，了解救援过程中应该采取怎样的操作来正确引导风路的走向。本章内容能够帮助读者顺利完成救援过程中关于风阀的操作，在节约时间的同时，也能极大地降低安全风险。

1. CRH380A 统型动车组救援风路解析

CRH380A 统型动车组头车部分风路如图 2-28 所示。车组自动车钩处有总风管和列车管接口，也就是说车组可通过总风管或列车管与其他动车组进行风路贯通连接；被救援 MR 通阀前端设置有减压阀与止回阀，其中单向阀说明车组不能通过被救援 MR 通阀向其他车组提供总风，也就说明被救援 MR 通阀仅适用于车组处于被救援工况下，而减压阀的作用是将他车组总风风压降至 800 kPa 以下符合车组自身的总风风压要求；还可以看出因救援断、救援旁通断阀与总风管间设置了止回阀，故总风仅能在救援工况下利用 BP 救援装置向 BP 管供风，这也说明 BP 管在被救援工况下尚未连挂救援车组前处于无风状态。

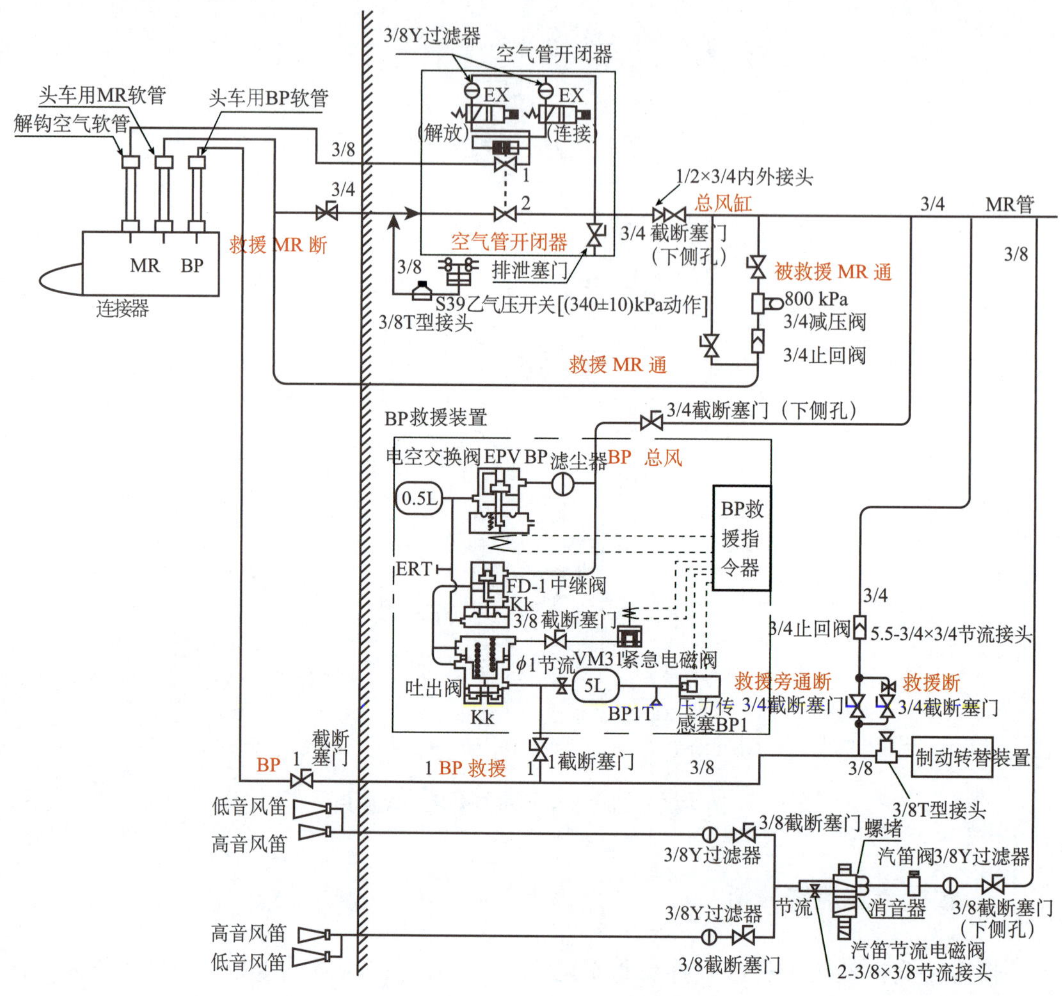

图 2-28　CRH380A 统型动车组救援风路

当 CRH380A 统型动车组担当救援车组时：若与被救援车组可以贯通总风时，总风一路可由总风管 MR 经“总风缸”阀、“空气管开闭器”阀、“救援 MR 断”阀三个阀开关至车钩 MR 接口为被救援车组提供总风风源，另一路也可由 MR 管经“救援 MR 通”阀开关至车钩 MR 接口为被救援车组提供总风风源，此时 BP 风由 MR 管经“BP 总风”阀、BP 救援装置、“BP 救援”阀、“BP”阀至车钩 BP 接口为被救援车组提供 BP 制动压力空气信号；若与被救援车组仅能制动管 BP 贯通时，被救援动车组风源由救援车组通过两车 BP 管提供，即救援车组 BP 风由 MR 管经“BP 总风”阀、BP 救援装置、“BP 救援”阀、“BP”阀至车钩 BP 接口为被救援车组提供 BP 制动压力空气信号以及用风风源。

当 CRH380A 统型动车组担当被救援车组时：若与救援车组可以贯通总风时，总风一路可由车钩 MR 接口经“救援 MR 断”阀、“空气管开闭器”阀、“总风缸”阀三个阀开关至 MR 管为车组提供总风风源，另一路也可由车钩 MR 接口经“被救援 MR 通”阀开关至 MR 管为车组提供总风风源，此时除 CRH2 非统型系列外救援车组通过车钩 BP 接口将制动压力空气信号传输至车组车钩 BP 接口，车组由 BP 接口将制动压力空气信号经“BP”阀传输至制动转替装置；若与救援车组仅能 BP 贯通时，车组风源由救援车组通过两车 BP 管提供，即 BP 风由车钩 BP 接口经“BP”阀后一路经“救援旁通断”阀将车组总风压充风至 600 kPa 后断开“救援旁通断”阀打开“救援断”阀开关为 MR 管提供风源，另一路将制动压力空气信号传输至制动转替装置。

2. CRH1A-A 型动车组救援风路解析

CRH1A-A 型动车组头车部分风路如图 2-29 所示。车组自动车钩处有总风管和列车管接口，也就是说车组可通过总风管或列车管与其他动车组进行风路贯通连接。

当 CRH1A-A 型动车组担当救援车组时：若与被救援车组可以贯通总风时，总风由 MR 管经“总风阀”至车钩 MR 接口为被救援车组提供总风风源，此时 BP 风由 MR 管经

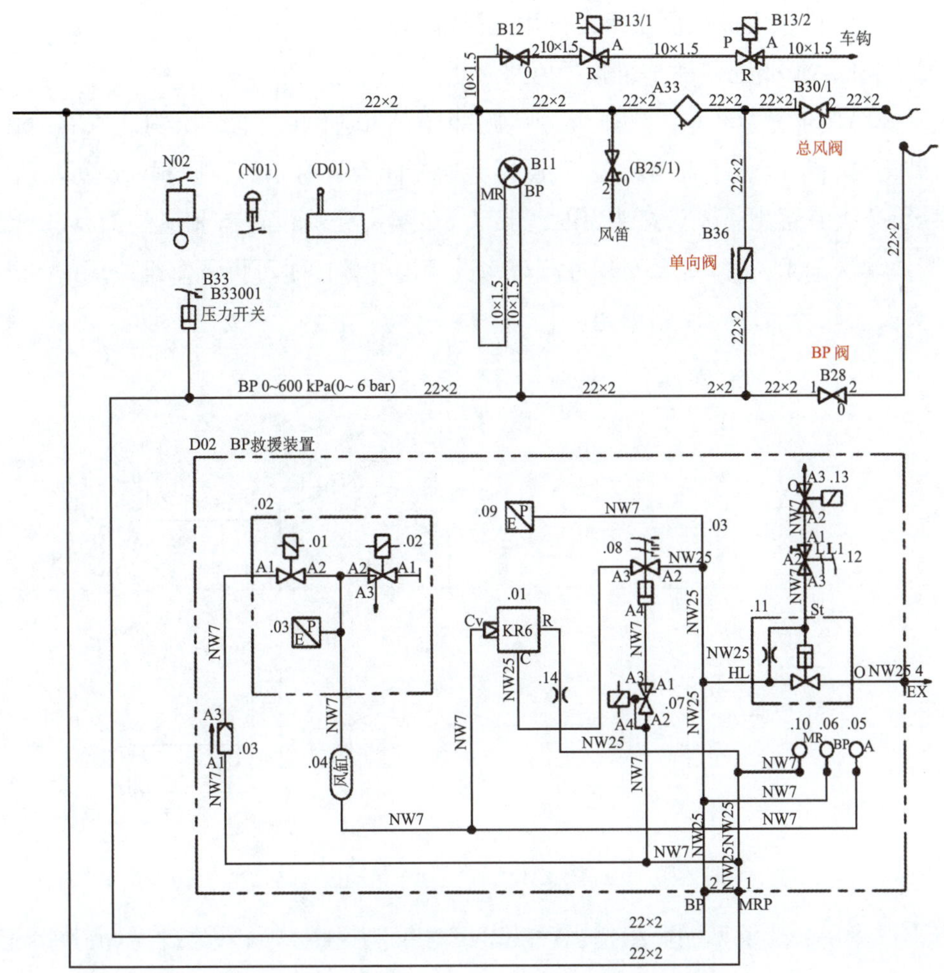

图 2-29　CRH1A-A 型动车组救援风路

救援装置、“BP 阀”至车钩 BP 接口为被救援车组提供 BP 制动压力空气信号；若与被救援车组仅能 BP 贯通时，被救援动车组风源由救援车组通过两车 BP 管提供，即救援车组 BP 风由 MR 管经救援装置、“BP 阀”至车钩 BP 接口为被救援车组提供 BP 制动压力空气信号以及用风风源。

当 CRH1A-A 型动车组担当被救援车组时：若与除 CRH2 非统系列外救援车组可以贯通总风时，总风可由车钩 MR 接口经“总风阀”至 MR 管为车组提供总风风源，此时救援车组通过车钩 BP 接口将制动压力空气信号传输至车组车钩 BP 接口，车组由 BP 接口将制动压力空气信号经“BP 阀”传输至救援装置；若被 CRH2 非统型系列动车组救援且总风可以贯通时，总风可由车钩 MR 接口经“总风阀”阀开关至 MR 管为车组提供总风风源；若与救援车组仅能 BP 贯通时，车组风源由救援车组通过两车 BP 管提供，即 BP 风由车钩 BP 接口经“BP 阀”后一路将制动压力空气信号传输至救援装置，另一路经单向阀向 MR 管供风为被救援车组提供用风风源。

3. CRH380AL 非统型动车组救援风路解析

CRH380AL 非统型动车组头车部分风路如图 2-30 所示。车组车钩处仅有总风管接口无列车管接口；因总风管与救援断、救援旁通断间设置有单向止回阀，故总风无法向 BP 管供风；车组有备用总风管接头、BP 管接头，在接头处均设置有相应阀门；同时因统型过渡车钩模块 2 无风管，需要安装过渡车钩进行连挂救援时可拆下车组备用的 MR 或 BP 管接头安装软管后进行风路贯通。

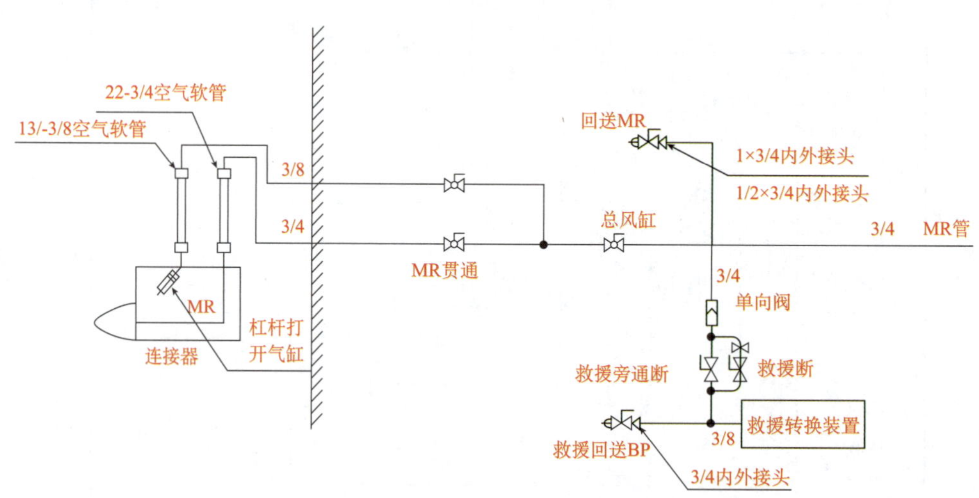

图 2-30　CRH380AL 非统型动车组救援风路

当 CRH380AL 非统型动车组担当救援车组时仅能提供总风风源：若与被救援车组直接连挂可以贯通总风时，总风可由 MR 管经“总风缸”阀、“MR 贯通”阀开关至车钩 MR 接口为被救援车组提供总风风源；若与被救援车组通过过渡车钩连挂可以贯通总风时，总风可由 MR 管经“回送 MR”阀经总风软管与被救援车组总风软管连接为被救援车组提供总风风源。

当 CRH380AL 非统型动车组担当被救援车组时：若与救援车组直接连挂可以贯通总风时，总风由车钩 MR 接口经“MR 贯通”阀、“总风缸”阀开关至 MR 管为车组提供总风风源；若与救援车组通过过渡车钩连挂可以贯通总风时，总风由救援车组通过总风软管经“回送 MR”阀为车组提供总风风源；若与救援车组仅能 BP 贯通时，车组风源由救援车组通过 BP 软管经“救援回送 BP”阀开关一路经“救援旁通断”阀将车组总风压充风至 600 kPa 后断开“救援旁通断”阀打开“救援断”阀开关为 MR 管提供风源，另一路将制动压力空气信号传输至制动转替装置。

复习思考题

1. 动车组救援运用包括哪几种类型的车钩？它们的标称高度分别是多少？

2. 哪种车钩设计了伸缩功能？集中配置在哪些类型的动车组上？有什么优势？

3. 请叙述统型过渡车钩的组成。各模块通过什么方式连接？

4. 请叙述统型过渡车钩在各型动车组上的配置原则。请归纳各型动车组统型过渡车钩的配置情况。

5. 请简述“模块 1＋模块 4”“模块 2＋模块 4”“模块 2＋模块 3”的配置情况。

6. 机车救援动车组的过渡车钩配置情况有哪几种？

7. 动车组相互救援的过渡车钩的模块组合有哪几种？

8. 请归纳动车组救援过渡车钩匹配表。

9. 过渡车钩的拉伸、压缩屈服载荷能否满足救援长编、重联动车组要求？怎么知道是否能行？

10. 请叙述救援连接器的使用方法。

11. 救援空气制动装置由哪几部分构成？

12. 回送面板在动车组救援过程中起到什么作用？

13. 请叙述制动转替装置工作原理。

14. 请叙述 BP 救援装置的工作原理。

15. BP 救援转换装置有几种？怎么区分？

16. CRH3 型动车组中，贯穿全列的 BP 管在救援过程中起到什么作用？

第三章　救 援 选 择

不同类型动车组发生故障申请救援时，行车调度员应综合考虑被救援车所在位置、技术条件、回送方向等因素后再决定救援。对此，在第一章第三节中已经列举了决策问题的思路。因此，在单一考虑车辆技术条件的情况下，哪些车型符合救援条件（即技术条件满足），哪种车型能最大化地提高救援效率，是行车调度员在实际救援过程中要核实清楚的。

第一节　动车组救援的可行性分析

本节结合实际运用的经验，以列表的形式分别从连挂方式、风路贯通方式、MR 降压贯通、制动控制、制动级位控制或制动切除方式、救援限速六个方面分析动车组救援的可行性。

表 3-1 中救援制动可控情况仅限于蓄电池电量足够的情况，适合短距离救援。其中，CRH1A/CRH1A-A/CR400AF(-A)型动车组具备回送发电功能，回送速度大于 60 km/h 时可自主发电给蓄电池充电。

CRH380AL 非统/CRH2E 非统型动车组须安装过渡车钩，被其他动车组救援时因车钩强度影响，限速 60 km/h 运行。

救援动车组能够控制被救援动车组制动时，若救援车组与被救援车组车钩高度一致限速 120 km/h 运行；救援动车组能够控制被救援动车组制动时，若救援车组与被救援车组车钩高度不一致限速 60 km/h 运行。

从表 3-1 可知，动车组之间均能实现相互救援，机车也能救援动车组。但动车组救援是一项复杂、利害影响较大的工作，在实际应用中，必须遵守当前的动车组救援技术规范。

表 3-1 动车组救援匹配

被救援车		救援车					
		CRH1A 型动车组短编组及重联 配置：模块 1、模块 4	CRH3C/CRH380B 型动车组 配置：模块 3、模块 4	CRH380AL 非统/CRH2E 非统型动车组 配置：模块 2、模块 4	CRH2A 统/CRH380A(L)统/CRH2E 统/CRH6A 统型动车组 配置：模块 3、模块 4	CRH6A 非统型动车组 配置：模块 3、模块 4	CRH1A-A/CR400AF/CR400AF-A 型动车组 配置：模块 3、模块 4
		总风压 1 000 kPa	总风压 1 000 kPa	总风压 880 kPa	总风压 880 kPa	总风压 880 kPa	总风压 1 000 kPa
		配置回送面板	配置贯穿全列的 BP 管	配置制动转替装置 无法提供 BP 风源	配置救援转换装置	配置制动转替装置 无法提供 BP 风源	配置救援转换装置
CRH1A 型动车组短编组及重联 配置：模块 1、模块 4	连挂方式	直接连挂	模块 1+模块 3	模块 1+模块 2	模块 1+模块 3	模块 1+模块 3	模块 1+模块 3
	风路贯通方式	MR+BP	BP	无法贯通	BP	无法贯通	BP
	MR 是否降压贯通	否	/	/	/	/	/
	制动控制	制动可控	制动可控	制动不可控 切除制动	制动可控	制动不可控 切除制动	制动可控
	制动级位控制或制动切除方式	仅有 1 级、紧急、缓解	能识别所有级位制动	切除全列常用制动及停放制动	能识别所有级位制动	切除全列常用制动及停放制动	能识别所有级位制动
	救援限速	120 km/h	60 km/h	60 km/h	60 km/h	60 km/h	60 km/h
CRH3C/CRH380B 型动车组 配置：模块 3、模块 4	连挂方式	模块 1+模块 3	直接连挂	模块 2+模块 3	直接连挂	直接连挂	直接连挂
	风路贯通方式	BP	MR+BP	无法贯通	MR+BP	MR	MR+BP
	MR 是否降压贯通	/	否	/	否	否	否
	制动控制	制动可控	制动可控	制动不可控，总风贯通时有风源，否则切除制动	制动可控	制动不可控 无须切除制动	制动可控
	制动级位控制或制动切除方式	仅能触发 1 级、紧急、缓解	能识别所有级位制动	切除全列常用制动及停放制动	能识别所有级位制动	/	能识别所有级位制动
	救援限速	60 km/h	120 km/h	60 km/h	120 km/h	60 km/h	120 km/h

续上表

被救援车		救援车					
		CRH1A 型动车组短编组及重联 配置：模块 1、模块 4	CRH3C/CRH380B 型动车组 配置：模块 3、模块 4	CRH380AL 非统/CRH2E 非统型动车组 配置：模块 2、模块 4	CRH2A 统/CRH380A(L)统/CRH2E 统/CRH6A 统型动车组 配置：模块 3、模块 4	CRH6A 非统型动车组 配置：模块 3、模块 4	CRH1A-A/CR400AF/CR400AF-A 型动车组 配置：模块 3、模块 4
		总风压 1 000 kPa	总风压 1 000 kPa	总风压 880 kPa	总风压 880 kPa	总风压 880 kPa	总风压 1 000 kPa
		配置回送面板	配置贯穿全列的 BP 管	配置制动转替装置 无法提供 BP 风源	配置救援转换装置	配置制动转替装置 无法提供 BP 风源	配置救援转换装置
CRH380AL 非统/CRH2E 非统型动车组 配置：模块 2、模块 4	连挂方式	模块 1＋模块 2	模块 2＋模块 3	直接连挂	模块 2＋模块 3	模块 2＋模块 3	模块 2＋模块 3
	风路贯通方式	BP	BP	MR	BP	MR	BP
	MR 是否降压贯通			否		否	
	制动控制	制动可控	制动可控	制动可控 使用 32 芯线	制动可控	制动可控 使用 32 芯线	制动可控
	制动级位控制或制动切除方式	仅能触发 1 级、最大常用、缓解	能识别除紧急外的所有级位制动	能识别除紧急外的所有级位制动	能识别除紧急外的所有级位制动	能识别所有级位制动	能识别除紧急外的所有级位制动
	救援限速	60 km/h	60 km/h	120 km/h	60 km/h	60 km/h	60 km/h
CRH2A 统/CRH380A(L)统/CRH2E 统 配置：模块 3、模块 4	连挂方式	模块 1＋模块 3	直接连挂	模块 2＋模块 3	直接连挂	直接连挂	直接连挂
	风路贯通方式	BP	MR＋BP	无法贯通	MR＋BP	MR	MR＋BP
	MR 是否降压贯通		是		否	否	是
	制动控制	制动可控	制动可控	总风贯通时有风源，使用 32 芯线制动可控，否则切除制动	制动可控	使用 32 芯线 制动可控	制动可控
	制动级位控制或制动切除方式	仅能触发 1 级、最大常用、缓解	能识别除紧急外的所有级位制动	有风源，能识别所有级位制动 无风源，切除全列常用及停放制动	能识别除紧急外的所有级位制动	能识别所有级位制动	能识别除紧急外的所有级位制动
	救援限速	60 km/h	120 km/h	60 km/h	120 km/h	120 km/h	120 km/h

续上表

被救援车		救援车					
		CRH1A 型动车组短编组及重联 配置：模块 1、模块 4	CRH3C/CRH380B 型动车组 配置：模块 3、模块 4	CRH380AL 非统/CRH2E 非统型动车组 配置：模块 2、模块 4	CRH2A 统/CRH380A(L)统/CRH2E 统/CRH6A 统型动车组 配置：模块 3、模块 4	CRH6A 非统型动车组 配置：模块 3、模块 4	CRH1A-A/CR400AF/CR400AF-A 型动车组 配置：模块 3、模块 4
		总风压 1 000 kPa	总风压 1 000 kPa	总风压 880 kPa	总风压 880 kPa	总风压 880 kPa	总风压 1 000 kPa
		配置回送面板	配置贯穿全列的 BP 管	配置制动转替装置 无法提供 BP 风源	配置救援转换装置	配置制动转替装置 无法提供 BP 风源	配置救援转换装置
CRH6A 统型动车组配置：模块 3、模块 4	连挂方式	模块 1+模块 3	直接连挂	模块 2+模块 3	直接连挂	直接连挂	直接连挂
	风路贯通方式	BP	MR+BP	无法贯通	MR+BP	MR	MR+BP
	MR 是否降压贯通		是		否	否	是
	制动控制	制动可控	制动可控	总风贯通时有风源，否则切除制动。 使用 32 芯线制动可控	制动可控	使用 32 芯线制动可控	制动可控
	制动级位控制或制动切除方式	仅能触发 1 级、紧急、缓解	能识别所有级位制动	有风源，能识别所有级位制动 无风源，切除全列常用及停放制动	能识别所有级位制动	能识别所有级位制动	能识别所有级位制动
	救援限速	60 km/h	120 km/h	60 km/h	120 km/h	120 km/h	120 km/h
CRH6A 非统型动车组配置：模块 3、模块 4	连挂方式	模块 1+模块 3	直接连挂	模块 2+模块 3	直接连挂	直接连挂	直接连挂
	风路贯通方式	BP	MR+BP	MR	MR+BP	MR	MR+BP
	MR 是否降压贯通		是	否	否	否	是
	制动控制	制动可控	制动可控	制动可控 使用 32 芯线	制动可控	制动可控 使用 32 芯线	制动可控
	制动级位控制或制动切除方式	仅能触发 1 级、最大常用、缓解	能识别除紧急外的所有级位制动	能识别所有级位制动	能识别除紧急外的所有级位制动	能识别所有级位制动	能识别除紧急外的所有级位制动
	救援限速	60 km/h	120 km/h	60 km/h	120 km/h	120 km/h	120 km/h

续上表

被救援车		救援车					
		CRH1A 型动车组短编组及重联 配置：模块 1、模块 4	CRH3C/CRH380B 型动车组 配置：模块 3、模块 4	CRH380AL 非统/CRH2E 非统型动车组 配置：模块 2、模块 4	CRH2A 统/CRH380A(L)统/CRH2E 统/CRH6A 统型动车组 配置：模块 3、模块 4	CRH6A 非统型动车组 配置：模块 3、模块 4	CRH1A-A/CR400AF/CR400AF-A 型动车组 配置：模块 3、模块 4
		总风压 1 000 kPa	总风压 1 000 kPa	总风压 880 kPa	总风压 880 kPa	总风压 880 kPa	总风压 1 000 kPa
		配置回送面板	配置贯穿全列的 BP 管	配置制动转替装置 无法提供 BP 风源	配置救援转换装置	配置制动转替装置 无法提供 BP 风源	配置救援转换装置
CRH1A-A/CR400AF/CR400AF-A 型动车组 配置：模块 3、模块 4	连挂方式	模块 1＋模块 3	直接连挂	模块 2＋模块 3	直接连挂	直接连挂	直接连挂
	风路贯通方式	BP	MR＋BP	无法贯通	MR＋BP	MR	MR＋BP
	MR 是否降压贯通		否		否	否	否
	制动控制	制动可控	制动可控	制动不可控，总风贯通时有风源，否则切除制动	制动可控	制动不可控 无须切除制动	制动可控
	制动级位控制或制动切除方式	仅能触发 1 级、紧急、缓解	能识别所有级位制动	切除全列常用制动及停放制动	能识别所有级位制动		能识别所有级位制动
	救援限速	60 km/h	120 km/h	60 km/h	120 km/h	60 km/h	120 km/h

第二节 定义救援选择的优先级别

虽然同一类型动车组可以被不同类型的动车组救援，但要提高救援的效率，就必须提高救援的运行速度，减少动车组救援的时间。因此可以将救援运行速度作为最重要的选择依据，优先选择救援运行速度较高的方案救援动车组。

影响救援效率的另一个重要因素是救援前的准备工作。救援前的准备工作需要消耗大量的人力、物力、时间，准备不足会大大地降低救援效率，比如安装过渡车钩、长编组换端等救援操作。因此可以将救援前的准备难易和充分程度作为救援选择的另一个重要参考依据。

将上述依据归为7个类型，救援时应先考虑数字小的救援级别：

1：同一平台动车组；

2：动车组前端车钩直连且救援车组为短编，制动可控且限速120 km/h运行；

3：动车组前端车钩直连且救援车组为长编或须使用32芯救援连接器，制动可控且限速120 km/h运行；

4：需要安装过渡车钩且救援车组为短编，制动可控且限速60 km/h运行；

5：需要安装过渡车钩且救援车组为长编，制动可控且限速60 km/h运行；

6：动车组前端车钩直连，制动不可控但不用切除制动；

7：制动不可控，切除制动。

第三节 各型动车组救援选择的优先级别

本节根据前面定义的救援选择的优先级别，通过列表的形式，明确了单一考虑车辆技术条件情况下救援选择的优先级别。

一、CRH1A型动车组被救援时救援选择的优先级别

救援车	优先级别	限制条件	关键技术操作		备注
			救援车	被救援车	
CRH1A	1	限速120 km/h	1. 将救援开关置“救援”位； 2. 关闭电钩阀； 3. 打开总风管截断阀、BP管截断阀	1. 救援开关置“回送”位，隔离DSD、ATP/LKJ； 2. 关闭电钩阀； 3. 打开总风管截断阀、BP管截断阀	

续上表

救援车	优先级别	限制条件	关键技术操作		备注
			救援车	被救援车	
CRH380D	2	限速 120 km/h	1. 将救援开关置"救援"位； 2. 打开总风管截断阀 Z17； 3. 关闭电钩阀、打开 BP 管截断阀 Z13	1. 救援开关置"回送"位，隔离 DSD、ATP/LKJ； 2. 关闭电钩阀； 3. 打开总风管截断阀、BP 管截断阀	
CRH1A-A	4	1. 需要安装使用过渡车钩，连接 BP 软管； 2. 限速 60 km/h	1. 将救援开关置"救援"位； 2. 关闭电钩阀、打开 BP 管截断阀 B28	1. 救援开关置"回送"位，隔离 DSD、ATP/LKJ； 2. 关闭电钩阀； 3. 打开 BP 管截断阀	
CRH2A 统	4	1. 需要安装使用过渡车钩，连接 BP 软管； 2. 救援车组需车下操作阀(1 车 1 位侧、00 车 2 位侧)。 3. 限速 60 km/h	1. 断开联解控制空开，闭合救援指令器空开； 2. 打开 BP 总风阀、BP 救援阀、BP 阀	1. 救援开关置"回送"位，隔离 DSD、ATP/LKJ； 2. 关闭电钩阀； 3. 打开 BP 管截断阀	
CRH380A 统	4	1. 需要安装使用过渡车钩，连接 BP 软管； 2. 限速 60 km/h	1. 断开联解控制空开，闭合救援指令器空开； 2. 打开 BP 总风阀、BP 救援阀、BP 阀	1. 救援开关置"回送"位，隔离 DSD、ATP/LKJ； 2. 关闭电钩阀； 3. 打开 BP 管截断阀	
CRH6A 统	4	1. 需要安装使用过渡车钩，连接 BP 软管； 2. 限速 60 km/h	1. 闭合救援指令器空开； 2. 将救援开关置"救援"位。 3. 打开 BP 总风、BP 救援	1. 救援开关置"回送"位，隔离 DSD、ATP/LKJ； 2. 关闭电钩阀； 3. 打开 BP 管截断阀	
CRH6F	4	1. 需要安装使用过渡车钩，连接 BP 软管； 2. 限速 60 km/h	1. 闭合 BP 救援指令器空开； 2. 将救援开关置"救援"位； 3. 打开 BP 总风、BP 救援	1. 救援开关置"回送"位，隔离 DSD、ATP/LKJ； 2. 关闭电钩阀； 3. 打开 BP 管截断阀	
CRH3C	4	1. 需要安装使用过渡车钩，连接 BP 软管； 2. 限速 60 km/h	1. 打开 C14 启用备用制动； 2. 关闭电钩阀； 3. 打开列车管截断阀	1. 救援开关置"回送"位，隔离 DSD、ATP/LKJ； 2. 关闭电钩阀； 3. 打开 BP 管截断阀	
CRH380B	4	1. 需要安装使用过渡车钩，连接 BP 软管； 2. 限速 60 km/h	1. 打开 C14 启用备用制动； 2. 关闭电钩阀； 3. 打开列车管截断阀	1. 救援开关置"回送"位，隔离 DSD、ATP/LKJ； 2. 关闭电钩阀； 3. 打开 BP 管截断阀	

续上表

救援车	优先级别	限制条件	关键技术操作		备 注
			救援车	被救援车	
CRH5	4	1. 需要安装使用过渡车钩,连接 BP 软管; 2. 限速 60 km/h	打开列车管截断阀	1. 救援开关置“回送”位,隔离 DSD、ATP/LKJ; 2. 关闭电钩阀; 3. 打开 BP 管截断阀	
CR400AF	4	1. 需要安装使用过渡车钩,连接 BP 软管; 2. 限速 60 km/h; 3. 救援车组需操作车下阀门(01/00 车 2 位侧)	1. 断开联解控制空开,闭合救援装置空开; 2. 将救援开关置“救援”位; 3. 打开 BP 救援转换装置、BP 救援阀	1. 救援开关置“回送”位,隔离 DSD、ATP/LKJ; 2. 关闭电钩阀; 3. 打开 BP 管截断阀	
CR400BF	4	1. 需要安装使用过渡车钩,连接 BP 软管; 2. 限速 60 km/h; 3. 救援车组需操作车下阀门(01/00 车 2 位侧)	1. 将救援开关置“救援”位; 2. 打开列车管截断阀; 3. 关闭电钩阀; 4. 打开 BP 救援转换装置供风隔离塞门、BP 救援转换装置列车管压力截断塞门	1. 救援开关置“回送”位,隔离 DSD、ATP/LKJ; 2. 关闭电钩阀; 3. 打开 BP 管截断阀	
CRH1E 改	5	1. 需要安装使用过渡车钩,连接 BP 软管; 2. 限速 60 km/h	1. 将救援开关置“救援”位; 2. 打开 BP 管截断阀	1. 救援开关置“回送”位,隔离 DSD、ATP/LKJ; 2. 关闭电钩阀; 3. 打开 BP 管截断阀	
CRH380BL	5	1. 需要安装使用过渡车钩,连接 BP 软管; 2. 限速 60 km/h	1. 打开 C14 启用备用制动; 2. 打开列车管截断阀	1. 救援开关置“回送”位,隔离 DSD、ATP/LKJ; 2. 关闭电钩阀; 3. 打开 BP 管截断阀	
CR400AF-A	5	1. 限速 60 km/h; 2. 救援车组需操作车下阀门(01/00 车 2 位侧)	1. 闭合救援装置空开; 2. 将救援开关置“救援”位; 3. 打开 MR 贯通阀; 4. 打开 BP 救援转换装置、BP 救援阀	1. 救援开关置“回送”位,隔离 DSD、ATP/LKJ; 2. 关闭电钩阀; 3. 打开 BP 管截断阀	
CRH2E 统	5	1. 需要安装使用过渡车钩; 2. 限速 60 km/h; 3. 救援车组需操作车下阀门(01 车 1 位侧、00 车 2 位侧)	1. 断开联解控制空开,闭合救援指令器空开; 2. 打开 BP 总风阀、BP 救援阀、BP 阀	1. 救援开关置“回送”位,隔离 DSD、ATP/LKJ; 2. 关闭电钩阀; 3. 打开 BP 管截断阀	

续上表

救援车	优先级别	限制条件	关键技术操作		备　注
			救援车	被救援车	
CRH380AL统	5	1. 需要安装使用过渡车钩； 2. 限速 60 km/h； 3. 救援车组需操作车下阀门(01 车 1 位侧、00 车 2 位侧)	1. 断开联解控制空开，闭合救援指令器空开； 2. 打开 BP 总风阀、BP 救援阀、BP 阀	1. 救援开关置“回送”位，隔离 DSD、ATP/LKJ； 2. 关闭电钩阀； 3. 打开 BP 管截断阀	
CRH6A非统	7	1. 需要安装使用过渡车钩； 2. 切除被救援车空气及停放制动； 3. 限速 60 km/h		切除所有空气及停放制动	
CRH1B/1E	7	1. 需要安装使用过渡车钩； 2. 切除被救援车空气及停放制动； 3. 限速 60 km/h		切除所有空气及停放制动	不建议
CRH2短编非统	7	1. 需要安装使用过渡车钩； 2. 切除被救援车空气及停放制动； 3. 限速 60 km/h		切除所有空气及停放制动	不建议
CRH380A非统	7	1. 需要安装使用过渡车钩； 2. 切除被救援车空气及停放制动； 3. 限速 60 km/h		切除所有空气及停放制动	不建议
CRH2长编非统	7	1. 需要安装使用过渡车钩； 2. 切除被救援车空气及停放制动； 3. 限速 60 km/h		切除所有空气及停放制动	不建议
CRH380AL非统	7	1. 需要安装使用过渡车钩； 2. 切除被救援车空气及停放制动； 3. 限速 60 km/h		切除所有空气及停放制动	不建议
机车		1. 需要安装使用过渡车钩，连接 BP 软管； 2. 限速 120 km/h		1. 救援开关置“回送”位，隔离 DSD、ATP/LKJ； 2. 关闭电钩阀； 3. 打开 BP 管截断阀	

二、CRH1A-A 型动车组被救援时救援选择的优先级别

救援车	优先级别	限制条件	关键技术操作		备　注
			救援车	被救援车	
CRH1A-A	1	限速 120 km/h	1. 将救援开关置“救援”位； 2. 关闭电钩阀、打开总风管截断阀 B30/1、BP 管截断阀 B28	1. 救援开关置“回送”位，隔离 DSD、ATP/LKJ； 2. 关闭电钩阀； 3. 打开总风管截断阀 B30/1、BP 管截断阀 B28	
CRH2A 统	2	1. 限速 120 km/h； 2. 救援车组需操作车下阀门(01 车 1 位侧、00 车 2 位侧)	1. 断开联解控制空开，闭合救援指令器空开； 2. 打开救援 MR 断、空气管开闭器； 3. 打开 BP 总风阀、BP 救援阀、BP 阀	1. 救援开关置“回送”位，隔离 DSD、ATP/LKJ； 2. 关闭电钩阀； 3. 打开总风管截断阀 B30/1、BP 管截断阀 B28	
CRH380A 统	2	1. 限速 120 km/h； 2. 救援车组需操作车下阀门(01 车 1 位侧、00 车 2 位侧)	1. 断开联解控制空开，闭合救援指令器空开； 2. 打开救援 MR 断、空气管开闭器； 3. 打开 BP 总风阀、BP 救援阀、BP 阀	1. 救援开关置“回送”位，隔离 DSD、ATP/LKJ； 2. 关闭电钩阀； 3. 打开总风管截断阀 B30/1、BP 管截断阀 B28	
CRH6A 统	2	1. 限速 120 km/h； 2. 救援车组需操作车下阀门(01 车 1 位侧、00 车 2 位侧)	1. 闭合救援指令器空开； 2. 将救援开关置“救援”位； 3. 打开 MR 贯通； 4. 打开 BP 总风、BP 救援	1. 救援开关置“回送”位，隔离 DSD、ATP/LKJ； 2. 关闭电钩阀； 3. 打开总风管截断阀 B30/1、BP 管截断阀 B28	
CRH6F	2	1. 限速 120 km/h； 2. 救援车组需操作车下阀门(01 车 1 位侧、00 车 2 位侧)	1. 闭合 BP 救援指令器空开； 2. 将救援开关置“救援”位； 3. 打开 MR 贯通； 4. 打开 BP 总风、BP 救援	1. 救援开关置“回送”位，隔离 DSD、ATP/LKJ； 2. 关闭电钩阀； 3. 打开总风管截断阀 B30/1、BP 管截断阀 B28	
CRH3C	2	限速 120 km/h	1. 打开 C14 启用备用制动； 2. 关闭电钩阀； 3. 打开总风管截断阀、列车管截断阀	1. 救援开关置“回送”位，隔离 DSD、ATP/LKJ； 2. 关闭电钩阀； 3. 打开总风管截断阀 B30/1、BP 管截断阀 B28	
CRH380B	2	限速 120 km/h	1. 打开 C14 启用备用制动； 2. 关闭电钩阀； 3. 打开总风管截断阀、列车管截断阀	1. 救援开关置“回送”位，隔离 DSD、ATP/LKJ； 2. 关闭电钩阀； 3. 打开总风管截断阀 B30/1、BP 管截断阀 B28	

续上表

救援车	优先级别	限制条件	关键技术操作		备　注
			救援车	被救援车	
CR400AF	2	1. 限速 120 km/h; 2. 救援车组需操作车下阀门(01/00 车 2 位侧)	1. 断开联解控制空开，闭合救援装置空开； 2. 将救援开关置“救援”位； 3. 打开总风阀、空气管开闭器； 4. 打开 BP 救援转换装置、BP 救援阀	1. 救援开关置“回送”位，隔离 DSD、ATP/LKJ； 2. 关闭电钩阀； 3. 打开总风管截断阀 B30/1、BP 管截断阀 B28	
CR400BF	2	1. 限速 120 km/h; 2. 救援车组需操作车下阀门(01/00 车 2 位侧)	1. 将救援开关置“救援”位； 2. 打开总风管截断阀、列车管截断阀； 3. 关闭电钩阀； 4. 打开 BP 救援转换装置供风隔离塞门、BP 救援转换装置列车管压力截断塞门	1. 救援开关置“回送”位，隔离 DSD、ATP/LKJ； 2. 关闭电钩阀； 3. 打开总风管截断阀 B30/1、BP 管截断阀 B28	
CRH5	2	限速 120 km/h	打开总风管截断阀、列车管截断阀	1. 救援开关置“回送”位，隔离 DSD、ATP/LKJ； 2. 关闭电钩阀； 3. 打开总风管截断阀 B30/1、BP 管截断阀 B28	
CRH1E 改	3	限速 120 km/h	1. 将救援开关置“救援”位； 2. 打开 BP 管截断阀	1. 救援开关置“回送”位，隔离 DSD、ATP/LKJ； 2. 关闭电钩阀； 3. 打开总风管截断阀 B30/1、BP 管截断阀 B28	
CRH380BL	3	限速 120 km/h	1. 打开 C14 启用备用制动； 2. 打开总风管截断阀、列车管截断阀	1. 救援开关置“回送”位，隔离 DSD、ATP/LKJ； 2. 关闭电钩阀； 3. 打开总风管截断阀 B30/1、BP 管截断阀 B28	
CR400AF-A	3	1. 限速 120 km/h; 2. 救援车组、被救援车组需操作车下阀门	1. 闭合救援装置空开； 2. 将救援开关置“救援”位； 3. 打开 MR 贯通阀； 4. 打开 BP 救援转换装置、BP 救援阀	1. 救援开关置“回送”位，隔离 DSD、ATP/LKJ； 2. 关闭电钩阀； 3. 打开总风管截断阀 B30/1、BP 管截断阀 B28	

续上表

救援车	优先级别	限制条件	关键技术操作		备 注
			救援车	被救援车	
CRH2E 统	3	1. 限速 120 km/h； 2. 救援车组需操作车下阀门(01 车 1 位侧、00 车 2 位侧)	1. 断开联解控制空开，闭合救援指令器空开； 2. 打开救援 MR 通； 3. 打开 BP 总风阀、BP 救援阀、BP 阀	1. 救援开关置"回送"位，隔离 DSD、ATP/LKJ； 2. 关闭电钩阀； 3. 打开总风管截断阀 B30/1、BP 管截断阀 B28	
CRH380AL 统	3	1. 限速 120 km/h； 2. 救援车组需操作车下阀门(01 车 1 位侧、00 车 2 位侧)	1. 断开联解控制空开，闭合救援指令器空开； 2. 打开 MR 贯通、救援 MR 通； 3. 打开 BP 总风阀、BP 救援阀、BP 阀	1. 救援开关置"回送"位，隔离 DSD、ATP/LKJ； 2. 关闭电钩阀； 3. 打开总风管截断阀 B30/1、BP 管截断阀 B28	
CRH1A	4	1. 需要安装使用过渡车钩，连接 BP 软管； 2. 限速 60 km/h	1. 将救援开关置"救援"位； 2. 关闭电钩阀； 3. 打开 BP 管截断阀	1. 救援开关置"回送"位，隔离 DSD、ATP/LKJ； 2. 关闭电钩阀； 3. 打开 BP 管截断阀 B28	
CRH380D	4	1. 需要安装使用过渡车钩，连接 BP 软管； 2. 限速 60 km/h	1. 将救援开关置"救援"位； 2. 关闭电钩阀、打开 BP 管截断阀 Z13； 3. 打开 B35	1. 救援开关置"回送"位，隔离 DSD、ATP/LKJ； 2. 关闭电钩阀； 3. 打开 BP 管截断阀 B28	
CRH6A 非统	6	限速 60 km/h	打开 MR 贯通阀	1. 救援开关置"0"位，隔离 DSD、ATP/LKJ，按压"保持制动"按钮； 2. 关闭电钩阀； 3. 打开总风管截断阀 B30/1	
CRH1B/1E	7	1. 切除被救援车空气及停放制动； 2. 限速 60 km/h		切除所有空气及停放制动	不建议
CRH2 短编非统	7	1. 需要安装使用过渡车钩且被救援车组过渡有总风管，安装连接 MR 软管； 2. 限速 60 km/h	1. 断开联解控制空开； 2. 打开回送 MR 阀、安装总风软管	1. 需要安装使用过渡车钩； 2. 过渡车钩有总风管时打开总风管截断阀 B30/1； 3. 过渡车钩无总风管时切除所有空气及停放制动	不建议
CRH380A 非统	7	1. 需要安装使用过渡车钩且被救援车组过渡有总风管，安装连接 MR 软管； 2. 限速 60 km/h	1. 断开联解控制空开； 2. 打开回送 MR 阀、安装总风软管	1. 需要安装使用过渡车钩； 2. 过渡车钩有总风管时打开总风管截断阀 B30/1； 3. 过渡车钩无总风管时切除所有空气及停放制动	不建议

续上表

救援车	优先级别	限制条件	关键技术操作		备　注
			救援车	被救援车	
CRH2 长编非统	7	1. 切除被救援车空气及停放制动； 2. 限速 60 km/h		1. 需要安装使用过渡车钩； 2. 过渡车钩有总风管时打开总风管截断阀 B30/1； 3. 过渡车钩无总风管时切除所有空气及停放制动	不建议
CRH380AL 非统	7	1. 切除被救援车空气及停放制动； 2. 限速 60 km/h		1. 需要安装使用过渡车钩； 2. 过渡车钩有总风管时打开总风管截断阀 B30/1； 3. 过渡车钩无总风管时切除所有空气及停放制动	不建议
机车		1. 需要安装使用过渡车钩，连接 BP 软管； 2. 限速 120 km/h		1. 救援开关置“回送”位，隔离 DSD、ATP/LKJ； 2. 关闭电钩阀； 3. 打开 BP 管截断阀 B28	

三、CRH2A 统型动车组被救援时救援选择的优先级别

救援车	优先级别	限制条件	关键技术操作		备　注
			救援车	被救援车	
CRH2A 统	1	1. 限速 120 km/h； 2. 救援车组需操作车下阀门(01 车 1 位侧、00 车 2 位侧)	1. 断开联解控制空开，闭合救援指令器空开； 2. 打开救援 MR 断、空气管开闭器、总风缸阀； 3. 打开 BP 总风阀、BP 救援阀、BP 阀	1. 隔离警惕装置、ATP/LKJ，断开联解控制空开，闭合救援转换装置空开； 2. 打开被救援 MR 通阀； 3. 打开 BP 阀	
CRH380A 统	2	1. 限速 120 km/h； 2. 救援车组需操作车下阀门(01 车 1 位侧、00 车 2 位侧)	1. 断开联解控制空开，闭合救援指令器空开； 2. 打开救援 MR 断、空气管开闭器、总风缸阀； 3. 打开 BP 总风阀、BP 救援阀、BP 阀	1. 隔离警惕装置、ATP/LKJ，断开联解控制空开，闭合救援转换装置空开； 2. 打开被救援 MR 通阀； 3. 打开 BP 阀	
CRH6A 统	2	1. 限速 120 km/h； 2. 救援车组需操作车下阀门(01 车 1 位侧、00 车 2 位侧)	1. 闭合救援指令器空开； 2. 将救援开关置“救援”位； 3. 打开 MR 贯通； 4. 打开 BP 总风、BP 救援	1. 隔离警惕装置、ATP/LKJ，断开联解控制空开，闭合救援转换装置空开； 2. 打开被救援 MR 通阀； 3. 打开 BP 阀	

续上表

救援车	优先级别	限制条件	关键技术操作		备注
			救援车	被救援车	
CRH1A-A	2	限速 120 km/h	1. 将救援开关置“救援”位； 2. 打开总风管截断阀 B30/1； 3. 关闭电钩阀、打开 BP 管截断阀 B28	1. 隔离警惕装置、ATP/LKJ，断开联解控制空开，闭合救援转换装置空开； 2. 打开被救援 MR 通阀； 3. 打开 BP 阀	
CRH6F	2	1. 限速 120 km/h； 2. 救援车组需操作车下阀门(01 车 1 位侧、00 车 2 位侧)	1. 闭合 BP 救援指令器空开； 2. 将救援开关置“救援”位； 3. 打开 MR 贯通； 4. 打开 BP 总风、BP 救援	1. 隔离警惕装置、ATP/LKJ，断开联解控制空开，闭合救援转换装置空开； 2. 打开被救援 MR 通阀； 3. 打开 BP 阀	
CRH3C	2	1. 限速 120 km/h； 2. 被救援车组需操作车下阀门； 3. 救援车组只能使用备用制动控车	1. 打开 C14 启用备用制动； 2. 关闭电钩阀； 3. 打开总风管截断阀、列车管截断阀	1. 隔离警惕装置、ATP/LKJ，断开联解控制空开，闭合救援转换装置空开； 2. 打开被救援 MR 通阀； 3. 打开 BP 阀	
CRH380B	2	1. 限速 120 km/h； 2. 救援车组只能使用备用制动控车	1. 打开 C14 启用备用制动； 2. 关闭电钩阀； 3. 打开总风管截断阀、列车管截断阀	1. 隔离警惕装置、ATP/LKJ，断开联解控制空开，闭合救援转换装置空开； 2. 打开被救援 MR 通阀； 3. 打开 BP 阀	
CR400AF	2	1. 限速 120 km/h； 2. 救援车组需操作车下阀门(01/00 车 2 位侧)	1. 断开联解控制空开，闭合救援装置空开； 2. 将救援开关置“救援”位； 3. 打开总风阀、空气管开闭器； 4. 打开 BP 救援转换装置、BP 救援阀	1. 隔离警惕装置、ATP/LKJ，断开联解控制空开，闭合救援转换装置空开； 2. 打开被救援 MR 通阀； 3. 打开 BP 阀	
CR400BF	2	1. 限速 120 km/h； 2. 救援车组需操作车下阀门(01/00 车 2 位侧)	1. 将救援开关置“救援”位； 2. 打开总风管截断阀、列车管截断阀； 3. 关闭电钩阀； 4. 打开 BP 救援转换装置供风隔离塞门、BP 救援转换装置列车管压力截断塞门	1. 隔离警惕装置、ATP/LKJ，断开联解控制空开，闭合救援转换装置空开； 2. 打开被救援 MR 通阀； 3. 打开 BP 阀	

续上表

救援车	优先级别	限制条件	关键技术操作		备注
			救援车	被救援车	
CRH5	2	限速 120 km/h	打开总风管截断阀、列车管截断阀	1. 隔离警惕装置、ATP/LKJ，断开联解控制空开，闭合救援转换装置空开； 2. 打开被救援 MR 通阀； 3. 打开 BP 阀	
CRH2E统	3	1. 限速 120 km/h； 2. 救援车组需操作车下阀门(01 车 1 位侧、00 车 2 位侧)	1. 断开联解控制空开，闭合救援指令器空开； 2. 打开救援 MR 通； 3. 打开 BP 总风阀、BP 救援阀、BP 阀	1. 隔离警惕装置、ATP/LKJ，断开联解控制空开，闭合救援转换装置空开； 2. 打开被救援 MR 通阀； 3. 打开 BP 阀	
CRH380AL统	3	1. 限速 120 km/h； 2. 救援车组需操作车下阀门(01 车 1 位侧、00 车 2 位侧)	1. 断开联解控制空开，闭合救援指令器空开； 2. 打开 MR 贯通、救援 MR 通； 3. 打开 BP 总风阀、BP 救援阀、BP 阀	1. 隔离警惕装置、ATP/LKJ，断开联解控制空开，闭合救援转换装置空开； 2. 打开被救援 MR 通阀； 3. 打开 BP 阀	
CR400AF-A	3	1. 限速 120 km/h； 2. 救援车组需操作车下阀门	1. 闭合救援装置空开； 2. 将救援开关置“救援”位； 3. 打开 MR 贯通阀； 4. 打开 BP 救援转换装置、BP 救援阀	1. 隔离警惕装置、ATP/LKJ，断开联解控制空开，闭合救援转换装置空开； 2. 打开被救援 MR 通阀； 3. 打开 BP 阀	
CRH380BL	3	限速 120 km/h	1. 打开 C14 启用备用制动； 2. 关闭电钩阀； 3. 打开总风管截断阀、列车管截断阀	1. 隔离警惕装置、ATP/LKJ，断开联解控制空开，闭合救援转换装置空开； 2. 打开被救援 MR 通阀； 3. 打开 BP 阀	
CRH6A非统	3	1. 连接 32 芯线； 2. 限速 120 km/h	1. 救援手柄置“救援”位； 2. 打开 MR 贯通阀； 3. 安装 32 芯线	1. 隔离警惕装置、ATP/LKJ，断开联解控制空开； 2. 打开救援 MR 断、空气管开闭器； 3. 救援手柄置“救援”位； 4. 安装 32 芯线	
CRH1A	4	1. 需要安装使用过渡车钩，连接 BP 软管； 2. 限速 60 km/h	1. 将救援开关置“救援”位； 2. 关闭电钩阀、打开 BP 管截断阀	1. 隔离警惕装置、ATP/LKJ，断开联解控制空开，闭合救援转换装置空开； 2. 将两端司机室的救援转换集控隔离开关旋至红点位； 3. 打开 BP、救援断阀	

续上表

救援车	优先级别	限制条件	关键技术操作		备　注
			救援车	被救援车	
CRH380D	4	1. 需要安装使用过渡车钩,连接 BP 软管; 2. 限速 60 km/h	1. 将救援开关置“救援”位; 2. 打开总风管截断阀 Z17; 3. 关闭电钩阀、打开 BP 管截断阀 Z13	1. 隔离警惕装置、ATP/LKJ,断开联解控制空开,闭合救援转换装置空开; 2. 将两端司机室的救援转换集控隔离开关旋至红点位; 3. 打开 BP、救援断阀	
CRH2 短编非统	4	1. 需要安装使用过渡车钩,且被救援车组过渡车钩有总风管,安装连接 MR 软管,需连接 32 芯线; 2. 被救援车组过渡车钩无总风管时切除被救援车空气及停放制动; 3. 限速 60 km/h	1. 断开联解控制空开; 2. 打开回送 MR 阀,安装总风软管; 3. 将救援手柄置“救援”位; 4. 安装 32 芯线; 5. 被救援车组过渡车钩无总风管时无须上述操作	1. 隔离警惕装置、ATP/LKJ,断开联解控制空开; 2. 过渡车钩有总风管时打开被救援 MR 通,手柄置“救援”位,安装 32 芯线; 3. 过渡车钩无总风管时切除所有空气及停放制动	不建议
CRH380A 非统	4	1. 需要安装使用过渡车钩,且被救援车组过渡车钩有总风管,安装连接 MR 软管,需连接 32 芯线; 2. 被救援车组过渡车钩无总风管时切除被救援车空气及停放制动; 3. 限速 60 km/h	1. 断开联解控制空开; 2. 打开回送 MR 阀,安装总风软管; 3. 将救援手柄置“救援”位; 4. 安装 32 芯线; 5. 被救援车组过渡车钩无总风管时无须上述操作	1. 隔离警惕装置、ATP/LKJ,断开联解控制空开; 2. 过渡车钩有总风管时打开被救援 MR 通,手柄置“救援”位,安装 32 芯线; 3. 过渡车钩无总风管时切除所有空气及停放制动	不建议
CRH2 长编非统	5	1. 需要安装使用过渡车钩且被救援车组过渡车钩有总风管,安装连接 MR 软管,需连接 32 芯线; 2. 被救援车组过渡车钩无总风管时切除被救援车空气及停放制动; 3. 限速 60 km/h	1. 断开联解控制空开; 2. 打开回送 MR 阀,安装总风软管; 3. 将救援手柄置“救援”位; 4. 安装 32 芯线; 5. 被救援车组过渡车钩无总风管时无须上述操作	1. 隔离警惕装置、ATP/LKJ,断开联解控制空开; 2. 过渡车钩有总风管时打开被救援 MR 通,手柄置“救援”位,安装 32 芯线; 3. 过渡车钩无总风管时切除所有空气及停放制动	不建议
CRH380AL 非统	5	1. 需要安装使用过渡车钩且被救援车组过渡车钩有总风管,安装连接 MR 软管,需连接 32 芯线; 2. 被救援车组过渡车钩无总风管时切除被救援车空气及停放制动; 3. 限速 60 km/h	1. 断开联解控制空开; 2. 打开回送 MR 阀,安装总风软管; 3. 将救援手柄置“救援”位; 4. 安装 32 芯线; 5. 被救援车组过渡车钩无总风管时无须上述操作	1. 隔离警惕装置、ATP/LKJ,断开联解控制空开; 2. 过渡车钩有总风管时打开被救援 MR 通,手柄置“救援”位,安装 32 芯线; 3. 过渡车钩无总风管时切除所有空气及停放制动	不建议

续上表

救援车	优先级别	限制条件	关键技术操作		备　注
			救援车	被救援车	
CRH1B/1E	7	1. 需要安装使用过渡车钩； 2. 切除被救援车空气及停放制动； 3. 限速 60 km/h		切除所有空气及停放制动	不建议
机车		1. 需要安装使用过渡车钩，连接 BP 软管； 2. 限速 120 km/h		1. 隔离警惕装置、ATP/LKJ，断开联解控制空开，闭合救援转换装置空开； 2. 将两端司机室的救援转换集控隔离开关旋至红点位； 3. 打开 BP、救援断阀	

四、CRH2E 非统型动车组被救援时救援选择的优先级别

救援车	优先级别	限制条件	关键技术操作		备　注
			救援车	被救援车	
CRH2 短编非统	1	1. 需连接 32 芯线； 2. 限速 120 km/h	1. 断开联解控制空开； 2. 打开空气管开闭器、总风缸阀； 3. 救援手柄置“救援”位； 4. 安装 32 芯线	1. 隔离警惕装置、ATP/LKJ，断开联解控制空开； 2. 打开 MR 贯通、总风缸阀； 3. 救援手柄置“救援”位； 4. 安装 32 芯线	
CRH380A 非统	2	1. 需连接 32 芯线； 2. 限速 120 km/h	1. 断开联解控制空开； 2. 打开空气管开闭器、总风缸阀； 3. 救援手柄置“救援”位； 4. 安装 32 芯线	1. 隔离警惕装置、ATP/LKJ，断开联解控制空开； 2. 打开 MR 贯通、总风缸阀； 3. 救援手柄置“救援”位； 4. 安装 32 芯线	
CRH2 长编非统	3	1. 需连接 32 芯线； 2. 限速 120 km/h	1. 断开联解控制空开； 2. 打开 MR 贯通、总风缸阀； 3. 救援手柄置“救援”位； 4. 安装 32 芯线	1. 隔离警惕装置、ATP/LKJ，断开联解控制空开； 2. 打开 MR 贯通、总风缸阀； 3. 救援手柄置“救援”位； 4. 安装 32 芯线	
CRH380AL 非统	3	1. 需连接 32 芯线； 2. 限速 120 km/h	1. 断开联解控制空开； 2. 打开 MR 贯通、总风缸阀； 3. 救援手柄置“救援”位； 4. 安装 32 芯线	1. 隔离警惕装置、ATP/LKJ，断开联解控制空开； 2. 打开 MR 贯通、总风缸阀； 3. 救援手柄置“救援”位； 4. 安装 32 芯线	

续上表

救援车	优先级别	限制条件	关键技术操作		备　注
			救援车	被救援车	
CRH2A 统	4	1. 需要安装使用过渡车钩,安装连接 BP 软管; 2. 救援车组需操作车下阀门(01 车 1 位侧、00 车 2 位侧); 3. 限速 60 km/h	1. 断开联解控制空开,闭合救援指令器空开; 2. 打开 BP 总风阀、BP 救援阀、BP 阀	1. 隔离警惕装置、ATP/LKJ,断开联解控制空开,闭合救援转换装置空开; 2. 将两端司机室的救援转换集控隔离开关旋至红点位; 3. 打开 BP 阀、救援断阀	
CRH380A 统	4	1. 需要安装使用过渡车钩,安装连接 BP 软管; 2. 救援车组需操作车下阀门(01 车 1 位侧、00 车 2 位侧); 3. 限速 60 km/h	1. 断开联解控制空开,闭合救援指令器空开; 2. 打开 BP 总风阀、BP 救援阀、BP 阀	1. 隔离警惕装置、ATP/LKJ,断开联解控制空开,闭合救援转换装置空开; 2. 将两端司机室的救援转换集控隔离开关旋至红点位; 3. 打开 BP 阀、救援断阀	
CRH1A-A	4	1. 需要安装使用过渡车钩,安装连接 BP 软管; 2. 限速 60 km/h	1. 将救援开关置"救援"位; 2. 关闭电钩阀、打开 BP 管截断阀 B28	1. 隔离警惕装置、ATP/LKJ,断开联解控制空开,闭合救援转换装置空开; 2. 将两端司机室的救援转换集控隔离开关旋至红点位; 3. 打开 BP 阀、救援断塞门	
CRH6A 统	4	1. 需要安装使用过渡车钩,安装连接 BP 软管; 2. 救援车组需操作车下阀门(01 车 1 位侧、00 车 2 位侧); 3. 限速 60 km/h	1. 将救援开关置"救援"位,闭合救援指令器空开; 2. 打开 BP 总风阀、BP 救援阀、BP 阀	1. 隔离警惕装置、ATP/LKJ,断开联解控制空开,闭合救援转换装置空开; 2. 将两端司机室的救援转换集控隔离开关旋至红点位; 3. 打开 BP 阀、救援断阀	
CRH6F	4	1. 需要安装使用过渡车钩,安装连接 BP 软管; 2. 救援车组需操作车下阀门(01 车 1 位侧、00 车 2 位侧); 3. 限速 60 km/h	1. 将救援开关置"救援"位,闭合 BP 救援指令器空开; 2. 打开 BP 总风阀、BP 救援阀	1. 隔离警惕装置、ATP/LKJ,断开联解控制空开,闭合救援转换装置空开; 2. 将两端司机室的救援转换集控隔离开关旋至红点位; 3. 打开 BP 阀、救援断阀	
CRH3C	4	1. 需要安装使用过渡车钩,安装连接 BP 软管; 2. 限速 60 km/h	1. 打开 C14 启用备用制动; 2. 关闭电钩阀; 3. 打开列车管截断阀	1. 隔离警惕装置、ATP/LKJ,断开联解控制空开,闭合救援转换装置空开; 2. 将两端司机室的救援转换集控隔离开关旋至红点位; 3. 打开 BP 阀、救援断阀	
CRH380B	4	1. 需要安装使用过渡车钩,安装连接 BP 软管; 2. 限速 60 km/h	1. 打开 C14 启用备用制动; 2. 关闭电钩阀; 3. 打开列车管截断阀	1. 隔离警惕装置、ATP/LKJ,断开联解控制空开,闭合救援转换装置空开; 2. 将两端司机室的救援转换集控隔离开关旋至红点位; 3. 打开 BP 阀、救援断阀	

续上表

救援车	优先级别	限制条件	关键技术操作		备　注
			救援车	被救援车	
CR400AF	4	1. 需要安装使用过渡车钩,安装连接 BP 软管; 2. 救援车组需操作车下阀门(01/00 车 2 位侧); 3. 限速 60 km/h	1. 断开联解控制空开,闭合救援装置空开; 2. 将救援开关置"救援"位; 3. 打开 BP 救援转换装置、BP 救援阀	1. 隔离警惕装置、ATP/LKJ,断开联解控制空开,闭合救援转换装置空开; 2. 将两端司机室的救援转换集控隔离开关旋至红点位; 3. 打开 BP 阀、救援断阀	
CR400BF	4	1. 需要安装使用过渡车钩,安装连接 BP 软管; 2. 救援车组需操作车下阀门(01/00 车 2 位侧); 3. 限速 60 km/h	1. 将救援开关置"救援"位; 2. 打开列车管截断阀; 3. 关闭电钩阀; 4. 打开 BP 救援转换装置供风隔离塞门、BP 救援转换装置列车管压力截断塞门	1. 隔离警惕装置、ATP/LKJ,断开联解控制空开,闭合救援转换装置空开; 2. 将两端司机室的救援转换集控隔离开关旋至红点位; 3. 打开 BP 阀、救援断阀	
CRH1A	4	1. 需要安装使用过渡车钩,连接 BP 软管; 2. 限速 60 km/h	1. 将救援开关置"救援"位; 2. 关闭电钩阀、打开 BP 管截断阀	1. 隔离警惕装置、ATP/LKJ,断开联解控制空开,闭合救援转换装置空开; 2. 将两端司机室的救援转换集控隔离开关旋至红点位; 3. 打开 BP 阀、救援断塞门	
CRH5	4	1. 需要安装使用过渡车钩,安装连接 BP 软管; 2. 限速 60 km/h	打开列车管截断阀	1. 隔离警惕装置、ATP/LKJ,断开联解控制空开,闭合救援转换装置空开; 2. 将两端司机室的救援转换集控隔离开关旋至红点位; 3. 打开 BP 阀、救援断阀	
CRH6A 非统	4	1. 需要安装使用过渡车钩,安装连接 MR 软管; 2. 需连接 32 芯线; 3. 限速 60 km/h	1. 救援手柄置"救援"位; 2. 打开回送 MR 阀; 3. 安装 32 芯线	1. 隔离警惕装置、ATP/LKJ,断开联解控制空开; 2. 打开 MR 贯通、总风缸; 3. 救援手柄置"救援"位; 4. 安装 32 芯线	
CRH380D	4	1. 需要安装使用过渡车钩,连接 BP 软管; 2. 限速 60 km/h	1. 将救援开关置"救援"位; 2. 打开总风管截断阀 Z17; 3. 关闭电钩阀、打开 BP 管截断阀 Z13	1. 隔离警惕装置、ATP/LKJ,断开联解控制空开,闭合救援转换装置空开; 2. 将两端司机室的救援转换集控隔离开关旋至红点位; 3. 打开 BP 阀、救援断阀	
CRH2E 统	5	1. 需要安装使用过渡车钩,安装连接 BP 软管; 2. 救援车组需操作车下阀门(01 车 1 位侧、00 车 2 位侧); 3. 限速 60 km/h	1. 断开联解控制空开,闭合救援指令器空开; 2. 打开 BP 总风阀、BP 救援阀、BP 阀	1. 隔离警惕装置、ATP/LKJ,断开联解控制空开,闭合救援转换装置空开; 2. 将两端司机室的救援转换集控隔离开关旋至红点位; 3. 打开 BP 阀、救援断阀	

续上表

救援车	优先级别	限制条件	关键技术操作		备　注
			救援车	被救援车	
CR400AF-A	5	1. 限速 60 km/h； 2. 救援车组需操作车下阀门	1. 闭合救援装置空开； 2. 将救援开关置“救援”位； 3. 打开 BP 救援转换装置、BP 救援阀	1. 隔离警惕装置、ATP/LKJ，断开联解控制空开，闭合救援转换装置空开； 2. 将两端司机室的救援转换集控隔离开关旋至红点位； 3. 打开 BP 阀、救援断阀	
CRH380AL 统	5	1. 需要安装使用过渡车钩，安装连接 BP 软管； 2. 救援车组需操作车下阀门(01 车 1 位侧、00 车 2 位侧)； 3. 限速 60 km/h	1. 断开联解控制空开，闭合救援指令器空开； 2. 打开 BP 总风阀、BP 救援阀、BP 阀	1. 隔离警惕装置、ATP/LKJ，断开联解控制空开，闭合救援转换装置空开； 2. 将两端司机室的救援转换集控隔离开关旋至红点位； 3. 打开 BP 阀、救援断阀	
CRH380BL	5	1. 需要安装使用过渡车钩，安装连接 BP 软管； 2. 限速 60 km/h	1. 打开 C14 启用备用制动； 2. 关闭电钩阀； 3. 打开列车管截断阀	1. 隔离警惕装置、ATP/LKJ，断开联解控制空开，闭合救援转换装置空开； 2. 将两端司机室的救援转换集控隔离开关旋至红点位； 3. 打开 BP 阀、救援断阀	
CRH1B/1E	7	1. 需要安装使用过渡车钩； 2. 切除被救援车空气及停放制动； 3. 限速 60 km/h		切除所有空气及停放制动	不建议
机车		1. 需要安装使用过渡车钩，连接 BP 软管； 2. 限速 120 km/h		1. 隔离警惕装置、ATP/LKJ，断开联解控制空开，闭合救援转换装置空开； 2. 将两端司机室的救援转换集控隔离开关旋至红点位； 3. 打开 BP、救援断阀	

五、CRH2E 统型动车组被救援时救援选择的优先级别

救援车	优先级别	限制条件	关键技术操作		备　注
			救援车	被救援车	
CRH2A 统	1	1. 救援车组需操作车下阀门(01 车 1 位侧、00 车 2 位侧)； 2. 限速 120 km/h	1. 断开联解控制空开，闭合救援指令器空开； 2. 打开救援 MR 断、空气管开闭器； 3. 打开 BP 总风阀、BP 救援阀、BP 阀	1. 隔离警惕装置、ATP/LKJ，断开联解控制空开，闭合救援转换装置空开； 2. 打开被救援 MR 通； 3. 打开 BP 阀	

续上表

救援车	优先级别	限制条件	关键技术操作		备 注
			救援车	被救援车	
CRH380A统	2	1. 救援车组需操作车下阀门(01车1位侧、00车2位侧); 2. 限速120 km/h	1. 断开联解控制空开,闭合救援指令器空开; 2. 打开救援MR断、空气管开闭器; 3. 打开BP总风阀、BP救援阀、BP阀	1. 隔离警惕装置、ATP/LKJ,断开联解控制空开,闭合救援转换装置空开; 2. 打开被救援MR通; 3. 打开BP阀	
CRH1A-A	2	限速120 km/h	1. 将救援开关置"救援"位; 2. 打开总风管截断阀B30/1; 3. 关闭电钩阀、打开BP管截断阀B28	1. 隔离警惕装置、ATP/LKJ,断开联解控制空开,闭合救援转换装置空开; 2. 打开被救援MR通; 3. 打开BP阀	
CRH6A统	2	1. 救援车组需操作车下阀门(01车1位侧、00车2位侧); 2. 限速120 km/h	1. 闭合救援指令器空开; 2. 将救援开关置"救援"位; 3. 打开MR贯通; 4. 打开BP总风、BP救援	1. 隔离警惕装置、ATP/LKJ,断开联解控制空开,闭合救援转换装置空开; 2. 打开被救援MR通; 3. 打开BP阀	
CRH6F	2	1. 限速120 km/h; 2. 救援车组需操作车下阀门(01车1位侧、00车2位侧)	1. 闭合BP救援指令器空开; 2. 将救援开关置"救援"位; 3. 打开MR贯通; 4. 打开BP总风、BP救援	1. 隔离警惕装置、ATP/LKJ,断开联解控制空开,闭合救援转换装置空开; 2. 打开被救援MR通; 3. 打开BP阀	
CRH3C	2	限速120 km/h	1. 打开C14启用备用制动; 2. 关闭电钩阀; 3. 打开总风管截断阀、列车管截断阀	1. 隔离警惕装置、ATP/LKJ,断开联解控制空开,闭合救援转换装置空开; 2. 打开被救援MR通; 3. 打开BP阀	
CRH380B	2	限速120 km/h	1. 打开C14启用备用制动; 2. 关闭电钩阀; 3. 打开总风管截断阀、列车管截断阀	1. 隔离警惕装置、ATP/LKJ,断开联解控制空开,闭合救援转换装置空开; 2. 打开被救援MR通; 3. 打开BP阀	
CR400AF	2	1. 限速120 km/h; 2. 救援车组需操作车下阀门(01/00车2位侧)	1. 断开联解控制空开,闭合救援装置空开; 2. 将救援开关置"救援"位; 3. 打开总风阀、空气管开闭器; 4. 打开BP救援转换装置、BP救援阀	1. 隔离警惕装置、ATP/LKJ,断开联解控制空开,闭合救援转换装置空开; 2. 打开被救援MR通; 3. 打开BP阀	

续上表

救援车	优先级别	限制条件	关键技术操作		备　注
			救援车	被救援车	
CR400BF	2	1. 限速 120 km/h； 2. 救援车组需操作车下阀门(01/00 车 2 位侧)	1. 将救援开关置“救援”位； 2. 打开总风管截断阀、列车管截断阀； 3. 关闭电钩阀； 4. 打开 BP 救援转换装置供风隔离塞门、BP 救援转换装置列车管压力截断塞门	1. 隔离警惕装置、ATP/LKJ，断开联解控制空开，闭合救援转换装置空开； 2. 打开被救援 MR 通； 3. 打开 BP 阀	
CRH5	2	限速 120 km/h	打开总风管截断阀、列车管截断阀	1. 隔离警惕装置、ATP/LKJ，断开联解控制空开，闭合救援转换装置空开； 2. 打开被救援 MR 通； 3. 打开 BP 阀	
CRH2E 统	3	1. 限速 120 km/h； 2. 救援车组需操作车下阀门(01/00 车 2 位侧)	1. 断开联解控制空开，闭合救援指令器空开； 2. 打开救援 MR 通； 3. 打开 BP 总风阀、BP 救援阀、BP 阀	1. 隔离警惕装置、ATP/LKJ，断开联解控制空开，闭合救援转换装置空开； 2. 打开被救援 MR 通； 3. 打开 BP 阀	
CRH380AL 统	3	1. 限速 120 km/h； 2. 救援车组需操作车下阀门(01/00 车 2 位侧)	1. 断开联解控制空开，闭合救援指令器空开； 2. 打开 MR 贯通、救援 MR 通； 3. 打开 BP 总风阀、BP 救援阀、BP 阀	1. 隔离警惕装置、ATP/LKJ，断开联解控制空开，闭合救援转换装置空开； 2. 打开被救援 MR 通； 3. 打开 BP 阀	
CR400AF-A	3	1. 限速 120 km/h； 2. 救援车组需操作车下阀门	1. 闭合救援装置空开； 2. 将救援开关置“救援”位； 3. 打开 MR 贯通阀； 4. 打开 BP 救援转换装置、BP 救援阀	1. 隔离警惕装置、ATP/LKJ，断开联解控制空开，闭合救援转换装置空开； 2. 打开被救援 MR 通； 3. 打开 BP 阀	
CRH380BL	3	1. 需要安装使用过渡车钩，安装连接 BP 软管； 2. 限速 60 km/h	1. 打开 C14 启用备用制动； 2. 关闭电钩阀； 3. 打开总风管截断阀、列车管截断阀	1. 隔离警惕装置、ATP/LKJ，断开联解控制空开，闭合救援转换装置空开； 2. 打开被救援 MR 通； 3. 打开 BP 阀	
CRH6A 非统	3	1. 连接 32 芯线； 2. 限速 120 km/h	1. 救援手柄置“救援”位； 2. 打开 MR 贯通阀； 3. 安装 32 芯线	1. 隔离警惕装置、ATP/LKJ，断开联解控制空开； 2. 打开被救援 MR 通； 3. 救援手柄置“救援”位； 4. 安装 32 芯线	

续上表

救援车	优先级别	限制条件	关键技术操作		备　注
			救援车	被救援车	
CRH1A	4	1. 需要安装使用过渡车钩,连接 BP 软管; 2. 限速 60 km/h	1. 将救援开关置救援位; 2. 关闭电钩阀、打开 BP 管截断阀	1. 隔离警惕装置、ATP/LKJ,断开联解控制空开,闭合救援转换装置空开; 2. 将两端司机室的救援转换集控隔离开关旋至红点位; 3. 打开 BP 阀、救援断塞门	
CRH380D	4	1. 需要安装使用过渡车钩,连接 BP 软管; 2. 限速 60 km/h	1. 将救援开关置"救援"位; 2. 打开总风管截断阀 Z17; 3. 关闭电钩阀、打开 BP 管截断阀 Z13	1. 隔离警惕装置、ATP/LKJ,断开联解控制空开,闭合救援转换装置空开; 2. 将两端司机室的救援转换集控隔离开关旋至红点位; 3. 打开 BP 阀、救援断阀	
CRH2 短编非统	4	1. 需要安装使用过渡车钩且被救援车组过渡车钩有总风管,安装连接 MR 软管,需连接 32 芯线; 2. 被救援车组过渡车钩无总风管时切除被救援车空气及停放制动; 3. 限速 60 km/h	1. 断开联解控制空开; 2. 打开回送 MR 阀,安装总风软管; 3. 将救援手柄置"救援"位; 4. 安装 32 芯线; 5. 被救援车组过渡车钩无总风管时无须上述操作	1. 隔离警惕装置、ATP/LKJ,断开联解控制空开; 2. 过渡车钩有总风管时打开被救援 MR 通,手柄置"救援"位,安装 32 芯线; 3. 过渡车钩无总风管时切除所有空气及停放制动	不建议
CRH380A 非统	4	1. 需要安装使用过渡车钩且被救援车组过渡车钩有总风管,安装连接 MR 软管,需连接 32 芯线; 2. 被救援车组过渡车钩无总风管时切除被救援车空气及停放制动; 3. 限速 60 km/h	1. 断开联解控制空开; 2. 打开回送 MR 阀,安装总风软管; 3. 将救援手柄置"救援"位; 4. 安装 32 芯线; 5. 被救援车组过渡车钩无总风管时无须上述操作	1. 隔离警惕装置、ATP/LKJ,断开联解控制空开; 2. 过渡车钩有总风管时打开被救援 MR 通,手柄置"救援"位,安装 32 芯线; 3. 过渡车钩无总风管时切除所有空气及停放制动	不建议
CRH2 长编非统	5	1. 需要安装使用过渡车钩且被救援车组过渡车钩有总风管,安装连接 MR 软管,需连接 32 芯线; 2. 被救援车组过渡车钩无总风管时切除被救援车空气及停放制动; 3. 限速 60 km/h	1. 断开联解控制空开; 2. 打开回送 MR 阀,安装总风软管; 3. 将救援手柄置"救援"位; 4. 安装 32 芯线; 5. 被救援车组过渡车钩无总风管时无须上述操作	1. 隔离警惕装置、ATP/LKJ,断开联解控制空开; 2. 过渡车钩有总风管时打开被救援 MR 通,手柄置"救援"位,安装 32 芯线; 3. 过渡车钩无总风管时切除所有空气及停放制动	不建议

续上表

救援车	优先级别	限制条件	关键技术操作		备　注
			救援车	被救援车	
CRH380AL非统	5	1. 需要安装使用过渡车钩且被救援车组过渡车钩有总风管，安装连接 MR 软管，需连接 32 芯线； 2. 被救援车组过渡车钩无总风管时切除被救援车空气及停放制动； 3. 限速 60 km/h	1. 断开联解控制空开； 2. 打开回送 MR 阀，安装总风软管； 3. 将救援手柄置“救援”位； 4. 安装 32 芯线； 5. 被救援车组过渡车钩无总风管时无须上述操作	1. 隔离警惕装置、ATP/LKJ，断开联解控制空开； 2. 过渡车钩有总风管时打开被救援 MR 通，手柄置“救援”位，安装 32 芯线； 3. 过渡车钩无总风管时切除所有空气及停放制动	不建议
CRH1B/E	7	1. 需要安装使用过渡车钩； 2. 切除被救援车空气及停放制动； 3. 限速 60 km/h		切除所有空气及停放制动	不建议
机车		1. 需要安装使用过渡车钩，连接 BP 软管； 2. 限速 120 km/h		1. 隔离警惕装置、ATP/LKJ，断开联解控制空开，闭合救援转换装置空开； 2. 将两端司机室的救援转换集控隔离开关旋至红点位； 3. 打开 BP 阀、救援断阀	

六、CRH380A 统型动车组被救援时救援选择的优先级别

救援车	优先级别	限制条件	关键技术操作		备　注
			救援车	被救援车	
CRH380A统	1	1. 限速 120 km/h； 2. 救援车组需操作车下阀门(01 车 1 位侧、00 车 2 位侧)	1. 断开联解控制空开，闭合救援指令器空开； 2. 打开救援 MR 断、空气管开闭器、总风缸阀； 3. 打开 BP 总风阀、BP 救援阀、BP 阀	1. 隔离警惕装置、ATP，断开联解控制空开，闭合救援转换装置空开； 2. 打开被救援 MR 通阀； 3. 打开 BP 阀	
CRH2A统	2	1. 限速 120 km/h； 2. 救援车组需操作车下阀门(01 车 1 位侧、00 车 2 位侧)	1. 断开联解控制空开，闭合救援指令器空开； 2. 打开救援 MR 断、空气管开闭器、总风缸阀； 3. 打开 BP 总风阀、BP 救援阀、BP 阀	1. 隔离警惕装置、ATP，断开联解控制空开，闭合救援转换装置空开； 2. 打开被救援 MR 通阀； 3. 打开 BP 阀	
CRH6A统	2	1. 限速 120 km/h； 2. 救援车组需操作车下阀门(01 车 1 位侧、00 车 2 位侧)	1. 闭合救援指令器空开； 2. 将救援开关置“救援”位； 3. 打开 MR 贯通； 4. 打开 BP 总风、BP 救援	1. 隔离警惕装置、ATP，断开联解控制空开，闭合救援转换装置空开； 2. 打开被救援 MR 通阀； 3. 打开 BP 阀	

续上表

救援车	优先级别	限制条件	关键技术操作		备　注
			救援车	被救援车	
CRH1A-A	2	限速 120 km/h	1. 将救援开关置“救援”位； 2. 打开总风管截断阀 B30/1； 3. 关闭电钩阀、打开 BP 管截断阀 B28	1. 隔离警惕装置、ATP，断开联解控制空开，闭合救援转换装置空开； 2. 打开被救援 MR 通阀； 3. 打开 BP 阀	
CRH6F	2	1. 限速 120 km/h； 2. 救援车组需操作车下阀门（01 车 1 位侧、00 车 2 位侧）	1. 闭合 BP 救援指令器空开； 2. 将救援开关置“救援”位； 3. 打开 MR 贯通； 4. 打开 BP 总风、BP 救援	1. 隔离警惕装置、ATP，断开联解控制空开，闭合救援转换装置空开； 2. 打开被救援 MR 通阀； 3. 打开 BP 阀	
CRH3C	2	1. 限速 120 km/h； 2. 被救援车组需操作车下阀门； 3. 救援车组只能使用备用制动控车	1. 打开 C14 启用备用制动； 2. 关闭电钩阀； 3. 打开总风管截断阀、列车管截断阀	1. 隔离警惕装置、ATP，断开联解控制空开，闭合救援转换装置空开； 2. 打开被救援 MR 通阀； 3. 打开 BP 阀	
CRH380B	2	1. 限速 120 km/h； 2. 救援车组只能使用备用制动控车	1. 打开 C14 启用备用制动； 2. 关闭电钩阀； 3. 打开总风管截断阀、列车管截断阀	1. 隔离警惕装置、ATP，断开联解控制空开，闭合救援转换装置空开； 2. 打开被救援 MR 通阀； 3. 打开 BP 阀	
CR400AF	2	1. 限速 120 km/h； 2. 救援车组需操作车下阀门（01/00 车 2 位侧）	1. 断开联解控制空开，闭合救援装置空开； 2. 将救援开关置“救援”位； 3. 打开总风阀、空气管开闭器； 4. 打开 BP 救援转换装置、BP 救援阀	1. 隔离警惕装置、ATP，断开联解控制空开，闭合救援转换装置空开； 2. 打开被救援 MR 通阀； 3. 打开 BP 阀	
CR400BF	2	1. 限速 120 km/h； 2. 救援车组需操作车下阀门（01/00 车 2 位侧）	1. 将救援开关置“救援”位； 2. 打开总风管截断阀、列车管截断阀； 3. 关闭电钩阀； 4. 打开 BP 救援转换装置供风隔离塞门、BP 救援转换装置列车管压力截断塞门	1. 隔离警惕装置、ATP，断开联解控制空开，闭合救援转换装置空开； 2. 打开被救援 MR 通阀； 3. 打开 BP 阀	

续上表

救援车	优先级别	限制条件	关键技术操作 救援车	关键技术操作 被救援车	备注
CRH5	2	限速 120 km/h	打开总风管截断阀、列车管截断阀	1. 隔离警惕装置、ATP，断开联解控制空开，闭合救援转换装置空开； 2. 打开被救援 MR 通阀； 3. 打开 BP 阀	
CRH2E 统	3	1. 限速 120 km/h； 2. 救援车组需操作车下阀门（01 车 1 位侧、00 车 2 位侧）	1. 断开联解控制空开，闭合救援指令器空开； 2. 打开救援 MR 通； 3. 打开 BP 总风阀、BP 救援阀、BP 阀	1. 隔离警惕装置、ATP，断开联解控制空开，闭合救援转换装置空开； 2. 打开被救援 MR 通阀； 3. 打开 BP 阀	
CRH380AL 统	3	1. 限速 120 km/h； 2. 救援车组需操作车下阀门（01 车 1 位侧、00 车 2 位侧）	1. 断开联解控制空开，闭合救援指令器空开； 2. 打开 MR 贯通、救援 MR 通； 3. 打开 BP 总风阀、BP 救援阀、BP 阀	1. 隔离警惕装置、ATP，断开联解控制空开，闭合救援转换装置空开； 2. 打开被救援 MR 通阀； 3. 打开 BP 阀	
CR400AF-A	3	1. 限速 120 km/h； 2. 救援车组需操作车下阀门	1. 闭合救援装置空开； 2. 将救援开关置“救援”位； 3. 打开 MR 贯通阀； 4. 打开 BP 救援转换装置、BP 救援阀	1. 隔离警惕装置、ATP，断开联解控制空开，闭合救援转换装置空开； 2. 打开被救援 MR 通阀； 3. 打开 BP 阀	
CRH380BL	3	限速 120 km/h	1. 打开 C14 启用备用制动； 2. 关闭电钩阀； 3. 打开总风管截断阀、列车管截断阀	1. 隔离警惕装置、ATP，断开联解控制空开，闭合救援转换装置空开； 2. 打开被救援 MR 通阀； 3. 打开 BP 阀	
CRH6A 非统	3	1. 连接 32 芯线； 2. 限速 120 km/h	1. 救援手柄置“救援”位； 2. 打开 MR 贯通阀； 3. 安装 32 芯线	1. 隔离警惕装置、ATP，断开联解控制空开； 2. 打开救援 MR 断、空气管开闭器； 3. 救援手柄置“救援”位； 4. 安装 32 芯线	
CRH1A	4	1. 需要安装使用过渡车钩，连接 BP 软管； 2. 限速 60 km/h	1. 将救援开关置“救援”位； 2. 关闭电钩阀、打开 BP 管截断阀	1. 隔离警惕装置、ATP，断开联解控制空开，闭合救援转换装置空开； 2. 将两端司机室的救援转换集控隔离开关旋至红点位； 3. 打开 BP、救援断阀	

续上表

救援车	优先级别	限制条件	关键技术操作		备　注
			救援车	被救援车	
CRH380D	4	1. 需要安装使用过渡车钩,连接 BP 软管; 2. 限速 60 km/h	1. 将救援开关置"救援"位; 2. 打开总风管截断阀 Z17; 3. 关闭电钩阀、打开 BP 管截断阀 Z13	1. 隔离警惕装置、ATP,断开联解控制空开,闭合救援转换装置空开; 2. 将两端司机室的救援转换集控隔离开关旋至红点位; 3. 打开 BP、救援断阀	
CRH2 短编非统	4	1. 需要安装使用过渡车钩且被救援车组过渡车钩有总风管,安装连接 MR 软管,需连接 32 芯线; 2. 被救援车组过渡车钩无总风管时切除被救援车空气及停放制动; 3. 限速 60 km/h	1. 断开联解控制空开; 2. 打开回送 MR 阀,安装总风软管; 3. 将救援手柄置"救援"位; 4. 安装 32 芯线; 5. 被救援车组过渡车钩无总风管时无须上述操作	1. 隔离警惕装置、ATP,断开联解控制空开; 2. 过渡车钩有总风管时打开被救援 MR 通,手柄置"救援"位,安装 32 芯线; 3. 过渡车钩无总风管时切除所有空气及停放制动	不建议
CRH380A 非统	4	1. 需要安装使用过渡车钩且被救援车组过渡车钩有总风管,安装连接 MR 软管,需连接 32 芯线; 2. 被救援车组过渡车钩无总风管时切除被救援车空气及停放制动; 3. 限速 60 km/h	1. 断开联解控制空开; 2. 打开回送 MR 阀,安装总风软管; 3. 将救援手柄置"救援"位; 4. 安装 32 芯线; 5. 被救援车组过渡车钩无总风管时无须上述操作	1. 隔离警惕装置、ATP,断开联解控制空开; 2. 过渡车钩有总风管时打开被救援 MR 通,手柄置"救援"位,安装 32 芯线; 3. 过渡车钩无总风管时切除所有空气及停放制动	不建议
CRH2 长编非统	5	1. 需要安装使用过渡车钩且被救援车组过渡车钩有总风管,安装连接 MR 软管,需连接 32 芯线; 2. 被救援车组过渡车钩无总风管时切除被救援车空气及停放制动; 3. 限速 60 km/h	1. 断开联解控制空开; 2. 打开回送 MR 阀,安装总风软管; 3. 将救援手柄置"救援"位; 4. 安装 32 芯线; 5. 被救援车组过渡车钩无总风管时无须上述操作	1. 隔离警惕装置、ATP,断开联解控制空开; 2. 过渡车钩有总风管时打开被救援 MR 通,手柄置"救援"位,安装 32 芯线; 3. 过渡车钩无总风管时切除所有空气及停放制动	不建议
CRH380AL 非统	5	1. 需要安装使用过渡车钩且被救援车组过渡车钩有总风管,安装连接 MR 软管,需连接 32 芯线; 2. 被救援车组过渡车钩无总风管时切除被救援车空气及停放制动; 3. 限速 60 km/h	1. 断开联解控制空开; 2. 打开回送 MR 阀,安装总风软管; 3. 将救援手柄置"救援"位; 4. 安装 32 芯线; 5. 被救援车组过渡车钩无总风管时无须上述操作	1. 隔离警惕装置、ATP,断开联解控制空开; 2. 过渡车钩有总风管时打开被救援 MR 通,手柄置"救援"位,安装 32 芯线; 3. 过渡车钩无总风管时切除所有空气及停放制动	不建议

续上表

救援车	优先级别	限制条件	关键技术操作		备注
			救援车	被救援车	
CRH1B/1E	7	1. 需要安装使用过渡车钩； 2. 切除被救援车空气及停放制动； 3. 限速 60 km/h		1. 断开联解控制空开； 2. 切除所有空气及停放制动	不建议
机车		1. 需要安装使用过渡车钩，连接 BP 软管； 2. 限速 120 km/h		1. 隔离警惕装置、ATP，断开联解控制空开，闭合救援转换装置空开； 2. 将两端司机室的救援转换集控隔离开关旋至红点位； 3. 打开 BP、救援断阀	

七、CRH380AL 非统型动车组被救援时救援选择的优先级别

救援车	优先级别	限制条件	关键技术操作		备注
			救援车	被救援车	
CRH380A 非统	1	1. 需连接 32 芯线； 2. 限速 120 km/h	1. 断开联解控制空开； 2. 打开空气管开闭器、总风缸阀； 3. 救援手柄置"救援"位； 4. 安装 32 芯线	1. 隔离警惕装置、ATP，断开联解控制空开； 2. 打开 MR 贯通、总风缸阀； 3. 救援手柄置"救援"位； 4. 安装 32 芯线	
CRH2 短编非统	2	1. 需连接 32 芯线； 2. 限速 120 km/h	1. 断开联解控制空开； 2. 打开空气管开闭器、总风缸阀； 3. 救援手柄置"救援"位； 4. 安装 32 芯线	1. 隔离警惕装置、ATP，断开联解控制空开； 2. 打开 MR 贯通、总风缸阀； 3. 救援手柄置"救援"位； 4. 安装 32 芯线	
CRH2 长编非统	3	1. 需连接 32 芯线； 2. 限速 120 km/h	1. 断开联解控制空开； 2. 打开 MR 贯通、总风缸阀； 3. 救援手柄置"救援"位； 4. 安装 32 芯线	1. 隔离警惕装置、ATP，断开联解控制空开； 2. 打开 MR 贯通、总风缸阀； 3. 救援手柄置"救援"位； 4. 安装 32 芯线	
CRH380AL 非统	3	1. 需连接 32 芯线； 2. 限速 120 km/h	1. 断开联解控制空开； 2. 打开 MR 贯通、总风缸阀； 3. 救援手柄置"救援"位； 4. 安装 32 芯线	1. 隔离警惕装置、ATP，断开联解控制空开； 2. 打开 MR 贯通、总风缸阀； 3. 救援手柄置"救援"位； 4. 安装 32 芯线	

续上表

救援车	优先级别	限制条件	关键技术操作		备　注
			救援车	被救援车	
CRH2A统	4	1. 需要安装使用过渡车钩,安装连接 BP 软管; 2. 救援车组需操作车下阀门(01 车 1 位侧、00 车 2 位侧); 3. 限速 60 km/h	1. 断开联解控制空开,闭合救援指令器空开; 2. 打开 BP 总风阀、BP 救援阀、BP 阀	1. 隔离警惕装置、ATP,断开联解控制空开,闭合救援转换装置空开; 2. 将两端司机室的救援转换集控隔离开关旋至红点位; 3. 打开 BP、救援断阀	
CRH380A统	4	1. 需要安装使用过渡车钩,安装连接 BP 软管; 2. 救援车组需操作车下阀门(01 车 1 位侧、00 车 2 位侧); 3. 限速 60 km/h	1. 断开联解控制空开,闭合救援指令器空开; 2. 打开 BP 总风阀、BP 救援阀、BP 阀	1. 隔离警惕装置、ATP,断开联解控制空开,闭合救援转换装置空开; 2. 将两端司机室的救援转换集控隔离开关旋至红点位; 3. 打开 BP、救援断阀	
CRH1A-A	4	1. 需要安装使用过渡车钩,安装连接 BP 软管; 2. 限速 60 km/h	1. 将救援开关置“救援”位; 2. 关闭电钩阀、打开 BP 管截断阀 B28	1. 隔离警惕装置、ATP,断开联解控制空开,闭合救援转换装置空开; 2. 将两端司机室的救援转换集控隔离开关旋至红点位; 3. 打开 BP、救援断阀	
CRH6A统	4	1. 需要安装使用过渡车钩,安装连接 BP 软管; 2. 救援车组需操作车下阀门(01 车 1 位侧、00 车 2 位侧); 3. 限速 60 km/h	1. 将救援开关置“救援”位,闭合救援指令器空开; 2. 打开 BP 总风阀、BP 救援阀、BP 阀	1. 隔离警惕装置、ATP,断开联解控制空开,闭合救援转换装置空开; 2. 将两端司机室的救援转换集控隔离开关旋至红点位; 3. 打开 BP、救援断阀	
CRH6F	4	1. 需要安装使用过渡车钩,安装连接 BP 软管; 2. 救援车组需操作车下阀门(01 车 1 位侧、00 车 2 位侧); 3. 限速 60 km/h	1. 将救援开关置“救援”位,闭合 BP 救援指令器空开; 2. 打开 BP 总风阀、BP 救援阀	1. 隔离警惕装置、ATP,断开联解控制空开,闭合救援转换装置空开; 2. 将两端司机室的救援转换集控隔离开关旋至红点位; 3. 打开 BP、救援断阀	
CRH3C	4	1. 需要安装使用过渡车钩,安装连接 BP 软管; 2. 限速 60 km/h	1. 打开 C14 启用备用制动; 2. 关闭电钩阀; 3. 打开列车管截断阀	1. 隔离警惕装置、ATP,断开联解控制空开,闭合救援转换装置空开; 2. 将两端司机室的救援转换集控隔离开关旋至红点位; 3. 打开 BP、救援断阀	
CRH380B	4	1. 需要安装使用过渡车钩,安装连接 BP 软管; 2. 限速 60 km/h	1. 打开 C14 启用备用制动; 2. 关闭电钩阀; 3. 打开列车管截断阀	1. 隔离警惕装置、ATP,断开联解控制空开,闭合救援转换装置空开; 2. 将两端司机室的救援转换集控隔离开关旋至红点位; 3. 打开 BP、救援断阀	

续上表

救援车	优先级别	限制条件	关键技术操作		备　注
			救援车	被救援车	
CR400AF	4	1. 需要安装使用过渡车钩,安装连接 BP 软管; 2. 救援车组需操作车下阀门(01/00 车 2 位侧); 3. 限速 60 km/h	1. 断开联解控制空开,闭合救援装置空开; 2. 将救援开关置“救援”位; 3. 打开 BP 救援转换装置、BP 救援阀	1. 隔离警惕装置、ATP,断开联解控制空开,闭合救援转换装置空开; 2. 将两端司机室的救援转换集控隔离开关旋至红点位; 3. 打开 BP、救援断阀	
CR400BF	4	1. 需要安装使用过渡车钩,安装连接 BP 软管; 2. 救援车组需操作车下阀门(01/00 车 2 位侧); 3. 限速 60 km/h	1. 将救援开关置“救援”位; 2. 打开列车管截断阀; 3. 关闭电钩阀; 4. 打开 BP 救援转换装置供风隔离塞门、BP 救援转换装置列车管压力截断塞门	1. 隔离警惕装置、ATP,断开联解控制空开,闭合救援转换装置空开; 2. 将两端司机室的救援转换集控隔离开关旋至红点位; 3. 打开 BP、救援断阀	
CRH1A	4	1. 需要安装使用过渡车钩,连接 BP 软管; 2. 限速 60 km/h	1. 将救援开关置“救援”位; 2. 关闭电钩阀、打开 BP 管截断阀	1. 隔离警惕装置、ATP,断开联解控制空开,闭合救援转换装置空开; 2. 将两端司机室的救援转换集控隔离开关旋至红点位; 3. 打开 BP、救援断阀	
CRH5	4	1. 需要安装使用过渡车钩,安装连接 BP 软管; 2. 限速 60 km/h	打开列车管截断阀	1. 隔离警惕装置、ATP,断开联解控制空开,闭合救援转换装置空开; 2. 将两端司机室的救援转换集控隔离开关旋至红点位; 3. 打开 BP、救援断阀	
CRH6A 非统	4	1. 需要安装使用过渡车钩,安装连接 MR 软管; 2. 需连接 32 芯线; 3. 限速 60 km/h	1. 救援手柄置“救援”位; 2. 打开回送 MR 阀; 3. 安装 32 芯线	1. 隔离警惕装置、ATP,断开联解控制空开; 2. 打开 MR 贯通、总风缸; 3. 救援手柄置“救援”位; 4. 安装 32 芯线	
CRH380D	4	1. 需要安装使用过渡车钩,连接 BP 软管; 2. 限速 60 km/h	1. 将救援开关置“救援”位; 2. 打开总风管截断阀 Z17; 3. 关闭电钩阀、打开 BP 管截断阀 Z13	1. 隔离警惕装置、ATP,断开联解控制空开,闭合救援转换装置空开; 2. 将两端司机室的救援转换集控隔离开关旋至红点位; 3. 打开 BP、救援断阀	
CRH2E 统	5	1. 需要安装使用过渡车钩,安装连接 BP 软管; 2. 救援车组需操作车下阀门(01 车 1 位侧、00 车 2 位侧); 3. 限速 60 km/h	1. 断开联解控制空开,闭合救援指令器空开; 2. 打开 BP 总风阀、BP 救援阀、BP 阀	1. 隔离警惕装置、ATP,断开联解控制空开,闭合救援转换装置空开; 2. 将两端司机室的救援转换集控隔离开关旋至红点位; 3. 打开 BP 阀、救援断阀	

续上表

救援车	优先级别	限制条件	关键技术操作		备　注
			救援车	被救援车	
CR400AF-A	5	1. 限速 60 km/h； 2. 救援车组需操作车下阀门	1. 闭合救援装置空开； 2. 将救援开关置"救援"位； 3. 打开 BP 救援转换装置、BP 救援阀	1. 隔离警惕装置、ATP，断开联解控制空开，闭合救援转换装置空开； 2. 将两端司机室的救援转换集控隔离开关旋至红点位； 3. 打开 BP、救援断阀	
CRH380AL统	5	1. 需要安装使用过渡车钩，安装连接 BP 软管； 2. 救援车组需操作车下阀门(01 车 1 位侧、00 车 2 位侧)； 3. 限速 60 km/h	1. 断开联解控制空开，闭合救援指令器空开； 2. 打开 BP 总风阀、BP 救援阀、BP 阀	1. 隔离警惕装置、ATP，断开联解控制空开，闭合救援转换装置空开； 2. 将两端司机室的救援转换集控隔离开关旋至红点位； 3. 打开 BP、救援断阀	
CRH380BL	5	1. 需要安装使用过渡车钩，安装连接 BP 软管； 2. 限速 60 km/h	1. 打开 C14 启用备用制动； 2. 关闭电钩阀； 3. 打开列车管截断阀	1. 隔离警惕装置、ATP，断开联解控制空开，闭合救援转换装置空开； 2. 将两端司机室的救援转换集控隔离开关旋至红点位； 3. 打开 BP、救援断阀	
CRH1B/1E	7	1. 需要安装使用过渡车钩； 2. 切除被救援车空气及停放制动； 3. 限速 60 km/h		切除所有空气及停放制动	不建议
机车		1. 需要安装使用过渡车钩，连接 BP 软管； 2. 限速 120 km/h		1. 隔离警惕装置、ATP，断开联解控制空开，闭合救援转换装置空开； 2. 将两端司机室的救援转换集控隔离开关旋至红点位； 3. 打开 BP、救援断阀	

八、CRH380AL 统型动车组被救援时救援选择的优先级别

救援车	优先级别	限制条件	关键技术操作		备　注
			救援车	被救援车	
CRH380A统	1	1. 限速 120 km/h； 2. 救援车组需操作车下阀门(01 车 1 位侧、00 车 2 位侧)	1. 断开联解控制空开，闭合救援指令器空开； 2. 打开救援 MR 断、空气管开闭器、总风缸阀； 3. 打开 BP 总风阀、BP 救援阀、BP 阀	1. 隔离警惕装置、ATP，断开联解控制空开，闭合救援转换装置空开； 2. 打开被救援 MR 通、MR 贯通； 3. 打开 BP 阀	

续上表

救援车	优先级别	限制条件	关键技术操作		备 注
			救援车	被救援车	
CRH2A统	2	1. 限速 120 km/h； 2. 救援车组需操作车下阀门(01 车 1 位侧、00 车 2 位侧)	1. 断开联解控制空开，闭合救援指令器空开； 2. 打开救援 MR 断、空气管开闭器、总风缸阀； 3. 打开 BP 总风阀、BP 救援阀、BP 阀	1. 隔离警惕装置、ATP，断开联解控制空开，闭合救援转换装置空开； 2. 打开被救援 MR 通、MR 贯通； 3. 打开 BP 阀	
CRH6A统	2	1. 限速 120 km/h； 2. 救援车组需操作车下阀门(01 车 1 位侧、00 车 2 位侧)	1. 闭合救援指令器空开； 2. 将救援开关置“救援”位； 3. 打开 MR 贯通； 4. 打开 BP 总风、BP 救援	1. 隔离警惕装置、ATP，断开联解控制空开，闭合救援转换装置空开； 2. 打开被救援 MR 通、MR 贯通； 3. 打开 BP 阀	
CRH1A-A	2	限速 120 km/h	1. 将救援开关置“救援”位； 2. 打开总风管截断阀 B30/1； 3. 关闭电钩阀、打开 BP 管截断阀 B28	1. 隔离警惕装置、ATP，断开联解控制空开，闭合救援转换装置空开； 2. 打开被救援 MR 通、MR 贯通； 3. 打开 BP 阀	
CRH6F	2	1. 限速 120 km/h； 2. 救援车组需操作车下阀门(01 车 1 位侧、00 车 2 位侧)	1. 闭合 BP 救援指令器空开； 2. 将救援开关置“救援”位； 3. 打开 MR 贯通； 4. 打开 BP 总风、BP 救援	1. 隔离警惕装置、ATP，断开联解控制空开，闭合救援转换装置空开； 2. 打开被救援 MR 通、MR 贯通； 3. 打开 BP 阀	
CRH3C	2	1. 限速 120 km/h； 2. 被救援车组需操作车下阀门； 3. 救援车组只能使用备用制动控车	1. 打开 C14 启用备用制动； 2. 关闭电钩阀； 3. 打开总风管截断阀、列车管截断阀	1. 隔离警惕装置、ATP，断开联解控制空开，闭合救援转换装置空开； 2. 打开被救援 MR 通、MR 贯通； 3. 打开 BP 阀	
CRH380B	2	1. 限速 120 km/h； 2. 救援车组只能使用备用制动控车	1. 打开 C14 启用备用制动； 2. 关闭电钩阀； 3. 打开总风管截断阀、列车管截断阀	1. 隔离警惕装置、ATP，断开联解控制空开，闭合救援转换装置空开； 2. 打开被救援 MR 通、MR 贯通； 3. 打开 BP 阀	
CR400AF	2	1. 限速 120 km/h； 2. 救援车组需操作车下阀门(01/00 车 2 位侧)	1. 断开联解控制空开，闭合救援装置空开； 2. 将救援开关置“救援”位； 3. 打开总风阀、空气管开闭器； 4. 打开 BP 救援转换装置、BP 救援阀	1. 隔离警惕装置、ATP，断开联解控制空开，闭合救援转换装置空开； 2. 打开被救援 MR 通、MR 贯通； 3. 打开 BP 阀	

续上表

救援车	优先级别	限制条件	关键技术操作		备　注
			救援车	被救援车	
CR400BF	2	1. 限速 120 km/h； 2. 救援车组需操作车下阀门(01/00 车 2 位侧)	1. 将救援开关置“救援”位； 2. 打开总风管截断阀、列车管截断阀； 3. 关闭电钩阀； 4. 打开 BP 救援转换装置供风隔离塞门、BP 救援转换装置列车管压力截断塞门	1. 隔离警惕装置、ATP，断开联解控制空开，闭合救援转换装置空开； 2. 打开被救援 MR 通、MR 贯通； 3. 打开 BP 阀	
CRH5	2	限速 120 km/h	打开总风管截断阀、列车管截断阀	1. 隔离警惕装置、ATP，断开联解控制空开，闭合救援转换装置空开； 2. 打开被救援 MR 通、MR 贯通； 3. 打开 BP 阀	
CRH2E 统	3	1. 限速 120 km/h； 2. 救援车组需操作车下阀门(01 车 1 位侧、00 车 2 位侧)	1. 断开联解控制空开，闭合救援指令器空开； 2. 打开救援 MR 通； 3. 打开 BP 总风阀、BP 救援阀、BP 阀	1. 隔离警惕装置、ATP，断开联解控制空开，闭合救援转换装置空开； 2. 打开被救援 MR 通、MR 贯通； 3. 打开 BP 阀	
CRH380AL 统	3	1. 限速 120 km/h； 2. 救援车组需操作车下阀门(01 车 1 位侧、00 车 2 位侧)	1. 断开联解控制空开，闭合救援指令器空开； 2. 打开 MR 贯通、救援 MR 通； 3. 打开 BP 总风阀、BP 救援阀、BP 阀	1. 隔离警惕装置、ATP，断开联解控制空开，闭合救援转换装置空开； 2. 打开被救援 MR 通、MR 贯通； 3. 打开 BP 阀	
CR400AF-A	3	1. 限速 120 km/h； 2. 救援车组需操作车下阀门	1. 闭合救援装置空开； 2. 将救援开关置“救援”位； 3. 打开 MR 贯通阀； 4. 打开 BP 救援转换装置、BP 救援阀	1. 隔离警惕装置、ATP，断开联解控制空开，闭合救援转换装置空开； 2. 打开被救援 MR 通、MR 贯通； 3. 打开 BP 阀	
CRH380BL	3	限速 120 km/h	1. 打开 C14 启用备用制动； 2. 关闭电钩阀； 3. 打开总风管截断阀、列车管截断阀	1. 隔离警惕装置、ATP，断开联解控制空开，闭合救援转换装置空开； 2. 打开被救援 MR 通、MR 贯通； 3. 打开 BP 阀	

续上表

救援车	优先级别	限制条件	关键技术操作		备　注
			救援车	被救援车	
CRH6A非统	3	1. 连接32芯线； 2. 限速120 km/h	1. 救援手柄置“救援”位； 2. 打开MR贯通阀； 3. 安装32芯线	1. 隔离警惕装置、ATP，断开联解控制空开； 2. 打开被救援MR通、MR贯通； 3. 救援手柄置“救援”位； 4. 安装32芯线	
CRH1A	4	1. 需要安装使用过渡车钩，连接BP软管； 2. 限速60 km/h	1. 将救援开关置“救援”位； 2. 关闭电钩阀、打开BP管截断阀	1. 隔离警惕装置、ATP，断开联解控制空开，闭合救援转换装置空开； 2. 将两端司机室的救援转换集控隔离开关旋至红点位； 3. 打开BP阀、救援断	
CRH380D	4	1. 需要安装使用过渡车钩，连接BP软管； 2. 限速60 km/h	1. 将救援开关置“救援”位； 2. 打开总风管截断阀Z17； 3. 关闭电钩阀、打开BP管截断阀Z13	1. 隔离警惕装置、ATP，断开联解控制空开，闭合救援转换装置空开； 2. 将两端司机室的救援转换集控隔离开关旋至红点位； 3. 打开BP阀、救援断	
CRH2短编非统	4	1. 需要安装使用过渡车钩且被救援车组过渡车钩有总风管，安装连接MR软管，需连接32芯线； 2. 被救援车组过渡车钩无总风管时切除被救援车空气及停放制动； 3. 限速60 km/h	1. 断开联解控制空开； 2. 打开回送MR阀，安装总风软管； 3. 将救援手柄置“救援”位； 4. 安装32芯线； 5. 被救援车组过渡车钩无总风管时无须上述操作	1. 隔离警惕装置、ATP，断开联解控制空开； 2. 打开被救援MR通、MR贯通； 3. 救援手柄置“救援”位； 4. 安装32芯线。 5. 过渡车钩无总风管时切除所有空气及停放制动	不建议
CRH380A非统	4	1. 需要安装使用过渡车钩且被救援车组过渡车钩有总风管，安装连接MR软管，需连接32芯线； 2. 被救援车组过渡车钩无总风管时切除被救援车空气及停放制动； 3. 限速60 km/h	1. 断开联解控制空开； 2. 打开回送MR阀，安装总风软管； 3. 将救援手柄置“救援”位； 4. 安装32芯线； 5. 被救援车组过渡车钩无总风管时无须上述操作	1. 隔离警惕装置、ATP，断开联解控制空开； 2. 打开被救援MR通、MR贯通； 3. 救援手柄置“救援”位； 4. 安装32芯线； 5. 过渡车钩无总风管时切除所有空气及停放制动	不建议
CRH2长编非统	5	1. 需要安装使用过渡车钩且被救援车组过渡车钩有总风管，安装连接MR软管，需连接32芯线； 2. 被救援车组过渡车钩无总风管时切除被救援车空气及停放制动； 3. 限速60 km/h	1. 断开联解控制空开； 2. 打开回送MR阀，安装总风软管； 3. 将救援手柄置“救援”位； 4. 安装32芯线； 5. 被救援车组过渡车钩无总风管时无须上述操作	1. 隔离警惕装置、ATP，断开联解控制空开； 2. 打开被救援MR通、MR贯通； 3. 救援手柄置“救援”位； 4. 安装32芯线； 5. 过渡车钩无总风管时切除所有空气及停放制动	不建议

续上表

救援车	优先级别	限制条件	关键技术操作		备注
			救援车	被救援车	
CRH380AL非统	5	1. 需要安装使用过渡车钩且被救援车组过渡车钩有总风管,安装连接MR软管,需连接32芯线; 2. 被救援车组过渡车钩无总风管时切除被救援车空气及停放制动; 3. 限速60 km/h	1. 断开联解控制空开; 2. 打开回送MR阀,安装总风软管; 3. 将救援手柄置"救援"位; 4. 安装32芯线; 5. 被救援车组过渡车钩无总风管时无须上述操作	1. 隔离警惕装置、ATP,断开联解控制空开; 2. 打开被救援MR通、MR贯通; 3. 救援手柄置"救援"位; 4. 安装32芯线; 5. 过渡车钩无总风管时切除所有空气及停放制动	不建议
CRH1B/1E	7	1. 需要安装使用过渡车钩; 2. 切除被救援车空气及停放制动; 3. 限速60 km/h		切除所有空气及停放制动	不建议
机车		1. 需要安装使用过渡车钩,连接BP软管; 2. 限速120 km/h		1. 隔离警惕装置、ATP,断开联解控制空开,闭合救援转换装置空开; 2. 将两端司机室的救援转换集控隔离开关旋至红点位; 3. 打开BP、救援断阀	

九、CRH6A非统型动车组被救援时救援选择的优先级别

救援车	优先级别	限制条件	关键技术操作		备注
			救援车	被救援车	
CRH6A统	1	1. 限速120 km/h; 2. 救援车组需操作车下阀门(01车1位侧、00车2位侧)	1. 闭合救援指令器空开; 2. 将救援开关置"救援"位; 3. 打开MR贯通; 4. 打开BP总风、BP救援	1. 隔离警惕装置、ATP/ATO,闭合救援转换装置空开; 2. 打开MR贯通阀; 3. 打开救援回送BP阀	
CRH6F	1	1. 限速120 km/h; 2. 救援车组需操作车下阀门(01车1位侧、00车2位侧)	1. 闭合BP救援指令器空开; 2. 将救援开关置"救援"位; 3. 打开MR贯通; 4. 打开BP总风、BP救援	1. 隔离警惕装置、ATP/ATO,闭合救援转换装置空开; 2. 打开MR贯通阀; 3. 打开救援回送BP阀	

续上表

救援车	优先级别	限制条件	关键技术操作		备　注
			救援车	被救援车	
CRH380A统	2	1. 限速 120 km/h； 2. 救援车组需操作车下阀门(01 车 1 位侧、00 车 2 位侧)	1. 断开联解控制空开，闭合救援指令器空开； 2. 打开救援 MR 断、空气管开闭器、总风缸阀； 3. 打开 BP 总风阀、BP 救援阀、BP 阀	1. 隔离警惕装置、ATP/ATO，闭合救援转换装置空开； 2. 打开 MR 贯通阀； 3. 打开救援回送 BP 阀	
CRH2A统	2	1. 限速 120 km/h； 2. 救援车组需操作车下阀门(01 车 1 位侧、00 车 2 位侧)	1. 断开联解控制空开，闭合救援指令器空开； 2. 打开救援 MR 断、空气管开闭器、总风缸阀； 3. 打开 BP 总风阀、BP 救援阀、BP 阀	1. 隔离警惕装置、ATP/ATO，闭合救援转换装置空开； 2. 打开 MR 贯通阀； 3. 打开救援回送 BP 阀	
CRH1A-A	2	限速 120 km/h	1. 将救援开关置“救援”位； 2. 打开总风管截断阀 B30/1； 3. 关闭电钩阀、打开 BP 管截断阀 B28	1. 隔离警惕装置、ATP/ATO，闭合救援转换装置空开； 2. 打开 MR 贯通阀； 3. 打开救援回送 BP 阀	
CRH3C	2	1. 限速 120 km/h； 2. 被救援车组需操作车下阀门； 3. 救援车组只能使用备用制动控车	1. 打开 C14 启用备用制动； 2. 关闭电钩阀； 3. 打开总风管截断阀、列车管截断阀	1. 隔离警惕装置、ATP/ATO，闭合救援转换装置空开； 2. 打开 MR 贯通阀； 3. 打开救援回送 BP 阀	
CRH380B	2	1. 限速 120 km/h； 2. 救援车组只能使用备用制动控车	1. 打开 C14 启用备用制动； 2. 关闭电钩阀； 3. 打开总风管截断阀、列车管截断阀	1. 隔离警惕装置、ATP/ATO，闭合救援转换装置空开； 2. 打开 MR 贯通阀； 3. 打开救援回送 BP 阀	
CR400AF	2	1. 限速 120 km/h； 2. 救援车组需操作车下阀门(01/00 车 2 位侧)	1. 断开联解控制空开，闭合救援装置空开； 2. 将救援开关置“救援”位； 3. 打开总风阀、空气管开闭器； 4. 打开 BP 救援转换装置、BP 救援阀	1. 隔离警惕装置、ATP/ATO，闭合救援转换装置空开； 2. 打开 MR 贯通阀； 3. 打开救援回送 BP 阀	

续上表

救援车	优先级别	限制条件	关键技术操作		备　注
			救援车	被救援车	
CR400BF	2	1. 限速 120 km/h； 2. 救援车组需操作车下阀门(01/00 车 2 位侧)	1. 将救援开关置"救援"位； 2. 打开总风管截断阀、列车管截断阀； 3. 关闭电钩阀； 4. 打开 BP 救援转换装置供风隔离塞门、BP 救援转换装置列车管压力截断塞门	1. 隔离警惕装置、ATP/ATO，闭合救援转换装置空开； 2. 打开 MR 贯通阀； 3. 打开救援回送 BP 阀	
CRH5	2	限速 120 km/h	打开总风管截断阀、列车管截断阀	1. 隔离警惕装置、ATP/ATO，闭合救援转换装置空开； 2. 打开 MR 贯通阀； 3. 打开救援回送 BP 阀	
CRH2E 统	3	1. 限速 120 km/h； 2. 救援车组需操作车下阀门(01 车 1 位侧、00 车 2 位侧)	1. 断开联解控制空开，闭合救援指令器空开； 2. 打开救援 MR 通； 3. 打开 BP 总风阀、BP 救援阀、BP 阀	1. 隔离警惕装置、ATP/ATO，闭合救援转换装置空开； 2. 打开 MR 贯通阀； 3. 打开救援回送 BP 阀	
CRH380AL 统	3	1. 限速 120 km/h； 2. 救援车组需操作车下阀门(01 车 1 位侧、00 车 2 位侧)	1. 断开联解控制空开，闭合救援指令器空开； 2. 打开 MR 贯通、救援 MR 通； 3. 打开 BP 总风阀、BP 救援阀、BP 阀	1. 隔离警惕装置、ATP/ATO，闭合救援转换装置空开； 2. 打开 MR 贯通阀； 3. 打开救援回送 BP 阀	
CR400AF-A	3	1. 限速 120 km/h； 2. 救援车组需操作车下阀门	1. 闭合救援装置空开； 2. 将救援开关置"救援"位； 3. 打开 MR 贯通阀； 4. 打开 BP 救援转换装置、BP 救援阀	1. 隔离警惕装置、ATP/ATO，闭合救援转换装置空开； 2. 打开 MR 贯通阀； 3. 打开救援回送 BP 阀	
CRH380BL	3	限速 120 km/h	1. 打开 C14 启用备用制动； 2. 关闭电钩阀； 3. 打开总风管截断阀、列车管截断阀	1. 隔离警惕装置、ATP/ATO，闭合救援转换装置空开； 2. 打开 MR 贯通阀； 3. 打开救援回送 BP 阀	
CRH6A 非统	3	1. 连接 32 芯线； 2. 限速 120 km/h	1. 救援手柄置"救援"位； 2. 打开 MR 贯通阀； 3. 安装 32 芯线	1. 隔离警惕装置、ATP/ATO，闭合救援转换装置空开； 2. 将救援手柄置"救援"位； 3. 安装 32 芯线	

续上表

救援车	优先级别	限制条件	关键技术操作		备　注
			救援车	被救援车	
CRH1A	4	1. 需要安装使用过渡车钩,连接 BP 软管; 2. 限速 60 km/h	1. 将救援开关置“救援”位; 2. 关闭电钩阀、打开 BP 管截断阀	1. 隔离警惕装置、ATP/ATO,闭合救援转换装置空开; 2. 打开救援断; 3. 打开救援回送 BP 阀	
CRH380D	4	1. 需要安装使用过渡车钩,连接 BP 软管; 2. 限速 60 km/h	1. 将救援开关置“救援”位; 2. 打开总风管截断阀 Z17; 3. 关闭电钩阀、打开 BP 管截断阀 Z13	1. 隔离警惕装置、ATP/ATO,闭合救援转换装置空开; 2. 打开救援断; 3. 打开救援回送 BP 阀	
CRH2 短编非统	4	1. 需要安装使用过渡车钩,安装连接 MR 软管,需连接 32 芯线; 2. 限速 60 km/h	1. 断开联解控制空开; 2. 打开回送 MR 阀,安装总风软管; 3. 将救援手柄置“救援”位; 4. 安装 32 芯线	1. 隔离警惕装置、ATP/ATO,打开回送 MR 阀,安装总风软管; 2. 将救援手柄置“救援”位; 3. 安装 32 芯线	
CRH380A 非统	4	1. 需要安装使用过渡车钩,安装连接 MR 软管,需连接 32 芯线; 2. 限速 60 km/h	1. 断开联解控制空开; 2. 打开回送 MR 阀,安装总风软管; 3. 将救援手柄置“救援”位; 4. 安装 32 芯线	1. 隔离警惕装置、ATP/ATO,打开回送 MR 阀,安装总风软管; 2. 将救援手柄置“救援”位; 3. 安装 32 芯线	
CRH2 长编非统	5	1. 需要安装使用过渡车钩,安装连接 MR 软管,需连接 32 芯线; 2. 限速 60 km/h	1. 断开联解控制空开; 2. 打开回送 MR 阀,安装总风软管; 3. 将救援手柄置“救援”位; 4. 安装 32 芯线	1. 隔离警惕装置、ATP/ATO,打开回送 MR 阀,安装总风软管; 2. 将救援手柄置“救援”位; 3. 安装 32 芯线	不建议
CRH380AL 非统	5	1. 需要安装使用过渡车钩,安装连接 MR 软管,需连接 32 芯线; 2. 限速 60 km/h	1. 断开联解控制空开; 2. 打开回送 MR 阀,安装总风软管; 3. 将救援手柄置“救援”位; 4. 安装 32 芯线	1. 隔离警惕装置、ATP/ATO,打开回送 MR 阀,安装总风软管; 2. 将救援手柄置“救援”位; 3. 安装 32 芯线	不建议
CRH1B/1E	7	1. 需要安装使用过渡车钩; 2. 切除被救援车空气及停放制动; 3. 限速 60 km/h		切除所有空气及停放制动	不建议

续上表

救援车	优先级别	限制条件	关键技术操作		备注
			救援车	被救援车	
机车		1. 需要安装使用过渡车钩,连接BP软管; 2. 限速120 km/h		1. 隔离警惕装置、ATP/ATO,闭合救援转换装置空开; 2. 打开救援断阀; 3. 打开救援回送BP阀	

十、CRH6A统型动车组被救援时救援选择的优先级别

救援车	优先级别	限制条件	关键技术操作		备注
			救援车	被救援车	
CRH6A统	1	1. 限速120 km/h; 2. 救援车组需操作车下阀门(01车1位侧、00车2位侧)	1. 闭合救援指令器空开; 2. 将救援开关置"救援"位; 3. 打开MR贯通; 4. 打开BP总风、BP救援	1. 隔离警惕装置、ATP/LKJ/ATO,闭合救援指令器空开; 2. 将救援开关置"被救"位; 3. 打开被救援MR通阀; 4. 打开BP救援阀	
CRH6F	1	1. 限速120 km/h; 2. 救援车组需操作车下阀门(01车1位侧、00车2位侧)	1. 闭合BP救援指令器空开; 2. 将救援开关置"救援"位; 3. 打开MR贯通; 4. 打开BP总风、BP救援	1. 隔离警惕装置、ATP/LKJ/ATO,闭合救援指令器空开; 2. 将救援开关置"被救"位; 3. 打开被救援MR通阀; 4. 打开BP救援阀	
CRH380A统	2	1. 限速120 km/h; 2. 救援车组需操作车下阀门(01车1位侧、00车2位侧)	1. 断开联解控制空开,闭合救援指令器空开; 2. 打开救援MR断、空气管开闭器、总风缸阀; 3. 打开BP总风阀、BP救援阀、BP阀	1. 隔离警惕装置、ATP/LKJ/ATO,闭合救援指令器空开; 2. 将救援开关置"被救"位; 3. 打开被救援MR通阀; 4. 打开BP救援阀	
CRH2A统	2	1. 限速120 km/h; 2. 救援车组需操作车下阀门(01车1位侧、00车2位侧)	1. 断开联解控制空开,闭合救援指令器空开; 2. 打开救援MR断、空气管开闭器、总风缸阀; 3. 打开BP总风阀、BP救援阀、BP阀	1. 隔离警惕装置、ATP/LKJ/ATO,闭合救援指令器空开; 2. 将救援开关置"被救"位; 3. 打开被救援MR通阀; 4. 打开BP救援阀	
CRH1A-A	2	限速120 km/h	1. 将救援开关置"救援"位; 2. 打开总风管截断阀B30/1; 3. 关闭电钩阀、打开BP管截断阀B28	1. 隔离警惕装置、ATP/LKJ/ATO,闭合救援指令器空开; 2. 将救援开关置"被救"位; 3. 打开被救援MR通阀; 4. 打开BP救援阀	

续上表

救援车	优先级别	限制条件	关键技术操作		备 注
			救援车	被救援车	
CRH3C	2	1. 限速120 km/h； 2. 被救援车组需操作车下阀门； 3. 救援车组只能使用备用制动控车	1. 打开C14启用备用制动； 2. 关闭电钩阀； 3. 打开总风管截断阀、列车管截断阀	1. 隔离警惕装置、ATP/LKJ/ATO,闭合救援指令器空开； 2. 将救援开关置"被救"位； 3. 打开被救援MR通； 4. 打开BP救援阀	
CRH380B	2	1. 限速120 km/h； 2. 救援车组只能使用备用制动控车	1. 打开C14启用备用制动； 2. 关闭电钩阀； 3. 打开总风管截断阀、列车管截断阀	1. 隔离警惕装置、ATP/LKJ/ATO,闭合救援指令器空开； 2. 将救援开关置"被救"位； 3. 打开被救援MR通； 4. 打开BP救援阀	
CR400AF	2	1. 限速120 km/h； 2. 救援车组需操作车下阀门(01/00车2位侧)	1. 断开联解控制空开，闭合救援装置空开； 2. 将救援开关置"救援"位； 3. 打开总风阀、空气管开闭器； 4. 打开BP救援转换装置、BP救援阀	1. 隔离警惕装置、ATP/LKJ/ATO,闭合救援指令器空开； 2. 将救援开关置"被救"位； 3. 打开被救援MR通阀； 4. 打开BP救援阀	
CR400BF	2	1. 限速120 km/h； 2. 救援车组需操作车下阀门(01/00车2位侧)	1. 将救援开关置"救援"位； 2. 打开总风管截断阀、列车管截断阀； 3. 关闭电钩阀； 4. 打开BP救援转换装置供风隔离塞门、BP救援转换装置列车管压力截断塞门	1. 隔离警惕装置、ATP/LKJ/ATO,闭合救援指令器空开； 2. 将救援开关置"被救"位； 3. 打开被救援MR通阀； 4. 打开BP救援阀	
CRH5	2	限速120 km/h	打开总风管截断阀、列车管截断阀	1. 隔离警惕装置、ATP/LKJ/ATO,闭合救援指令器空开； 2. 将救援开关置"被救"位； 3. 打开被救援MR通； 4. 打开BP救援阀	
CRH2E统	3	1. 限速120 km/h； 2. 救援车组需操作车下阀门(01车1位侧、00车2位侧)	1. 断开联解控制空开，闭合救援指令器空开； 2. 打开救援MR通； 3. 打开BP总风、BP救援、BP阀	1. 隔离警惕装置、ATP/LKJ/ATO,闭合救援指令器空开； 2. 将救援开关置"被救"位； 3. 打开被救援MR通； 4. 打开BP救援阀	
CRH380AL统	3	1. 限速120 km/h； 2. 救援车组需操作车下阀门(01车1位侧、00车2位侧)	1. 断开联解控制空开，闭合救援指令器空开； 2. 打开MR贯通、救援MR通； 3. 打开BP总风、BP救援、BP阀	1. 隔离警惕装置、ATP/LKJ/ATO,闭合救援指令器空开； 2. 将救援开关置"被救"位； 3. 打开被救援MR通； 4. 打开BP救援阀	

续上表

救援车	优先级别	限制条件	关键技术操作		备　注
			救援车	被救援车	
CR400AF-A	3	1. 限速 120 km/h； 2. 救援车组需操作车下阀门	1. 闭合救援装置空开； 2. 将救援开关置“救援”位； 3. 打开 MR 贯通阀； 4. 打开 BP 救援转换装置、BP 救援阀	1. 隔离警惕装置、ATP/LKJ/ATO，闭合救援指令器空开； 2. 将救援开关置“被救”位； 3. 打开被救援 MR 通阀； 4. 打开 BP 救援阀	
CRH380BL	3	限速 120 km/h	1. 打开 C14 启用备用制动； 2. 关闭电钩阀； 3. 打开总风管截断阀、列车管截断阀	1. 隔离警惕装置、ATP/LKJ/ATO，闭合救援指令器空开； 2. 将救援开关置“被救”位； 3. 打开被救援 MR 通； 4. 打开 BP 救援	
CRH6A 非统	3	1. 连接 32 芯线； 2. 限速 120 km/h	1. 救援手柄置“救援”位； 2. 打开 MR 贯通阀； 3. 安装 32 芯线	1. 隔离警惕装置、ATP/LKJ/ATO； 2. 将救援手柄置“救援”位； 3. 打开被救援 MR 通； 4. 安装 32 芯线	
CRH1A	4	1. 需要安装使用过渡车钩，连接 BP 软管； 2. 限速 60 km/h	1. 将救援开关置“救援”位； 2. 关闭电钩阀、打开 BP 管截断阀	1. 隔离警惕装置、ATP/LKJ/ATO，闭合救援指令器空开； 2. 将救援开关置“被救”位； 3. 打开 BP 救援、救援断阀	
CRH380D	4	1. 需要安装使用过渡车钩，连接 BP 软管； 2. 限速 60 km/h	1. 将救援开关置“救援”位； 2. 打开总风管截断阀 Z17； 3. 关闭电钩阀、打开 BP 管截断阀 Z13	1. 隔离警惕装置、ATP/LKJ/ATO，闭合救援指令器空开； 2. 将救援开关置“被救”位； 3. 打开 BP 救援、救援断阀	
CRH2 短编非统	4	1. 需要安装使用过渡车钩且被救援车过渡车钩有总风管，安装连接 MR 软管，需连接 32 芯线； 2. 被救援车过渡车钩无总风管时切除被救援车空气及停放制动； 3. 限速 60 km/h	1. 断开联解控制空开； 2. 打开回送 MR 阀，安装总风软管； 3. 将救援手柄置“救援”位； 4. 安装 32 芯线； 5. 被救援车组过渡车钩无总风管时无须上述操作	1. 隔离警惕装置、ATP/LKJ/ATO； 2. 过渡车钩有总风管时打开被救援 MR 通，手柄置“救援”位，安装 32 芯线； 3. 过渡车钩无总风管时切除所有空气及停放制动	不建议
CRH380A 非统	4	1. 需要安装使用过渡车钩，安装连接 MR 软管，需连接 32 芯线； 2. 限速 60 km/h	1. 断开联解控制空开； 2. 打开回送 MR 阀，安装总风软管； 3. 将救援手柄置“救援”位； 4. 安装 32 芯线	1. 隔离警惕装置、ATP/LKJ/ATO； 2. 过渡车钩有总风管时打开被救援 MR 通，手柄置“救援”位，安装 32 芯线； 3. 过渡车钩无总风管时切除所有空气及停放制动	不建议

续上表

救援车	优先级别	限制条件	关键技术操作		备 注
			救援车	被救援车	
CRH2长编非统	5	1. 需要安装使用过渡车钩,安装连接MR软管,需连接32芯线; 2. 限速60 km/h	1. 断开联解控制空开; 2. 打开回送MR阀,安装总风软管; 3. 将救援手柄置“救援”位; 4. 安装32芯线	1. 隔离警惕装置、ATP/LKJ/ATO; 2. 过渡车钩有总风管时打开被救援MR通,手柄置“救援”位,安装32芯线; 3. 过渡车钩无总风管时切除所有空气及停放制动	不建议
CRH380AL非统	5	1. 需要安装使用过渡车钩,安装连接MR软管,需连接32芯线; 2. 限速60 km/h	1. 断开联解控制空开; 2. 打开回送MR阀,安装总风软管; 3. 将救援手柄置“救援”位; 4. 安装32芯线	1. 隔离警惕装置、ATP/LKJ/ATO; 2. 过渡车钩有总风管时打开被救援MR通,手柄置“救援”位,安装32芯线; 3. 过渡车钩无总风管时切除所有空气及停放制动	不建议
CRH1B/1E	7	1. 需要安装使用过渡车钩; 2. 切除被救援车空气及停放制动; 3. 限速60 km/h		切除所有空气及停放制动	不建议
机车		1. 需要安装使用过渡车钩,连接BP软管; 2. 限速120 km/h		1. 隔离警惕装置、ATP/LKJ/ATO,闭合救援指令器空开; 2. 将救援开关置“被救”位; 3. 打开BP救援、救援断	

十一、CRH3C型动车组被救援时救援选择的优先级别

救援车	优先级别	限制条件	关键技术操作		备 注
			救援车	被救援车	
CRH3C	1	限速120 km/h	1. 打开C14启用备用制动; 2. 关闭电钩阀; 3. 打开总风管截断阀、列车管截断阀	1. 切除ASD、ATP,打开“拖曳”; 2. 关闭电钩阀、打开总风管截断阀、列车管截断阀	
CRH380B	2	限速120 km/h	1. 打开C14启用备用制动; 2. 关闭电钩阀; 3. 打开总风管截断阀、列车管截断阀	1. 切除ASD、ATP,打开“拖曳”; 2. 关闭电钩阀、打开总风管截断阀、列车管截断阀	

续上表

救援车	优先级别	限制条件	关键技术操作		备　注
			救援车	被救援车	
CRH1A-A	2	限速 120 km/h	1. 将救援开关置“救援”位； 2. 关闭电钩阀、打开总风管截断阀 B30/1、BP 管截断阀 B28	1. 切除 ASD、ATP，打开“拖曳”； 2. 关闭电钩阀、打开总风管截断阀、列车管截断阀	
CRH2A 统	2	1. 限速 120 km/h； 2. 救援车组需操作车下阀门(01 车 1 位侧、00 车 2 位侧)	1. 断开联解控制空开，闭合救援指令器空开； 2. 打开救援 MR 断、空气管开闭器； 3. 打开 BP 总风阀、BP 救援阀、BP 阀	1. 切除 ASD、ATP，打开“拖曳”； 2. 关闭电钩阀、打开总风管截断阀、列车管截断阀	
CRH380A 统	2	1. 限速 120 km/h； 2. 救援车组需操作车下阀门(01 车 1 位侧、00 车 2 位侧)	1. 断开联解控制空开，闭合救援指令器空开； 2. 打开救援 MR 断、空气管开闭器； 3. 打开 BP 总风阀、BP 救援阀、BP 阀	1. 切除 ASD、ATP，打开“拖曳”； 2. 关闭电钩阀、打开总风管截断阀、列车管截断阀	
CRH6A 统	2	1. 限速 120 km/h； 2. 救援车组需操作车下阀门(01 车 1 位侧、00 车 2 位侧)	1. 闭合救援指令器空开； 2. 将救援开关置“救援”位； 3. 打开 MR 贯通； 4. 打开 BP 总风、BP 救援	1. 切除 ASD、ATP，打开“拖曳”； 2. 关闭电钩阀、打开总风管截断阀、列车管截断阀	
CRH6F	2	1. 限速 120 km/h； 2. 救援车组需操作车下阀门(01 车 1 位侧、00 车 2 位侧)	1. 闭合 BP 救援指令器空开； 2. 将救援开关置“救援”位； 3. 打开 MR 贯通； 4. 打开 BP 总风、BP 救援	1. 切除 ASD、ATP，打开“拖曳”； 2. 关闭电钩阀、打开总风管截断阀、列车管截断阀	
CR400AF	2	1. 限速 120 km/h； 2. 救援车组需操作车下阀门(01/00 车 2 位侧)	1. 断开联解控制空开，闭合救援装置空开； 2. 将救援开关置“救援”位； 3. 打开总风阀、空气管开闭器； 4. 打开 BP 救援转换装置、BP 救援阀	1. 切除 ASD、ATP，打开“拖曳”； 2. 关闭电钩阀、打开总风管截断阀、列车管截断阀	

续上表

救援车	优先级别	限制条件	关键技术操作		备　注
			救援车	被救援车	
CR400BF	2	1. 限速 120 km/h； 2. 救援车组需操作车下阀门（01/00 车 2 位侧）	1. 将救援开关置“救援”位； 2. 打开总风管截断阀、列车管截断阀； 3. 关闭电钩阀； 4. 打开 BP 救援转换装置供风隔离塞门、BP 救援转换装置列车管压力截断塞门	1. 切除 ASD、ATP，打开“拖曳”； 2. 关闭电钩阀、打开总风管截断阀、列车管截断阀	
CRH5	2	限速 120 km/h	打开总风管截断阀、列车管截断阀	1. 切除 ASD、ATP，打开“拖曳”； 2. 关闭电钩阀、打开总风管截断阀、列车管截断阀	
CRH1E 改	3	限速 120 km/h	1. 将救援开关置“救援”位； 2. 打开 BP 管截断阀	1. 切除 ASD、ATP，打开“拖曳”； 2. 关闭电钩阀、打开总风管截断阀、列车管截断阀	
CRH380BL	3	限速 120 km/h	1. 打开 C14 启用备用制动； 2. 打开总风管截断阀、列车管截断阀	1. 切除 ASD、ATP，打开“拖曳”； 2. 关闭电钩阀、打开总风管截断阀、列车管截断阀	
CR400AF-A	3	1. 限速 120 km/h； 2. 救援车组需操作车下阀门	1. 闭合救援装置空开； 2. 将救援开关置“救援”位； 3. 打开 MR 贯通阀； 4. 打开 BP 救援转换装置、BP 救援阀	1. 切除 ASD、ATP，打开“拖曳”； 2. 关闭电钩阀、打开总风管截断阀、列车管截断阀	
CRH2E 统	3	1. 限速 120 km/h； 2. 救援车组需操作车下阀门（01 车 1 位侧、00 车 2 位侧）	1. 断开联解控制空开，闭合救援指令器空开； 2. 打开救援 MR 通； 3. 打开 BP 总风、BP 救援、BP 阀	1. 切除 ASD、ATP，打开“拖曳”； 2. 关闭电钩阀、打开总风管截断阀、列车管截断阀	
CRH380AL 统	3	1. 限速 120 km/h； 2. 救援车组需操作车下阀门（01 车 1 位侧、00 车 2 位侧）	1. 断开联解控制空开，闭合救援指令器空开； 2. 打开 MR 贯通、救援 MR 通； 3. 打开 BP 总风、BP 救援、BP 阀	1. 切除 ASD、ATP，打开“拖曳”； 2. 关闭电钩阀、打开总风管截断阀、列车管截断阀	
CRH1A	4	1. 需要安装使用过渡车钩，连接 BP 软管； 2. 限速 60 km/h	1. 将救援开关置“救援”位； 2. 关闭电钩阀； 3. 打开 BP 管截断阀	1. 切除 ASD、ATP，打开“拖曳”； 2. 关闭电钩阀、打开列车管截断阀	

续上表

救援车	优先级别	限制条件	关键技术操作		备 注
			救援车	被救援车	
CRH380D	4	1. 需要安装使用过渡车钩，连接BP软管； 2. 限速60 km/h	1. 将救援开关置“救援”位； 2. 关闭电钩阀、打开BP管截断阀Z13	1. 切除ASD、ATP，打开“拖曳”； 2. 关闭电钩阀、打开列车管截断阀	
CRH6A非统	6	限速60 km/h	打开MR贯通阀	1. 切除ASD、ATP，打开“拖曳”； 2. 关闭电钩阀、打开总风管截断阀	
CRH1B/1E	7	1. 切除被救援车空气及停放制动； 2. 限速60 km/h		切除所有空气及停放制动	不建议
CRH2短编非统	7	1. 需要安装使用过渡车钩且被救援车组过渡有总风管，安装连接MR软管； 2. 限速60 km/h	1. 断开联解控制空开； 2. 打开回送MR阀、安装总风软管	1. 需要使用过渡车钩； 2. 过渡车钩有总风管时打开总风管截断阀； 3. 过渡车钩无总风管时切除所有空气及停放制动	不建议
CRH380A非统	7	1. 需要安装使用过渡车钩且被救援车组过渡有总风管，安装连接MR软管； 2. 限速60 km/h	1. 断开联解控制空开； 2. 打开回送MR阀、安装总风软管	1. 需要使用过渡车钩； 2. 过渡车钩有总风管时打开总风管截断阀； 3. 过渡车钩无总风管时切除所有空气及停放制动	不建议
CRH2长编非统	7	1. 切除被救援车空气及停放制动； 2. 限速60 km/h		1. 需要使用过渡车钩； 2. 过渡车钩有总风管时打开总风管截断阀； 3. 过渡车钩无总风管时切除所有空气及停放制动	不建议
CRH380AL非统	7	1. 切除被救援车空气及停放制动； 2. 限速60 km/h		1. 需要使用过渡车钩； 2. 过渡车钩有总风管时打开总风管截断阀； 3. 过渡车钩无总风管时切除所有空气及停放制动	不建议
机车		1. 需要安装使用过渡车钩，连接BP软管； 2. 限速120 km/h		1. 切除ASD、ATP，打开“拖曳”； 2. 关闭电钩阀、打开列车管截断阀、Z30阀	

十二、CRH380B 型动车组被救援时救援选择的优先级别

救援车	优先级别	限制条件	关键技术操作		备注
			救援车	被救援车	
CRH380B	1	限速 120 km/h	1. 打开 C14 启用备用制动； 2. 关闭电钩阀； 3. 打开总风管截断阀、列车管截断阀	1. 切除 ASD、ATP，打开“拖曳”； 2. 关闭电钩阀、打开总风管截断阀、列车管截断阀	
CRH3C	2	限速 120 km/h	1. 打开 C14 启用备用制动； 2. 关闭电钩阀； 3. 打开总风管截断阀、列车管截断阀	1. 切除 ASD、ATP，打开“拖曳”； 2. 关闭电钩阀、打开总风管截断阀、列车管截断阀	
CRH1A-A	2	限速 120 km/h	1. 将救援开关置“救援”位； 2. 关闭电钩阀、打开总风管截断阀 B30/1、BP 管截断阀 B28	1. 切除 ASD、ATP，打开“拖曳”； 2. 关闭电钩阀、打开总风管截断阀、列车管截断阀	
CRH2A 统	2	1. 限速 120 km/h； 2. 救援车组需操作车下阀门(01 车 1 位侧、00 车 2 位侧)	1. 断开联解控制空开，闭合救援指令器空开； 2. 打开救援 MR 断、空气管开闭器； 3. 打开 BP 总风阀、BP 救援阀、BP 阀	1. 切除 ASD、ATP，打开“拖曳”； 2. 关闭电钩阀、打开总风管截断阀、列车管截断阀	
CRH380A 统	2	1. 限速 120 km/h； 2. 救援车组需操作车下阀门(01 车 1 位侧、00 车 2 位侧)	1. 断开联解控制空开，闭合救援指令器空开； 2. 打开救援 MR 断、空气管开闭器； 3. 打开 BP 总风阀、BP 救援阀、BP 阀	1. 切除 ASD、ATP，打开“拖曳”； 2. 关闭电钩阀、打开总风管截断阀、列车管截断阀	
CRH6A 统	2	1. 限速 120 km/h； 2. 救援车组需操作车下阀门(01 车 1 位侧、00 车 2 位侧)	1. 闭合救援指令器空开； 2. 将救援开关置“救援”位。 3. 打开 MR 贯通； 4. 打开 BP 总风、BP 救援	1. 切除 ASD、ATP，打开“拖曳”； 2. 关闭电钩阀、打开总风管截断阀、列车管截断阀	
CRH6F	2	1. 限速 120 km/h； 2. 救援车组需操作车下阀门(01 车 1 位侧、00 车 2 位侧)	1. 闭合 BP 救援指令器空开； 2. 将救援开关置“救援”位； 3. 打开 MR 贯通； 4. 打开 BP 总风、BP 救援	1. 切除 ASD、ATP，打开“拖曳”； 2. 关闭电钩阀、打开总风管截断阀、列车管截断阀	

续上表

救援车	优先级别	限制条件	关键技术操作		备　注
			救援车	被救援车	
CR400AF	2	1. 限速 120 km/h； 2. 救援车组需操作车下阀门(01/00 车 2 位侧)	1. 断开联解控制空开，闭合救援装置空开； 2. 将救援开关置“救援”位； 3. 打开总风阀、空气管开闭器； 4. 打开 BP 救援转换装置、BP 救援阀	1. 切除 ASD、ATP，打开“拖曳”； 2. 关闭电钩阀、打开总风管截断阀、列车管截断阀	
CR400BF	2	1. 限速 120 km/h； 2. 救援车组需操作车下阀门(01/00 车 2 位侧)	1. 将救援开关置“救援”位； 2. 打开总风管截断阀、列车管截断阀； 3. 关闭电钩阀； 4. 打开 BP 救援转换装置供风隔离塞门、BP 救援转换装置列车管压力截断塞门	1. 切除 ASD、ATP，打开“拖曳”； 2. 关闭电钩阀、打开总风管截断阀、列车管截断阀	
CRH5	2	限速 120 km/h	打开总风管截断阀、列车管截断阀	1. 切除 ASD、ATP，打开“拖曳”； 2. 关闭电钩阀、打开总风管截断阀、列车管截断阀	
CRH1E 改	3	限速 120 km/h	1. 将救援开关置“救援”位； 2. 打开 BP 管截断阀	1. 切除 ASD、ATP，打开“拖曳”； 2. 关闭电钩阀、打开总风管截断阀、列车管截断阀	
CRH380BL	3	限速 120 km/h	1. 打开 C14 启用备用制动； 2. 打开总风管截断阀、列车管截断阀	1. 切除 ASD、ATP，打开“拖曳”； 2. 关闭电钩阀、打开总风管截断阀、列车管截断阀	
CR400AF-A	3	1. 限速 120 km/h； 2. 救援车组需操作车下阀门	1. 闭合救援装置空开； 2. 将救援开关置“救援”位； 3. 打开 MR 贯通阀； 4. 打开 BP 救援转换装置、BP 救援阀	1. 切除 ASD、ATP，打开“拖曳”； 2. 关闭电钩阀、打开总风管截断阀、列车管截断阀	
CRH2E 统	3	1. 限速 120 km/h； 2. 救援车组需操作车下阀门(01 车 1 位侧、00 车 2 位侧)	1. 断开联解控制空开，闭合救援指令器空开； 2. 打开救援 MR 通； 3. 打开 BP 总风、BP 救援、BP 阀	1. 切除 ASD、ATP，打开“拖曳”； 2. 关闭电钩阀、打开总风管截断阀、列车管截断阀	

续上表

救援车	优先级别	限制条件	关键技术操作		备 注
			救援车	被救援车	
CRH380AL统	3	1. 限速 120 km/h； 2. 救援车组需操作车下阀门(01 车 1 位侧、00 车 2 位侧)	1. 断开联解控制空开，闭合救援指令器空开； 2. 打开 MR 贯通、救援 MR 通； 3. 打开 BP 总风、BP 救援、BP 阀	1. 切除 ASD、ATP，打开“拖曳”； 2. 关闭电钩阀、打开总风管截断阀、列车管截断阀	
CRH1A	4	1. 需要安装使用过渡车钩，连接 BP 软管； 2. 限速 60 km/h	1. 将救援开关置“救援”位； 2. 关闭电钩阀； 3. 打开 BP 管截断阀	1. 切除 ASD、ATP，打开“拖曳”； 2. 关闭电钩阀、打开列车管截断阀	
CRH380D	4	1. 需要安装使用过渡车钩，连接 BP 软管； 2. 限速 60 km/h	1. 将救援开关置“救援”位； 2. 关闭电钩阀、打开 BP 管截断阀 Z13	1. 切除 ASD、ATP，打开“拖曳”； 2. 关闭电钩阀、打开列车管截断阀	
CRH6A非统	6	限速 60 km/h	打开 MR 贯通阀	1. 切除 ASD、ATP，打开“拖曳”； 2. 关闭电钩阀、打开总风管截断阀	
CRH1B/1E	7	1. 切除被救援车空气及停放制动； 2. 限速 60 km/h		切除所有空气及停放制动	不建议
CRH2短编非统	7	1. 需要安装使用过渡车钩且被救援车组过渡有总风管，安装连接 MR 软管； 2. 限速 60 km/h	1. 断开联解控制空开； 2. 打开回送 MR 阀、安装总风软管	1. 需要使用过渡车钩； 2. 过渡车钩有总风管时打开总风管截断阀； 3. 过渡车钩无总风管时切除所有空气及停放制动	不建议
CRH380A非统	7	1. 需要安装使用过渡车钩且被救援车组过渡有总风管，安装连接 MR 软管； 2. 限速 60 km/h	1. 断开联解控制空开； 2. 打开回送 MR 阀、安装总风软管	1. 需要使用过渡车钩； 2. 过渡车钩有总风管时打开总风管截断阀； 3. 过渡车钩无总风管时切除所有空气及停放制动	不建议
CRH2长编非统	7	1. 切除被救援车空气及停放制动； 2. 限速 60 km/h		1. 需要使用过渡车钩； 2. 过渡车钩有总风管时打开总风管截断阀； 3. 过渡车钩无总风管时切除所有空气及停放制动	不建议
CRH380AL非统	7	1. 切除被救援车空气及停放制动； 2. 限速 60 km/h		1. 需要使用过渡车钩； 2. 过渡车钩有总风管时打开总风管截断阀； 3. 过渡车钩无总风管时切除所有空气及停放制动	不建议

续上表

救援车	优先级别	限制条件	关键技术操作		备注
			救援车	被救援车	
机车		1. 需要安装使用过渡车钩，连接 BP 软管； 2. 限速 120 km/h		1. 切除 ASD、ATP，打开"拖曳"； 2. 关闭电钩阀、打开列车管截断阀、Z30 阀	

十三、CR400AF 型动车组被救援时救援选择的优先级别

救援车	优先级别	限制条件	关键技术操作		备注
			救援车	被救援车	
CR400AF	1	1. 限速 120 km/h； 2. 救援车组需操作车下阀门(01/00 车 2 位侧)	1. 断开联解控制空开，闭合救援装置空开； 2. 将救援开关置"救援"位； 3. 打开总风阀、空气管开闭器； 4. 打开 BP 救援转换装置、BP 救援阀	1. 断开联解控制空开，闭合救援装置空开，救援开关置"被救援"位，隔离警惕装置、ATP； 2. 打开总风阀、空气管开闭器； 3. 打开 BP 救援转换装置、BP 救援阀	
CR400AF-A	1	1. 限速 120 km/h； 2. 救援车组需操作车下阀门(01/00 车 2 位侧)	1. 闭合救援装置空开； 2. 将救援开关置"救援"位； 3. 打开 MR 贯通阀； 4. 打开 BP 救援转换装置、BP 救援阀	1. 断开联解控制空开，闭合救援装置空开，救援开关置"被救援"位，隔离警惕装置、ATP； 2. 打开总风阀、空气管开闭器； 3. 打开 BP 救援转换装置、BP 救援阀	
CRH380B	2	限速 120 km/h	1. 打开 C14 启用备用制动； 2. 关闭电钩阀； 3. 打开总风管截断阀、列车管截断阀	1. 断开联解控制空开，闭合救援装置空开，救援开关置"被救援"位，隔离警惕装置、ATP； 2. 打开总风阀、空气管开闭器； 3. 打开 BP 救援转换装置、BP 救援阀	
CRH3C	2	限速 120 km/h	1. 打开 C14 启用备用制动； 2. 关闭电钩阀； 3. 打开总风管截断阀、列车管截断阀	1. 断开联解控制空开，闭合救援装置空开，救援开关置"被救援"位，隔离警惕装置、ATP； 2. 打开总风阀、空气管开闭器； 3. 打开 BP 救援转换装置、BP 救援阀	
CRH1A-A	2	限速 120 km/h	1. 将救援开关置"救援"位； 2. 关闭电钩阀、打开总风管截断阀 B30/1、BP 管截断阀 B28	1. 断开联解控制空开，闭合救援装置空开，救援开关置"被救援"位，隔离警惕装置、ATP； 2. 打开总风阀、空气管开闭器； 3. 打开 BP 救援转换装置、BP 救援阀	

续上表

救援车	优先级别	限制条件	关键技术操作		备　注
			救援车	被救援车	
CRH2A统	2	1. 限速 120 km/h； 2. 救援车组需操作车下阀门(01 车 1 位侧、00 车 2 位侧)	1. 断开联解控制空开，闭合救援指令器空开； 2. 打开救援 MR 断、空气管开闭器； 3. 打开 BP 总风阀、BP 救援阀、BP 阀	1. 断开联解控制空开，闭合救援装置空开，救援开关置“被救援”位，隔离警惕装置、ATP； 2. 打开总风阀、空气管开闭器； 3. 打开 BP 救援转换装置、BP 救援阀	
CRH380A统	2	1. 限速 120 km/h； 2. 救援车组需操作车下阀门(01 车 1 位侧、00 车 2 位侧)	1. 断开联解控制空开，闭合救援指令器空开； 2. 打开救援 MR 断、空气管开闭器； 3. 打开 BP 总风阀、BP 救援阀、BP 阀	1. 断开联解控制空开，闭合救援装置空开，救援开关置“被救援”位，隔离警惕装置、ATP； 2. 打开总风阀、空气管开闭器； 3. 打开 BP 救援转换装置、BP 救援阀	
CRH6A统	2	1. 限速 120 km/h； 2. 救援车组需操作车下阀门(01 车 1 位侧、00 车 2 位侧)	1. 闭合救援指令器空开； 2. 将救援开关置“救援”位。 3. 打开 MR 贯通； 4. 打开 BP 总风、BP 救援	1. 断开联解控制空开，闭合救援装置空开，救援开关置“被救援”位，隔离警惕装置、ATP； 2. 打开总风阀、空气管开闭器； 3. 打开 BP 救援转换装置、BP 救援阀	
CRH6F	2	1. 限速 120 km/h； 2. 救援车组需操作车下阀门(01 车 1 位侧、00 车 2 位侧)	1. 闭合 BP 救援指令器空开； 2. 将救援开关置“救援”位； 3. 打开 MR 贯通； 4. 打开 BP 总风、BP 救援	1. 断开联解控制空开，闭合救援装置空开，救援开关置“被救援”位，隔离警惕装置、ATP； 2. 打开总风阀、空气管开闭器； 3. 打开 BP 救援转换装置、BP 救援阀	
CR400BF	2	1. 限速 120 km/h； 2. 救援车组需操作车下阀门(01/00 车 2 位侧)	1. 将救援开关置“救援”位； 2. 打开总风管截断阀、列车管截断阀； 3. 关闭电钩阀； 4. 打开 BP 救援转换装置供风隔离塞门、BP 救援转换装置列车管压力截断塞门	1. 断开联解控制空开，闭合救援装置空开，救援开关置“被救援”位，隔离警惕装置、ATP； 2. 打开总风阀、空气管开闭器； 3. 打开 BP 救援转换装置、BP 救援阀	
CRH5	2	限速 120 km/h	打开总风管截断阀、列车管截断阀	1. 断开联解控制空开，闭合救援装置空开，救援开关置“被救援”位，隔离警惕装置、ATP； 2. 打开总风阀、空气管开闭器； 3. 打开 BP 救援转换装置、BP 救援阀	

续上表

救援车	优先级别	限制条件	关键技术操作		备　注
			救援车	被救援车	
CRH1E改	3	限速 120 km/h	1. 将救援开关置“救援”位； 2. 打开 BP 管截断阀	1. 断开联解控制空开，闭合救援装置空开，救援开关置“被救援”位，隔离警惕装置、ATP； 2. 打开总风阀、空气管开闭器； 3. 打开 BP 救援转换装置、BP 救援阀	
CRH380BL	3	限速 120 km/h	1. 打开 C14 启用备用制动； 2. 打开总风管截断阀、列车管截断阀	1. 断开联解控制空开，闭合救援装置空开，救援开关置“被救援”位，隔离警惕装置、ATP； 2. 打开总风阀、空气管开闭器； 3. 打开 BP 救援转换装置、BP 救援阀	
CRH2E统	3	1. 限速 120 km/h； 2. 救援车组需操作车下阀门(01 车 1 位侧、00 车 2 位侧)	1. 断开联解控制空开，闭合救援指令器空开； 2. 打开救援 MR 通； 3. 打开 BP 总风、BP 救援、BP 阀	1. 救援开关置“被救援”位，隔离警惕装置、ATP、保持制动； 2. 断开联解控制空开，闭合救援装置空开； 3. 打开 BP 救援阀、救援阀	
CRH380AL统	3	1. 限速 120 km/h； 2. 救援车组需操作车下阀门(01 车 1 位侧、00 车 2 位侧)	1. 断开联解控制空开，闭合救援指令器空开； 2. 打开 MR 贯通、救援 MR 通； 3. 打开 BP 总风、BP 救援、BP 阀	1. 断开联解控制空开，闭合救援装置空开，救援开关置“被救援”位，隔离警惕装置、ATP； 2. 打开总风阀、空气管开闭器； 3. 打开 BP 救援转换装置、BP 救援阀	
CRH1A	4	1. 需要安装使用过渡车钩，连接 BP 软管； 2. 限速 60 km/h	1. 将救援开关置“救援”位； 2. 关闭电钩阀； 3. 打开 BP 管截断阀	1. 断开联解控制空开，闭合救援装置空开，救援开关置“被救援”位，隔离警惕装置、ATP； 2. 打开 BP 救援转换装置、BP 救援、救援阀	
CRH380D	4	1. 需要安装使用过渡车钩，连接 BP 软管； 2. 限速 60 km/h	1. 将救援开关置“救援”位； 2. 关闭电钩阀、打开 BP 管截断阀 Z13	1. 断开联解控制空开，闭合救援装置空开，救援开关置“被救援”位，隔离警惕装置、ATP； 2. 打开 BP 救援转换装置、BP 救援、救援阀	
CRH6A非统	6	限速 60 km/h	打开 MR 贯通阀	1. 断开联解控制空开，闭合救援装置空开，救援开关置“被救援”位，隔离警惕装置、ATP； 2. 打开总风阀、空气管开闭器	
CRH1B/1E	7	1. 切除被救援车空气及停放制动； 2. 限速 60 km/h		切除所有空气及停放制动	不建议

续上表

救援车	优先级别	限制条件	关键技术操作		备　注
			救援车	被救援车	
CRH2短编非统	7	1. 需要安装使用过渡车钩且被救援车组过渡有总风管，安装连接MR软管； 2. 限速60 km/h	1. 断开联解控制空开； 2. 打开回送MR阀、安装总风软管	1. 需要使用过渡车钩； 2. 过渡车钩有总风管时打开总风阀、空气管开闭器； 3. 过渡车钩无总风管时切除所有空气及停放制动	不建议
CRH380A非统	7	1. 需要安装使用过渡车钩且被救援车组过渡有总风管，安装连接MR软管； 2. 限速60 km/h	1. 断开联解控制空开； 2. 打开回送MR阀、安装总风软管	1. 需要使用过渡车钩； 2. 过渡车钩有总风管时打开总风阀、空气管开闭器； 3. 过渡车钩无总风管时切除所有空气及停放制动	不建议
CRH2长编非统	7	1. 切除被救援车空气及停放制动； 2. 限速60 km/h		1. 需要使用过渡车钩； 2. 过渡车钩有总风管时打开总风阀、空气管开闭器； 3. 过渡车钩无总风管时切除所有空气及停放制动	不建议
CRH380AL非统	7	1. 切除被救援车空气及停放制动； 2. 限速60 km/h		1. 需要使用过渡车钩； 2. 过渡车钩有总风管时打开总风阀、空气管开闭器； 3. 过渡车钩无总风管时切除所有空气及停放制动	不建议
机车		1. 需要安装使用过渡车钩，连接BP软管； 2. 限速120 km/h		1. 断开联解控制空开，闭合救援装置空开，救援开关置“被救援”位，隔离警惕装置、ATP； 2. 打开BP救援转换装置、BP救援、救援阀	

十四、CR400AF-A型动车组被救援时救援选择的优先级别

救援车	优先级别	限制条件	关键技术操作		备　注
			救援车	被救援车	
CR400AF	1	1. 限速120 km/h； 2. 救援车组需操作车下阀门(01/00车2位侧)	1. 断开联解控制空开，闭合救援装置空开； 2. 将救援开关置“救援”位； 3. 打开总风阀、空气管开闭器； 4. 打开BP救援转换装置、BP救援阀	1. 闭合救援装置空开，救援开关置“被救援”位，隔离警惕装置、ATP； 2. 打开MR贯通阀； 3. 打开BP救援转换装置、BP救援阀	

续上表

救援车	优先级别	限制条件	关键技术操作		备　注
			救援车	被救援车	
CR400AF-A	1	1. 限速 120 km/h; 2. 救援车组需操作车下阀门(01/00 车 2 位侧)	1. 闭合救援装置空开; 2. 将救援开关置"救援"位; 3. 打开 MR 贯通阀; 4. 打开 BP 救援转换装置、BP 救援阀	1. 闭合救援装置空开,救援开关置"被救援"位,隔离警惕装置、ATP; 2. 打开 MR 贯通阀; 3. 打开 BP 救援转换装置、BP 救援阀	
CRH380B	2	限速 120 km/h	1. 打开 C14 启用备用制动; 2. 关闭电钩阀; 3. 打开总风管截断阀、列车管截断阀	1. 闭合救援装置空开,救援开关置"被救援"位,隔离警惕装置、ATP; 2. 打开 MR 贯通阀; 3. 打开 BP 救援转换装置、BP 救援阀	
CRH3C	2	限速 120 km/h	1. 打开 C14 启用备用制动; 2. 关闭电钩阀; 3. 打开总风管截断阀、列车管截断阀	1. 闭合救援装置空开,救援开关置"被救援"位,隔离警惕装置、ATP; 2. 打开 MR 贯通阀; 3. 打开 BP 救援转换装置、BP 救援阀	
CRH1A-A	2	限速 120 km/h	1. 将救援开关置"救援"位; 2. 关闭电钩阀、打开总风管截断阀 B30/1、BP 管截断阀 B28	1. 闭合救援装置空开,救援开关置"被救援"位,隔离警惕装置、ATP; 2. 打开 MR 贯通阀; 3. 打开 BP 救援转换装置、BP 救援阀	
CRH2A 统	2	1. 限速 120 km/h; 2. 救援车组需操作车下阀门(01 车 1 位侧、00 车 2 位侧)	1. 断开联解控制空开,闭合救援指令器空开; 2. 打开救援 MR 断、空气管开闭器; 3. 打开 BP 总风阀、BP 救援阀、BP 阀	1. 闭合救援装置空开,救援开关置"被救援"位,隔离警惕装置、ATP; 2. 打开 MR 贯通阀; 3. 打开 BP 救援转换装置、BP 救援阀	
CRH380A 统	2	1. 限速 120 km/h; 2. 救援车组需操作车下阀门(01 车 1 位侧、00 车 2 位侧)	1. 断开联解控制空开,闭合救援指令器空开; 2. 打开救援 MR 断、空气管开闭器; 3. 打开 BP 总风阀、BP 救援阀、BP 阀	1. 闭合救援装置空开,救援开关置"被救援"位,隔离警惕装置、ATP; 2. 打开 MR 贯通阀; 3. 打开 BP 救援转换装置、BP 救援阀	
CRH6A 统	2	1. 限速 120 km/h; 2. 救援车组需操作车下阀门(01 车 1 位侧、00 车 2 位侧)	1. 闭合救援指令器空开; 2. 将救援开关置"救援"位; 3. 打开 MR 贯通; 4. 打开 BP 总风、BP 救援	1. 闭合救援装置空开,救援开关置"被救援"位,隔离警惕装置、ATP; 2. 打开 MR 贯通阀; 3. 打开 BP 救援转换装置、BP 救援阀	

续上表

救援车	优先级别	限制条件	关键技术操作		备　注
			救援车	被救援车	
CRH6F	2	1. 限速 120 km/h； 2. 救援车组需操作车下阀门(01 车 1 位侧、00 车 2 位侧)	1. 闭合 BP 救援指令器空开； 2. 将救援开关置“救援”位； 3. 打开 MR 贯通； 4. 打开 BP 总风、BP 救援	1. 闭合救援装置空开，救援开关置“被救援”位，隔离警惕装置、ATP； 2. 打开 MR 贯通阀； 3. 打开 BP 救援转换装置、BP 救援阀	
CR400BF	2	1. 限速 120 km/h； 2. 救援车组需操作车下阀门(01/00 车 2 位侧)	1. 将救援开关置“救援”位； 2. 打开总风管截断阀、列车管截断阀； 3. 关闭电钩阀； 4. 打开 BP 救援转换装置供风隔离塞门、BP 救援转换装置列车管压力截断塞门	1. 闭合救援装置空开，救援开关置“被救援”位，隔离警惕装置、ATP； 2. 打开 MR 贯通阀； 3. 打开 BP 救援转换装置、BP 救援阀	
CRH5	2	限速 120 km/h	打开总风管截断阀、列车管截断阀	1. 闭合救援装置空开，救援开关置“被救援”位，隔离警惕装置、ATP； 2. 打开 MR 贯通阀； 3. 打开 BP 救援转换装置、BP 救援阀	
CRH1E 改	3	限速 120 km/h	1. 将救援开关置“救援”位； 2. 打开 BP 管截断阀	1. 闭合救援装置空开，救援开关置“被救援”位，隔离警惕装置、ATP； 2. 打开 MR 贯通阀； 3. 打开 BP 救援转换装置、BP 救援阀	
CRH380BL	3	限速 120 km/h	1. 打开 C14 启用备用制动； 2. 打开总风管截断阀、列车管截断阀	1. 闭合救援装置空开，救援开关置“被救援”位，隔离警惕装置、ATP； 2. 打开 MR 贯通阀； 3. 打开 BP 救援转换装置、BP 救援阀	
CRH2E 统	3	1. 限速 120 km/h； 2. 救援车组需操作车下阀门(01 车 1 位侧、00 车 2 位侧)	1. 断开联解控制空开，闭合救援指令器空开； 2. 打开救援 MR 通； 3. 打开 BP 总风、BP 救援、BP 阀	1. 闭合救援装置空开，救援开关置“被救援”位，隔离警惕装置、ATP； 2. 打开 MR 贯通阀； 3. 打开 BP 救援转换装置、BP 救援阀	

续上表

救援车	优先级别	限制条件	关键技术操作		备　注
			救援车	被救援车	
CRH380AL统	3	1. 限速 120 km/h； 2. 救援车组需操作车下阀门(01 车 1 位侧、00 车 2 位侧)	1. 断开联解控制空开，闭合救援指令器空开； 2. 打开 MR 贯通、救援 MR 通； 3. 打开 BP 总风、BP 救援、BP 阀	1. 闭合救援装置空开，救援开关置“被救援”位，隔离警惕装置、ATP； 2. 打开 MR 贯通阀； 3. 打开 BP 救援转换装置、BP 救援阀	
CRH1A	4	1. 需要安装使用过渡车钩，连接 BP 软管； 2. 限速 60 km/h	1. 将救援开关置“救援”位； 2. 关闭电钩阀； 3. 打开 BP 管截断阀	1. 闭合救援装置空开，救援开关置“被救援”位，隔离警惕装置、ATP； 2. 打开 BP 救援转换装置、BP 救援、救援阀	
CRH380D	4	1. 需要安装使用过渡车钩，连接 BP 软管； 2. 限速 60 km/h	1. 将救援开关置“救援”位； 2. 关闭电钩阀、打开 BP 管截断阀 Z13	1. 闭合救援装置空开，救援开关置“被救援”位，隔离警惕装置、ATP； 2. 打开 BP 救援转换装置、BP 救援、救援阀	
CRH6A非统	6	限速 60 km/h	打开 MR 贯通阀	1. 闭合救援装置空开，救援开关置“被救援”位，隔离警惕装置、ATP； 2. 打开 MR 贯通阀	
CRH1B/1E	7	1. 切除被救援车空气及停放制动； 2. 限速 60 km/h		切除所有空气及停放制动	不建议
CRH2短编非统	7	1. 需要安装使用过渡车钩且被救援车组过渡有总风管，安装连接 MR 软管； 2. 限速 60 km/h	1. 断开联解控制空开； 2. 打开回送 MR 阀、安装总风软管	1. 需要使用过渡车钩； 2. 过渡车钩有总风管时打开 MR 贯通阀； 3. 过渡车钩无总风管时切除所有空气及停放制动	不建议
CRH380A非统	7	1. 需要安装使用过渡车钩且被救援车组过渡有总风管，安装连接 MR 软管； 2. 限速 60 km/h	1. 断开联解控制空开； 2. 打开回送 MR 阀、安装总风软管	1. 需要使用过渡车钩； 2. 过渡车钩有总风管时打开 MR 贯通阀； 3. 过渡车钩无总风管时切除所有空气及停放制动	不建议
CRH2长编非统	7	1. 切除被救援车空气及停放制动； 2. 限速 60 km/h		1. 需要使用过渡车钩； 2. 过渡车钩有总风管时打开 MR 贯通阀； 3. 过渡车钩无总风管时切除所有空气及停放制动	不建议

续上表

救援车	优先级别	限制条件	关键技术操作		备　注
			救援车	被救援车	
CRH380AL非统	7	1. 切除被救援车空气及停放制动； 2. 限速 60 km/h		1. 需要使用过渡车钩； 2. 过渡车钩有总风管时打开MR贯通阀； 3. 过渡车钩无总风管时切除所有空气及停放制动	不建议
机车		1. 需要安装使用过渡车钩，连接BP软管； 2. 限速 120 km/h		1. 闭合救援装置空开，救援开关置“被救援”位，隔离警惕装置、ATP； 2. 打开BP救援转换装置、BP救援、救援阀	

复习思考题

1. 动车组救援动车组，考虑动车组救援或机车救援的可行性需要从哪几个方面进行分析？

2. 怎样定义救援选择的优先级别？

3. 以你最熟悉的一种动车组为例，介绍单一考虑车辆技术条件情况下救援选择的优先级别。

第四章　救援车操作流程

本书前几章对动车组救援装置的构成及原理进行了分析，将救援运行速度、救援前的准备工作（如对安装过渡车钩、长编车组换端等操作）分析作为影响救援效率最重要的救援选择依据。救援运行速度越高，就优先选择。将相关依据归为 7 个类型，定义救援选择级别，并明确了单一考虑车辆技术条件情况下救援选择的优先级别。

本章选取部分常见车型分别介绍救援车的操作流程，同时尽可能地对操作中存在的风险及相关可能进行阐述。既然同一动车组可以被不同的动车组救援，那么本章即分析选择哪种车型作为救援车能最大化的提高救援效率以及如何定义救援选择的优先级别。

第一节　CRH1A 型动车组作为救援车

序号	项目	具体内容	参考图片
1	引导作业	根据被救援车组车型情况，查找动车组救援匹配表（即本书表 3-1）→确认两车组连挂方式→确认风路贯通方式。 连挂方式：直接连挂□　模块 1+2□ 模块 1+3□　模块 1+4□ 贯通方式：BP 贯通□　BP+MR 贯通□	
		需要安装过渡车钩时→准备相应过渡车钩模块	
		车组到达 300 m 防护位置停车后→与被救援车组随车机械师联系	
		司机继续运行在距离动车组前方 5 m 左右停车	
2	准备工作	打开头罩，伸出车钩。 自动操作方法： 按压操纵台左上方“列车控制”区域【前盖板向上/伸出车钩】按钮→打开头罩伸出车钩。 手动操作方法： 下车前打开 Mc 车 ATP 柜，取出伸缩梯。将伸缩梯拉开并架设好（此时需通知列车长派人员协助扶梯），使用四角钥匙打开检修罩，使用阀控制面板。确保阀的全部旋转开关在“0”位。 慢慢转动阀“V5”的旋转开关至“1”位解锁下罩。慢慢转动阀“V6B”的旋转开关至“1”位，等到下罩完全打开到位后将“V6B”的旋转开关转回“0”位。慢慢转动阀“V5”的旋转开关至“0”位，锁紧下罩。慢慢转动阀“V8”的旋转开关至“1”位解锁上罩。慢慢转动阀“V7B”的旋转开关至“1”位，等到上罩完全打开后将“V7B”的旋转开关转回“0”位	 

续上表

序号	项目	具体内容	参考图片
2	准备工作	慢慢转动阀“V8”的旋转开关至“0”位，锁紧上罩。 收回伸缩梯，并妥善放置	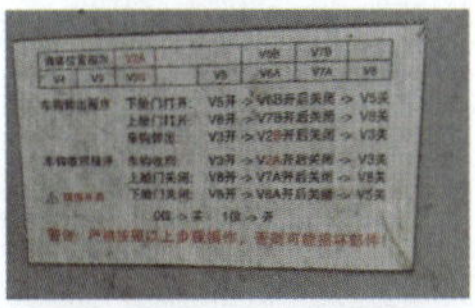
		在 IDU 主页面点击【系统】→在系统界面点击【前端】→确认头罩车钩状态	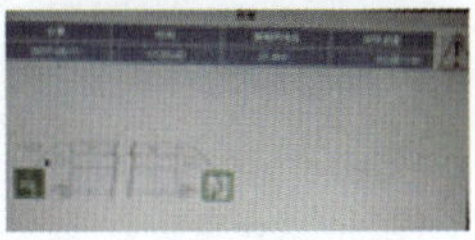
		使用模块 1+4 连挂时→先退出司机室占用→将救援连挂端司机室操纵台右下方 EC 柜的 C. A1. 2. 2. X1 端子排 144802 号线断开→重新激活	
		确认司机室右后方 C. K2 柜下方各阀门与管路平行	
		向司机申请下车	
		通知车长守护边门→确认调令下车	
		确认调度命令。 口头调度命令□　　纸质调度命令□ 命令号：____________ 邻线封锁□　　邻线限速□	
		注意线路安全，不得跨越股道；高架桥上行走时注意脚下路面石板，尽量避免踩在石板上，防止失足跌落；站台侧作业时要注意股道与站台间的空隙，紧贴车体进行作业，注意安全	
		车长到位后手动开门下车	
3	检查确认	手拉确认车钩罩无法动作→已锁闭到位	
		清除车钩风管上的防尘堵(胶带)→确认自动车钩伸出状态。 01 车状态：正常□　　不正常□ 00 车状态：正常□　　不正常□ 车钩没有正常伸出时，进行手动伸出。 自动车钩手动操作方法： 下车前打开 Mc 车 ATP 柜，取出伸缩梯。将伸缩梯拉开并架设好(此时需通知列车长派人员协助扶梯)，使用四角钥匙打开检修罩，使用阀控制面板。确保阀的全部旋转开关在“0”位。 慢慢转动阀“V3”的旋转开关至“1”位，解锁自动车钩钩体。慢慢转动阀“V2(790 型)或 V2B(799、803 型)”的旋转开关至“1”位，伸出车钩，直至锁定装置连接后将“V2(790 型)或 V2B(799、803 型)”的旋转开关转回“0”位。 慢慢转动阀“V3”的旋转开关至“0”位，锁定自动车钩钩体。 如车组因风压不足导致密接车钩无法伸出时，用以下方式手动充气：	 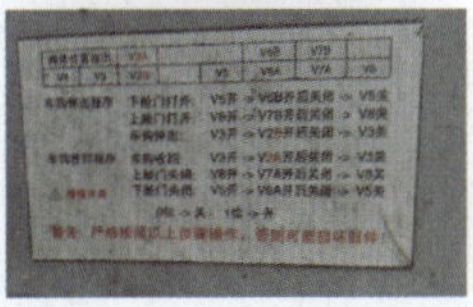

续上表

序号	项目	具体内容	参考图片
3	检查确认	打开检修盖板，用手指捏住手动泵风口的连接卡死环往下压，把打气筒的风管连接嘴插入手动泵风口，松开泵风的连接卡死环。 手动泵风直至打开上下导流罩和伸出车钩。再用手指捏住手动泵风口的连接卡死环往下压后拉出打气筒的风管连接嘴。 收回伸缩梯，并妥善放置	
		关闭电钩供风阀	
		检查确认车钩外观各接口等部件处无杂物，其他部件外观正常	
4	安装过渡车钩	若需要安装过渡车钩则准备好相应车钩模块→清除模块上的“防尘堵(胶带)”→确认无异物	
		需要安装过渡车钩但不需要安装模块4时→与被救援车组随车机械师配合将救援车的过渡车钩模块1安装于被救援车组过渡车钩模块上→旋转辅助挂钩确保辅助挂钩未超出过渡车钩界限→连接风管并确认安装良好	 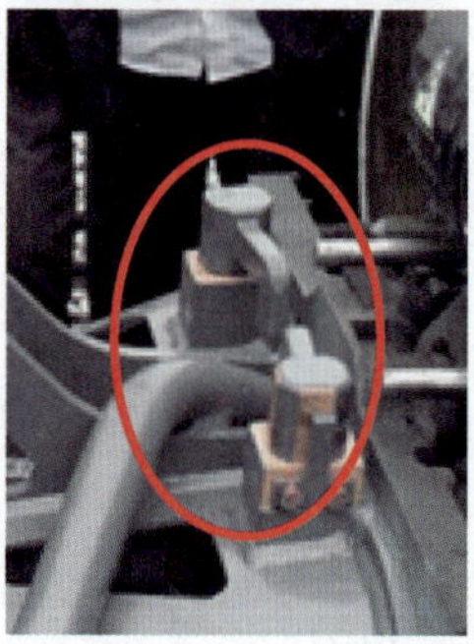

续上表

序号	项目	具体内容	参考图片
4	安装过渡车钩	需要安装模块 4 时→安装过渡车钩模块 1→确认安装正确→按照侧面指示线指示安装好模块 4→用插销固定→安装 R 型销开口销→拆除防跳止挡→压装过渡车钩→确认模块 1 上方指针指示到位(模块 4 安装方向为铭牌在上)	 
5	连挂准备	检查车钩是否与被救援车组车钩在同一直线上。 若车钩与被救援车组车钩不在同一直线上且未安装过渡车钩时→确认被救援车组车钩导向杆安装到位	
6	连挂作业	在被救援车组随车机械师手信号指示下→救援车组以不高于 5 km/h 的速度进行连挂	
		连挂完毕→检查连挂状态。 安装过渡车钩时→检查模块 1 安装到位指示线已对齐	
7	试拉	检查完毕后→联控被救援动车组进行试拉	

续上表

序号	项目	具体内容	参考图片
7	试拉	试拉确认没有脱钩→判断车钩连接良好→如使用模块 4 此时须安装防跳止挡	
		使用模块 1+4 连挂时→先退出司机室占用→将救援连挂端司机室操纵台右下方 EC 柜的 C. A1. 2. 2. X1 端子排 144802 号线恢复→重新激活	
8	贯通风路	BP 贯通时→操作确认【列车管截断阀】处于打开状态	
		BP+MR 贯通时→操作确认【列车管截断阀】处于打开状态→操作确认【总风管截断阀】处于打开状态	
		打开连挂端司机室左后方 C. K1 配电柜→将【救援】旋钮旋至"救援"位	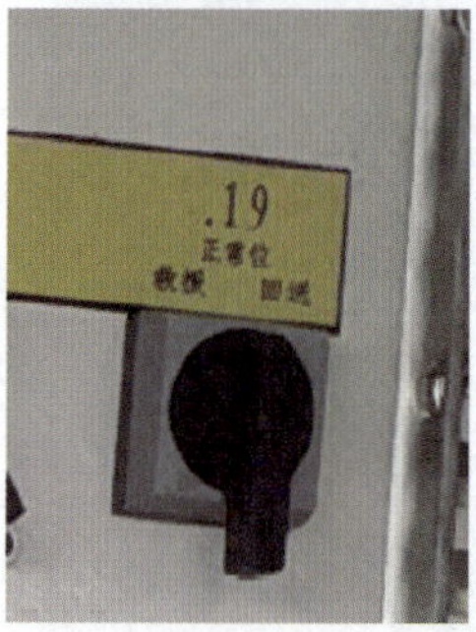 .19 正常位 救援 回送
		确认连挂端无漏风情况	
9	制动试验	被救援车组连挂完毕→联控被救援车组开始制动试验	
		使用制动手柄施加、缓解制动→确认救援车组制动正常施加、缓解→向被救援动车组随车机械师了解制动试验时→被救援车组制动缓解、施加正常	

续上表

序号	项目	具体内容	参考图片
10	恢复现场	将车下所有工具、备品带齐上车	
		关闭车门	
		确认停放制动缓解→联控被救援车组随车机械师准备动车	
11	救援运行	动车→运行途中加强盯控车组状态	
		通知司机运行途中加强盯控车组总风压力、制动管压力、列车运行状态	
12	解编作业	停车→施加停放制动并确认	
		关闭【列车管截断阀】	
		拉解钩拉绳→待被救援动车组随车机械师通知可以解钩时→通知救援动车组司机动车解编	
		安装过渡车钩的情况下须拆解风管→拆下动车组过渡车钩→并放回动车组规定位置(途中可搬至车厢)	
		动车组司机回收自动车钩、关闭前端罩盖	
		恢复回送时所有阀门及断路器等	

第二节 CRH1A-A 型动车组作为救援车

序号	项目	具体内容	参考图片
1	引导作业	根据被救援车组车型情况，查找动车组救援匹配表→确认两车组连挂方式→确认风路贯通方式。 连挂方式：直接连挂□　　模块 3＋1□ 　　　　　模块 3＋2□　　模块 3＋4□ 贯通方式：BP 贯通□　　BP＋MR 贯通□	
		需要安装过渡车钩时→准备相应过渡车钩模块	
		车组到达 300 m 防护位置停车后→与被救援车组随车机械师联系	
		司机继续运行在距离动车组前方 5 m 左右停车	
2	准备工作	打开连挂端开闭机构： 自动操作方法： 按压操纵台左上方“列车控制”区域【开关前舱门】按钮→打开头罩 手动操作方法： 利用四角钥匙打开连挂端司机室(需打开开闭机构的司机室)左侧开闭机构控制阀组的小盖板。(查看盖板背后有具体的操作说明。) 确认阀板的供风阀的 S1 和 S11 在开/ON 位。 执行一次关闭命令：目测左右舱门处于完全关闭状态，并点按按钮 V2 和 V4 执行一次关闭命令。 按照解锁—打开—锁闭的顺序打开右侧舱门： 解锁：点按电磁阀 V8 外部红色按钮，解锁关闭状态下的右侧舱门。	

续上表

序号	项目	具体内容	参考图片
2	准备工作	打开:点按按钮 V3,打开右侧舱门。 锁闭:点按按钮 V7,锁闭打开状态下的右侧舱门。 按照解锁—打开—锁闭的顺序打开左侧舱门: 解锁:点按电磁阀 V6 外部红色按钮,解锁关闭状态下的左侧舱门。 打开:点按按钮 V1,打开左侧舱门。 锁闭:点按按钮 V5,锁闭打开状态下的左侧舱门。 确认左右舱门处于完全打开和安全锁闭位置	
		在 IDU 主页面点击【系统】→在系统界面点击【前部】→确认头罩状态。 正常□　　不正常□	
		使用模块 3+4 连挂时→先退出司机室占用→将救援连挂端司机室操作台右下方 11. EC 柜的 14-K2 继电器拔出→重新激活	
		向司机申请下车	
		通知车长守护边门→确认调令下车	
		确认调度命令。 口头调度命令□　　纸质调度命令□ 命令号:________________ 邻线封锁□　　邻线限速□	
		注意线路安全,不得跨越股道;高架桥上行走时注意脚下路面石板,尽量避免踩在石板上,防止失足跌落;站台侧作业时要注意股道与站台间的空隙,紧贴车体进行作业,注意安全	
		车长到位后手动开门下车	
3	检查确认	手拉确认车钩罩无法动作→已锁闭到位	
		确认车钩罩状态→清除车钩风管上的“防尘堵(胶带)”	

续上表

序号	项目	具体内容	参考图片
3	检查确认	操作确认电气钩头截断阀在关闭位置	
		检查确认车钩外观各接口等部件处无杂物，其他部件外观正常	
4	安装过渡车钩	若需要安装过渡车钩则准备好相应车钩模块→清除模块上的“防尘堵(胶带)”→确认无异物	
		需要安装过渡车钩但不需要安装模块4时，与被救援车组随车机械师配合将救援车的过渡车钩模块3安装于被救援车组过渡车钩模块上→旋转辅助挂钩确保辅助挂钩未超出过渡车钩界限→连接风管并确认安装良好	 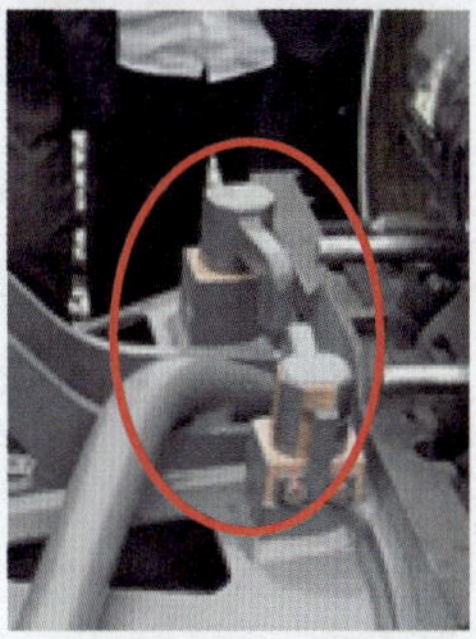
		需要安装模块4时，选择正确的辅助挂钩(较低一侧)→安装过渡车钩模块3→确认安装正确→按照侧面指示线指示安装好模块4→用插销固定→安装R型销开口销→拆除防跳止挡→压装过渡车钩→确认模块3上方指针指示到位(模块4安装方向为铭牌在上)	

续上表

序号	项目	具体内容	参考图片
4	安装过渡车钩		
5	连挂准备	检查车钩是否与被救援车组车钩在同一直线上。 若车钩与被救援车组车钩不在同一直线上且未安装过渡车钩时→确认被救援车组车钩导向杆安装到位	
6	连挂作业	在被救援车组随车机械师手信号指示下→救援车组以不高于 5 km/h 的速度进行连挂	
		连挂完毕→检查连挂状态。 安装过渡车钩时→检查模块 3 安装到位指示线已对齐	
7	试拉	检查完毕后→联控被救援动车组进行试拉	
		试拉确认没有脱钩→判断车钩连接良好→如使用模块 4 此时须安装防跳止挡	

续上表

序号	项目	具体内容	参考图片
7	试拉	使用模块 3+4 连挂时→先退出司机室占用→将救援连挂端司机室操作台右下方 11. EC 柜的 14-K2 继电器安装恢复→重新激活	
8	贯通风路	需要时连接两列动车组连挂端总风软管并确认连接正确	
		BP 贯通时→操作确认【列车管截断阀】处于打开状态	
		BP+MR 贯通时→操作确认【列车管截断阀】处于打开状态→操作确认【总风管截断阀】处于打开状态	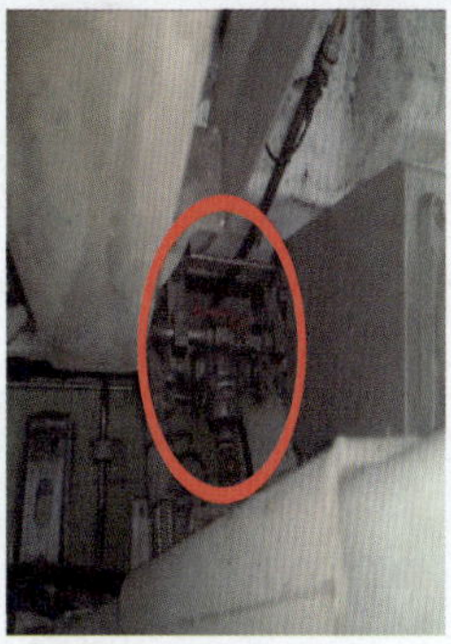

续上表

序号	项目	具体内容	参考图片
8	贯通风路	打开连挂端司机室左后方 15.K1 配电柜→将【救援】旋钮旋至“救援”位	
		确认连挂端无漏风情况	
9	制动试验	被救援车组连挂完毕→联控被救援车组开始制动试验	
		使用制动手柄施加、缓解制动→确认救援车组制动正常施加、缓解→向被救援动车组随车机械师了解制动试验情况→确认被救援车组制动缓解、施加正常	
10	恢复现场	将车下所有工具、备品带齐上车	
		关闭车门	
		确认停放制动缓解→联控被救援车组随车机械师准备动车	
11	救援运行	动车→运行途中加强盯控车组状态	
		通知司机运行途中加强盯控车组总风压力、制动管压力、列车运行状态	
12	解编作业	停车→施加停放制动并确认	
		关闭【列车管截断阀】【总风管截断阀】	
		拉解钩拉绳→待被救援动车组随车机械师通知可以解钩时→通知救援动车组司机动车解编	
		动车组司机关闭前端头罩	
		恢复回送时所有阀门及断路器等	

第三节　CRH2E 统型动车组作为救援车

序号	项目	具体内容	参考图片
1	引导作业	根据被救援车组车型情况，查找动车组救援匹配表→确认两车组连挂方式→确认风路贯通方式。 连挂方式：直接连挂□　　模块 3+1□ 模块 3+2□　　模块 3+4□ 贯通方式：BP 贯通□　　BP+MR 贯通□	
		车组到达 300 m 防护位置停车后→与被救援车组随车机械师联系	

续上表

序号	项目	具体内容	参考图片
1	引导作业	司机继续运行在距离动车组前方 5 m 左右停车	
2	准备工作	打开开闭机构： 自动打开头罩：打开司机室配电盘→确认【联解分控】(或【联解控制】)断路器闭合→打开司机室右侧车钩控制柜→将 SA2 打到"开头罩"→"头罩开(红)"灯亮→"头罩被锁(黄)"灯亮→确认头罩开到位后→把 SA2 回到中间位→打开开闭机构。 手动打开头罩：断开司机室设备舱 1 内左侧墙右上角【分隔　合并】(或【分并总】)阀，进入设备舱 2 内用四角或其他硬物按压车钩上方【头罩锁】，由其他人员在车下配合机械师开启导流罩至打开并锁闭位	
		在 MON 屏上确认【连接头罩信息】界面→仅【打开头罩】显绿	
		确认头罩打开→断开【联解分控】(或【联解控制】)断路器	
		向司机申请下车	
		通知车长守护边门→确认调令下车	
		需要安装过渡车钩时准备相应过渡车钩模块	
		确认调度命令。 口头调度命令□　　纸质调度命令□ 命令号：____________ 邻线封锁□　　邻线限速□	
		注意线路安全，不得跨越股道；高架桥上行走时注意脚下路面石板，尽量避免踩在石板上，防止失足跌落；站台侧作业时要注意股道与站台间的空隙，紧贴车体进行作业，注意安全	
		车长到位后手动开门下车	
3	检查确认	手拉确认车钩罩无法动作→已锁闭到位	

续上表

序号	项目	具体内容	参考图片
3	检查确认	确认车钩罩状态→清除车钩风管上的“防尘堵(胶带)”	
		检查确认车钩外观各接口等部件处无杂物,其他部件外观正常	
		直接连挂时→安装车钩导向杆	
4	安装过渡车钩	若需要安装过渡车钩则准备好相应车钩模块→清除模块上的“防尘堵(胶带)”→确认无异物	
		需要安装过渡车钩但不需要安装模块 4 时→与被救援车组随车机械师配合将救援车的过渡车钩模块 3 安装于被救援车组过渡车钩模块上→旋转辅助挂钩确保辅助挂钩未超出过渡车钩界限→连接风管并确认安装良好	 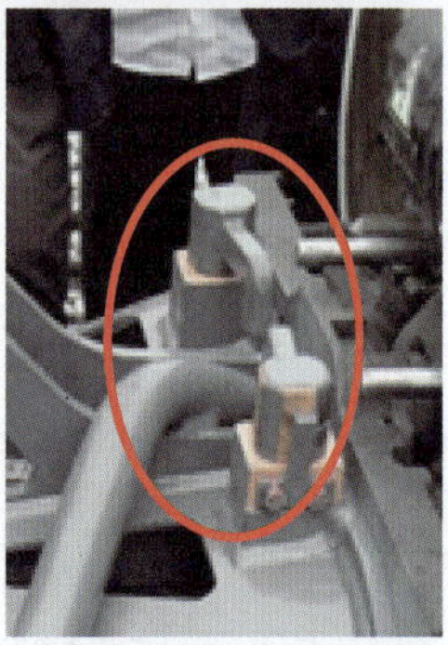
		需要安装模块 4 时,选择正确的辅助挂钩(较低一侧)→安装过渡车钩模块 3→确认安装正确→按照侧面指示线指示安装好模块 4→用插销固定→安装 R 型销开口销→拆除防跳止挡→压装过渡车钩→确认模块 3 上方指针指示到位(模块 4 安装方向为铭牌在上)	

续上表

序号	项目	具体内容	参考图片
4	安装过渡车钩		
5	连挂准备	检查车钩是否与被救援车组车钩在同一直线上。 若车钩与被救援车组车钩不在同一直线上且未安装过渡车钩时→确认被救援车组车钩导向杆安装到位	
6	连挂作业	在被救援车组随车机械师手信号指示下→救援车组以不高于 5 km/h 的速度进行连挂	
		连挂完毕→检查连挂状态。 安装过渡车钩时→检查模块 3 安装到位指示线已对齐	
7	试拉	检查完毕后→联控被救援动车组准备进行试拉	
		试拉确认没有脱钩→判断车钩连接良好→如使用模块 4 此时须安装防跳止挡	

续上表

序号	项目	具体内容	参考图片
8	贯通风路	需要时连接两列动车组连挂端总风软管并确认连接正确	
		BP 贯通时→打开连挂端运行方向右侧 BP 救援装置裙板内的【BP 总风】及【BP 救援】阀→关闭裙板并确认锁闭良好→上车钻入司机室设备舱 1→钻入司机室设备舱 2→打开靠头罩内墙下部的【BP】阀→返回司机室,关闭各设备舱门	 
		BP+MR 贯通时→打开连挂端运行方向右侧 BP 救援装置裙板内的【BP 总风】及【BP 救援】阀→关闭裙板并确认锁闭良好→上车钻入司机室设备舱 1→钻入司机室设备舱 2→打开靠头罩内墙下部的【BP】阀→操作确认【救援 MR 通】处于打开状态→返回司机室,关闭各设备舱门	

续上表

序号	项目	具体内容	参考图片
8	贯通风路	闭合连挂端司机室配电盘【救援指令器】断路器	
		确认连挂端无漏风情况	
9	制动试验	接到被救援车组连挂完毕通知→联控被救援车组开始制动试验	
		使用制动手柄施加、缓解制动→确认救援车组制动正常施加、缓解→向被救援动车组随车机械师了解制动试验时→被救援车组制动缓解、施加正常	
10	恢复现场	将车下所有工具、备品带齐上车	
		关闭车门	
		确认停放制动已缓解→联控被救援车组随车机械师准备动车	
11	救援运行	动车→运行途中加强盯控车组状态	
		通知司机运行途中加强盯控车组总风压力、制动管压力、列车运行状态	
12	解编作业	停车→施加停放制动并确认	
		拉解钩拉绳→待被救援动车组随车机械师通知可以解钩时→通知救援动车组司机动车解编	
		安装过渡车钩的情况下拉救援车解钩拉绳→通知司机可以解编→拆下动车组过渡车钩→并放回动车组规定位置(途中可搬至车厢)	
		动车组司机关闭前端罩盖	
		恢复回送时所有阀门及断路器等	

第四节　CRH6A 非统型动车组作为救援车

序号	项目	具体内容	参考图片
1	引导整备作业	根据被救援车组车型情况，查找动车组救援匹配表→确认两车组连挂方式→确认风路贯通方式。 连挂方式：直接连挂□　　模块 3＋2□ 贯通方式：MR 贯通□	

续上表

序号	项目	具体内容	参考图片
1	引导整备作业	需要安装过渡车钩时→准备相应过渡车钩模块	
		车组到达 300 m 防护位置停车后→与被救援车组随车机械师联系	
		司机继续运行在距离动车组前方 5 m 左右停车	
2	准备工作	打开开闭机构： 自动打开头罩、伸出车钩：闭合司机室右侧保护接地开关柜里【头罩控制器】断路器→将【头罩控制】开关旋至“开启”位置→确认“头罩打开”指示灯点亮后回“0”→操作【车钩控制】开关旋至“伸出”位置。 手动开启头罩：断开司机室右后方配电柜【头罩控制器】断路器，关闭司机室操纵台左下方设备柜内【罩开闭】阀，将手动解锁手柄拉到开位。手动开启头罩至全开位。恢复手动解锁手柄	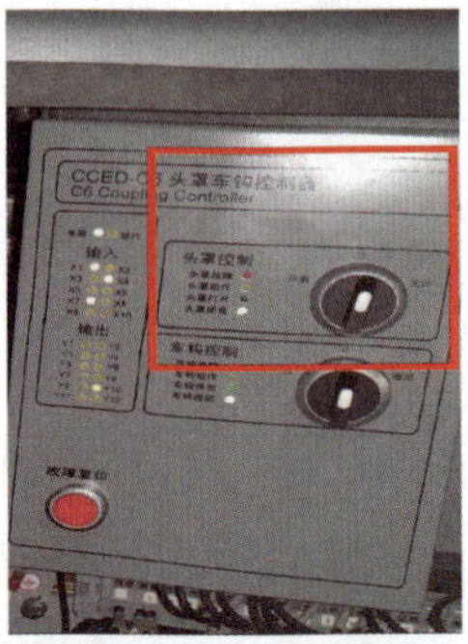
		在 MON 屏【连接头罩信息】界面上确认车钩罩打开状态正常	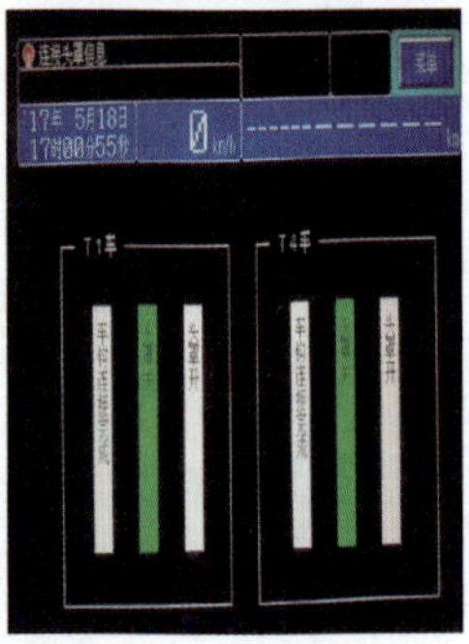
		断开【头罩控制器】断路器	
		向司机申请下车→通知车长防护车门	
		确认调度命令。 口头调度命令□　　纸质调度命令□ 命令号：________________ 邻线封锁□　　邻线限速□	
		注意线路安全，不得跨越股道；高架桥上行走时注意脚下路面石板，尽量避免踩在石板上，防止失足跌落；站台侧作业时要注意股道与站台间的空隙，紧贴车体进行作业，注意安全	
		车长到位后手动开门下车	
3	检查确认	手拉确认头罩无法动作→已锁闭到位	

续上表

序号	项目	具体内容	参考图片
3	检查确认	确认两端车钩罩状态→确认车钩伸出状态→清除车钩风管上的"防尘堵(胶带)"。 车钩没有正常伸出时,进行手动伸出。 手动伸出车钩:头罩打开状态下,检查头罩车钩控制器各指示灯的状态;将车钩前端电缆从线夹中取出,令电缆处于可自由伸展状态;打开车辆侧车钩控制装置的压缩空气气源(即通向车钩控制装置的空气管路,应有折角塞门);将车钩控制装置上的管塞 A1,设置在 ON(开启)位;解锁车钩:将锁闭装置旋转按钮(V3)由"0"位旋转到"1"位;此时位于车钩钩身上方的锁闭气缸活塞处于缩回状态。伸出车钩:将车钩伸出旋转按钮(V2B)由"0"位旋转到"1"位;此时车钩缓慢伸出。锁闭车钩:车钩伸出到位后,将锁闭装置旋转按钮(V3)由"1"位旋转到"0"位;此时位于车钩钩身上方的锁闭气缸活塞处于伸出状态;关闭车辆侧车钩控制装置的压缩空气供应。将车钩伸出旋转按钮(V2B)由"1"位旋转到"0"位	
		直接连挂时→须安装车钩导向杆	
		检查确认车钩外观各接口等部件处无杂物,其他部件外观正常	
		MR 贯通且模块 3+2(模块 3 无总风软管)时→确认头罩内右侧的【回送 MR】阀处于关闭状态→安装使用 MR 软管→确认安装良好且软管接口无异物	
4	安装过渡车钩	若需要安装过渡车钩则准备好相应车钩模块→清除模块上的"防尘堵(胶带)"→确认无异物	
		需要安装过渡车钩→待到达距被救援车 5 m 处后→与被救援车组随车机械师配合将救援车的过渡车钩模块 3 安装于被救援车组过渡车钩模块上→旋转辅助挂钩确保辅助挂钩未超出过渡车钩界限→连接风管并确认安装良好	

续上表

序号	项目	具体内容	参考图片
5	连挂准备	检查车钩是否与被救援车组车钩在同一直线上。 若车钩与被救援车组车钩不在同一直线上且未安装过渡车钩时→确认被救援车组车钩导向杆安装到位	
6	连挂作业	在被救援车组随车机械师手信号指示下 →救援车组以不高于 5 km/h 的速度进行连挂	
		连挂完毕→检查连挂状态。 安装过渡车钩时→检查模块 3 安装到位指示线已对齐	
7	试拉	检查完毕后→联控被救援动车组进行试拉	
		试拉确认没有脱钩→判断车钩连接良好	
8	贯通风路	MR 贯通且直接连挂时→打开司机室左侧设备柜→确认【MR 贯通】处于平行位	
		MR 贯通且模块 3+模块 2 连挂时→连接总风软管并确认安装良好→打开【回送 MR】	
		确认连挂端无漏风情况	
9	制动试验	若使用 32 芯线连接控制被救援车制动时→需要将连挂端【救援手柄】置“救援”位→车组断电降弓拔取主控→安装 32 芯线后→投入主控→确认司机室配电盘【保持制动切除】旋钮处于非红点位	
		联控被救援动车组机械师进行制动试验	
		使用制动手柄施加、缓解制动→确认救援车组制动正常施加、缓解→向被救援动车组随车机械师了解制动试验时，被救援车组制动缓解、施加正常	
10	恢复现场	将车下所有工具、备品带齐上车	
		关闭车门→操作确认司机室配电盘【保持制动切除】旋钮处于红点位→联控被救援车组准备动车	

续上表

序号	项目	具体内容	参考图片
11	救援运行	动车→运行途中加强盯控车组状态	
		通知司机运行途中加强盯控车组总风压力、制动管压力、列车运行状态	
12	解编作业	停车→施加最大常用制动	
		同系列动车组使用32芯线连接时需先断电降弓拔主控恢复两组车的救援手柄置正常位→再将救援用32芯线摘解	
		拉解钩拉绳→待被救援动车组随车机械师通知可以解钩→通知救援动车组司机动车解编	
		安装过渡车钩的情况下须拆解风管、拆下动车组过渡车钩→放回动车组规定位置(途中可搬至车厢)	
		动车组司机回收自动车钩、关闭前端罩盖	
		恢复回送时所有阀门及断路器等	

第五节　CRH6A统型动车组作为救援车

序号	项目	具体内容	参考图片
1	引导作业	根据被救援车组车型情况，查找动车组救援匹配表→确认两车组连挂方式→确认风路贯通方式。 连挂方式：直接连挂□　模块3+1□ 模块3+2□　模块3+4□ 贯通方式：BP贯通□　BP+MR贯通□	
		需要安装过渡车钩时→准备相应过渡车钩模块	
		车组到达300 m防护位置停车后→与被救援车组随车机械师联系	
		司机继续运行在距离动车组前方5 m左右停车	
2	准备工作	打开开闭机构： 自动打开头罩：闭合司机室配电盘里【头罩控制器】断路器→将【头罩控制】旋钮旋至“打开”位。 手动开启头罩：断开司机室右后方配电柜【头罩控制器】断路器，关闭司机室操纵台左下方设备柜内【罩开闭】阀，将手动解锁手柄拉到开位。手动开启头罩至全开位。恢复手动解锁手柄	

续上表

序号	项目	具体内容	参考图片
2	准备工作		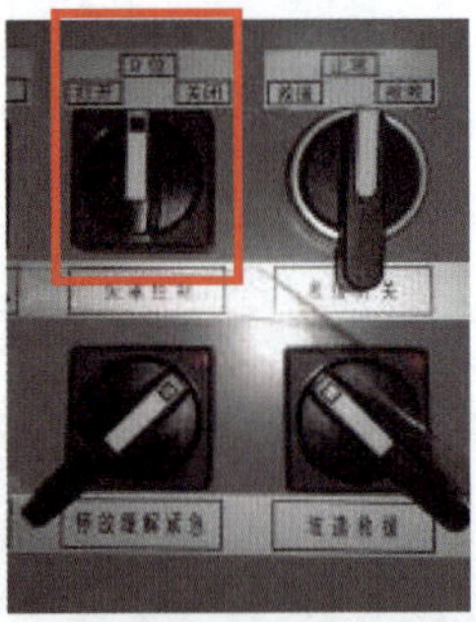
		在 MON 屏【连接头罩信息】界面上确认车钩罩打开状态正常	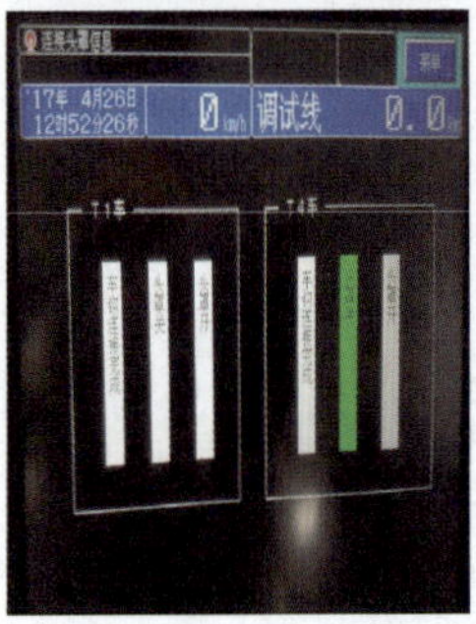
		断开【头罩控制器】断路器	
		向司机申请下车	
		通知车长守护边门→确认调令下车	
		确认调度命令。 口头调度命令□　　纸质调度命令□ 命令号：________________ 邻线封锁□　　邻线限速□	
		注意线路安全，不得跨越股道；高架桥上行走时注意脚下路面石板，尽量避免踩在石板上，防止失足跌落；站台侧作业时要注意股道与站台间的空隙，紧贴车体进行作业，注意安全	
		车长到位后手动开门下车	
3	检查确认	手拉确认车钩罩无法动作→已锁闭到位	
		确认车钩罩状态→清除车钩风管上的“防尘堵(胶带)”	

续上表

序号	项目	具体内容	参考图片
3	检查确认	检查确认车钩外观各接口等部件处无杂物，其他部件外观正常	
		直接连挂时须安装车钩导向杆	
4	安装过渡车钩	若需要安装过渡车钩则准备好相应车钩模块→清除模块上的“防尘堵(胶带)”→确认无异物	
		需要安装过渡车钩但不需要安装模块4时，与被救援车组随车机械师配合将救援车的过渡车钩模块3安装于被救援车组过渡车钩模块上→旋转辅助挂钩确保辅助挂钩未超出过渡车钩界限→连接风管并确认安装良好	 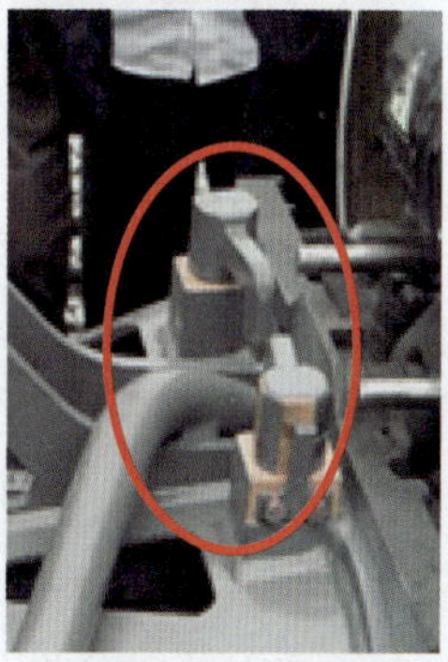
		需要安装模块4时，选择正确的辅助挂钩(较低一侧)→安装过渡车钩模块3→确认安装正确→按照侧面指示线指示安装好模块4→用插销固定→安装R型开口销→拆除防跳止挡→压装过渡车钩→确认模块3上方指针指示到位(模块4安装方向为铭牌在上)	 

续上表

序号	项目	具体内容	参考图片
5	连挂准备	检查车钩是否与被救援车组车钩在同一直线上。 若车钩与被救援车组车钩不在同一直线上且未安装过渡车钩时→确认被救援车组车钩导向杆安装到位	
6	连挂作业	在被救援车组随车机械师手信号指示下→救援车组以不高于 5 km/h 的速度进行连挂	
		连挂完毕→检查连挂状态。 安装过渡车钩时→检查模块 3 安装到位指示线已对齐	
7	试拉	检查完毕后→联控被救援动车组进行试拉	
		试拉确认没有脱钩→判断车钩连接良好→若使用模块 4 时此时须安装防跳止挡	
8	贯通风路	需要时连接两列动车组连挂端总风软管并确认连接正确	

续上表

序号	项目	具体内容	参考图片
8	贯通风路	BP 贯通时→打开连挂端运行方向右侧“BP 救援装置”裙板→打开【BP 救援】阀【BP 总风】阀→锁闭裙板	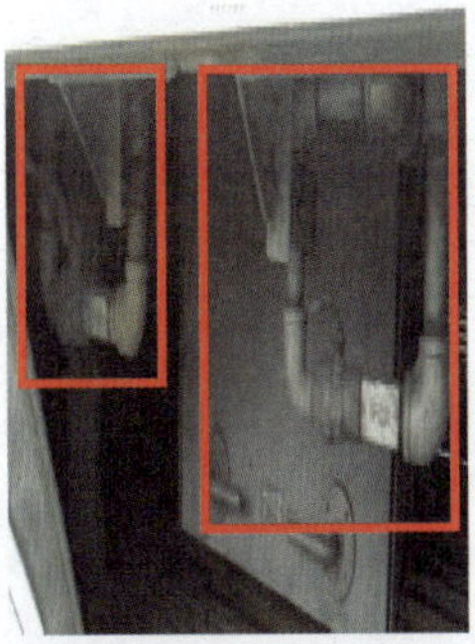
		BP+MR 贯通时→打开连挂端运行方向右侧“BP 救援装置”裙板→打开【BP 救援】阀【BP 总风】阀→锁闭裙板→打开司机室左侧设备柜→确认【MR 贯通】处于平行位	
		打开司机室配电盘→闭合【救援指令器】断路器→将【救援开关】旋至“救援”位→确认停放制动已施加→操作【停放缓解紧急】旋钮→进行紧急复位	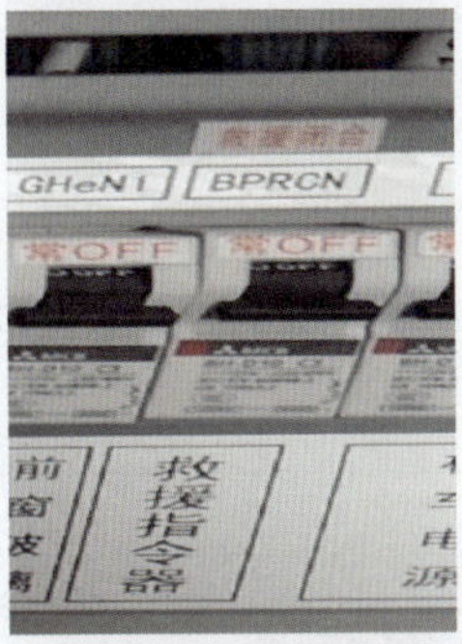 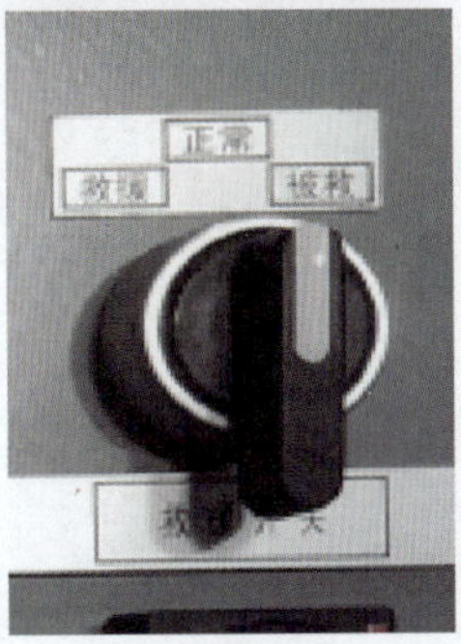
		下车确认连挂端无漏风情况	

续上表

序号	项目	具体内容	参考图片
9	制动试验	接到被救援车组连挂完毕通知→联控被救援车组开始制动试验	
		使用制动手柄施加、缓解制动→确认救援车组制动正常施加、缓解→向被救援动车组随车机械师了解制动试验时→被救援车组制动缓解、施加正常	
10	恢复现场	将车下所有工具、备品带齐上车	
		关闭车门	
		联控被救援车组缓解停放制动→恢复【停放缓解紧急】旋钮→联控被救援车组随车机械师准备动车	
11	救援运行	动车→运行途中加强盯控车组状态	
		通知司机运行途中加强盯控车组总风压力、制动管压力、列车运行状态	
12	解编作业	停车→施加停放制动并确认	
		关闭【MR 贯通】【BP 救援】【BP 总风】阀	
		拉解钩拉绳→待被救援动车组随车机械师通知可以解钩时→通知救援动车组司机动车解编	
		安装过渡车钩的情况下须拆解风管→拆下动车组过渡车钩→放回动车组规定位置(途中可搬至车厢)	
		动车组司机关闭前端罩盖	
		恢复回送时所有阀门及断路器等	

第六节　CRH3C 型动车组作为救援车

序号	项目	具体内容	参考图片
1	引导整备作业	根据被救援车组车型情况，查找动车组救援匹配表→确认两车组连挂方式→确认风路贯通方式。 连挂方式：直接连挂□　　模块 3＋1□ 　　　　　模块 3＋2□　　模块 3＋4□ 贯通方式：BP 贯通□　　BP＋MR 贯通□	
		需要安装过渡车钩时准备相应过渡车钩模块	
		车组到达 300 m 防护位置停车后→与被救援车组随车机械师联系	
		通知司机继续运行在距离动车组前方 5 m 左右停车	

续上表

序号	项目	具体内容	参考图片
2	准备工作	打开连挂端开闭机构，伸出车钩： 自动开启车钩罩： 按压操纵台【前车钩罩开】按钮开启车钩罩。 手动开启车钩罩： 下车前关闭 74-F13 断路器、确认总风风压大于 650 kPa。 用 16 mm 扳手分别按照与头罩打开方向的相反方向转动导流罩两侧解锁装置直至锁杆完全向外旋转，手拉开启车钩导流罩，将导流罩抗旋转装置蝴蝶阀板抬起，防止自动关闭	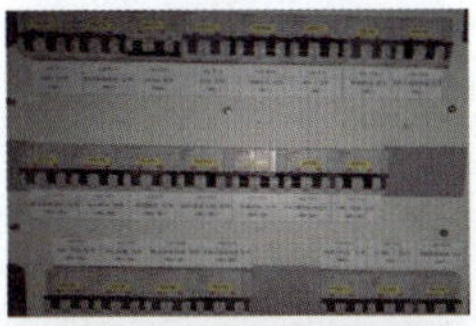 
		HMI 屏主页面→选择【系统】选项→选择【连挂】选项→确认头罩处于打开状态	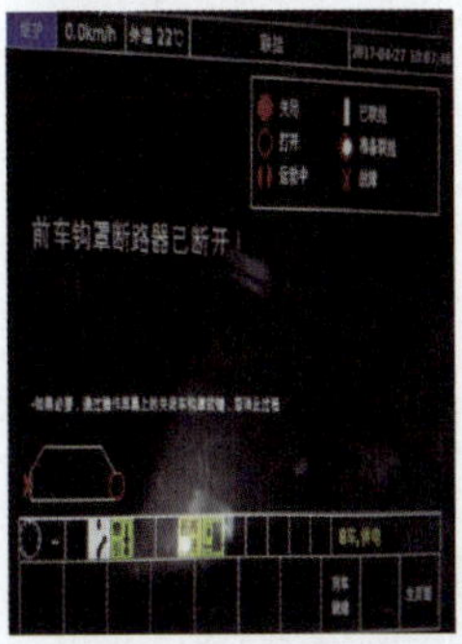
		打开司机室左侧开关柜→断开【74-F13】断路器	
		确认车组停放制动已施加	
		向司机申请下车	
		通知车长守护边门→确认调令下车	
		确认调度命令。 口头调度命令□　　纸质调度命令□ 命令号：__________ 邻线封锁□　　邻线限速□	
		注意线路安全，不得跨越股道；高架桥上行走时注意脚下路面石板，尽量避免踩在石板上，防止失足跌落；站台侧作业时要注意股道与站台间的空隙，紧贴车体进行作业，注意安全	
		车长到位后手动开门下车	
3	车钩准备	打开车辆右侧列车管截断阀小盖板→关闭列车管截断阀【Z13】→关闭并锁闭小盖板→打开车辆左侧总风管截断阀小盖板→关闭总风管截断阀【Z17】→关闭并锁闭小盖板	

续上表

序号	项目	具体内容	参考图片
3	车钩准备		
		上翻蝴蝶阀板(抗旋转杆)使导流罩开启状态锁定→手拉确认车钩罩无法动作→已锁闭到位	
		关闭车钩顶部红色对中阀(电钩控制阀)	
		检查自动车钩状态伸出到位→锁紧装置状态正常→确认车钩外观各接口等部件处无杂物,其他部件外观正常。 手动伸出车钩: 按住“V1”“V4”按钮解锁车钩锁紧装置,按“V2”按钮伸出车钩,车钩伸出后恢复“V1”“V4”,使车钩锁处于锁紧状态。 如车组因风压不足导致密接车钩无法伸出时,用以下方式手动充气:关闭 Z07/1 阀。 打开检修盖板,用手指捏住手动泵风口的连接卡死环往下压,把打气筒的风管连接嘴插入手动泵风口,松开泵风的连接卡死环。 手动泵风直至打开上下导流罩和伸出车钩。再用手指捏住手动泵风口的连接卡死环往下压后拉出打气筒的风管连接嘴	 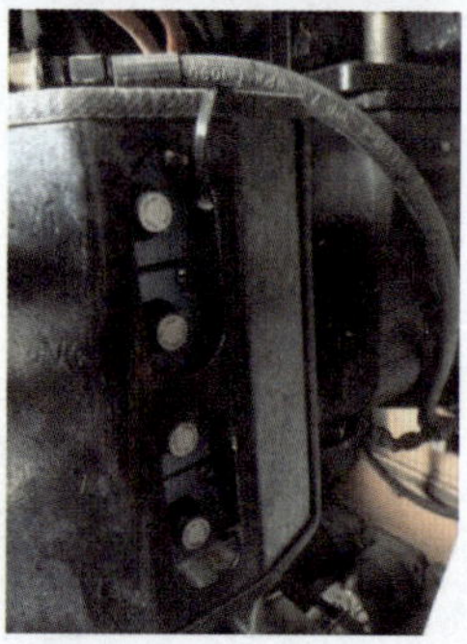

续上表

序号	项目	具体内容	参考图片
4	安装过渡车钩	若需要安装过渡车钩则准备好相应车钩模块→清除模块上的“防尘堵(胶带)”→确认无异物	
		需要安装过渡车钩但不需要安装模块 4 时，与被救援车组随车机械师配合将救援车的过渡车钩模块 3 安装于被救援车组过渡车钩模块上→旋转辅助挂钩确保辅助挂钩未超出过渡车钩界限→连接风管并确认安装良好	 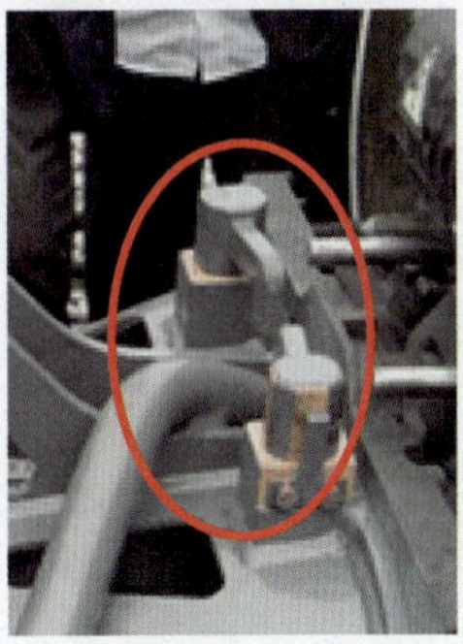
		需要安装模块 4 时，选择正确的辅助挂钩(较低一侧)→安装过渡车钩模块 3→确认安装正确→按照侧面指示线指示安装好模块 4→用插销固定→安装 R 型开口销→拆除防跳止挡→压装过渡车钩→确认模块 3 上方指针指示到位(模块 4 安装方向为铭牌在上)	

续上表

序号	项目	具体内容	参考图片
4	安装过渡车钩		
5	连挂准备	检查车钩是否在中间位置。 检查车钩是否与被救援车组车钩在同一直线上。 若车钩与被救援车组车钩不在同一直线上则需确认被救援车组车钩导向杆安装到位，根据实际情况必要时可打开车钩对中阀	
6	连挂作业	在被救援车组随车机械师手信号指示下→救援车组以不高于 5 km/h 的速度进行连挂	
		连挂完毕→检查连挂状态。 安装过渡车钩时→检查模块 3 安装到位指示线已对齐	
7	试拉	检查完毕后→通知被救援动车组准备进行试拉	
		试拉确认没有脱钩→判断车钩连接良好→若使用模块 4 时此时须安装防跳止挡	

续上表

序号	项目	具体内容	参考图片
8	贯通风路	需要时连接两列动车组连挂端总风软管并确认连接正确	
		BP 贯通时→打开列车管截断阀【Z13】	
		BP+MR 贯通时→打开列车管截断阀【Z13】→打开总风管截断阀【Z17】→锁闭小盖板	
		确认连挂端无漏风情况	
9	制动试验	打开司机室操纵台右下方 SOS 柜→打开【C14】阀→操作司机室右侧二级操纵区备用制动手柄→启用备用制动	

续上表

序号	项目	具体内容	参考图片
9	制动试验		
		被救援车组连挂完毕→联控被救援车组开始制动试验	
		使用备用制动手柄施加、缓解制动→确认救援车组制动正常施加、缓解→向被救援动车组随车机械师了解制动试验情况→被救援车组制动缓解、施加正常	
10	恢复现场	将车下所有工具、备品带齐上车	
		关闭车门	
		缓解停放制动→联控被救援车组随车机械师准备动车	
11	救援运行	动车→运行途中加强盯控车组状态	
		通知司机运行途中加强盯控车组总风压力、制动管压力、列车运行状态	
12	解编作业	停车→施加停放制动并确认	
		关闭【Z17】和【Z13】阀→确认小盖板锁闭到位	
		拉解钩拉绳→待被救援动车组随车机械师通知可以解钩时→通知救援动车组司机动车解编	
		安装过渡车钩的情况下须拆解风管→拆下动车组过渡车钩→并放回动车组规定位置(途中可搬至车厢)	
		动车组司机回收自动车钩、关闭前端罩盖	
		恢复回送时所有阀门及断路器等	

第七节　CR400AF 型动车组作为救援车

序号	项目	具体内容	参考图片
1	引导作业	根据被救援车组车型情况，查找动车组救援匹配表→确认两车组连挂方式→确认风路贯通方式。 连挂方式：直接连挂□　　模块 3+1□ 　　　　　模块 3+2□　　模块 3+4□ 贯通方式：BP 贯通□　　BP+MR 贯通□	

续上表

序号	项目	具体内容	参考图片
1	引导作业	需要安装过渡车钩时→准备相应过渡车钩模块	
		车组到达 300 m 防护位置停车后→与被救援车组随车机械师联系	
		司机继续运行在距离动车组前方 5 m 左右停车	
2	准备工作	打开连挂端开闭机构： 自动打开头罩： 打开司机室配电盘 2→闭合【联解控制】断路器。在主控端 HMI 屏【设备控制】界面选择【连挂解联】选项，操作【开始连挂】，确认【连挂准备就绪】，断开【联解控制】断路器。 强制开头罩： 打开司机室右侧边柜司机室配电盘 1 下方的连挂解联手动操作面板。将【闭锁解除】开关向上扳至“强制合”。将【电连接器解】开关向上扳至“强制合”。将【罩开】开关向上扳至“强制合”，确认前端罩盖打开。将【闭锁解除】【电连接器解】【罩开】开关向下扳动，恢复常位。断开【联解控制】断路器。 手动开头罩： 断开【联解控制】断路器。关闭司机室设备舱 1 内配管单元箱的【分割合并】蝶形阀，将压缩空气排空（蝶形阀手柄与地面平行方向为“开”，与地面垂直方向为“关”）。首先确认头罩解锁机构为单侧解锁机构（仅在二位侧设有六角解锁螺柱）或双侧解锁机构（一、二位侧各设有六角解锁螺柱）。将六角棘轮扳手（SW18）套在固定罩下方手动解锁六角螺柱上，向头罩开启方向旋转棘轮扳手，解锁头罩。（可操作完一侧后再操作另一侧）在头罩解锁状态下，由随车机械师手动推开头罩舱门。开闭机构手动开启完毕，手动推动头罩至舱门开启最大状态，头罩自动锁定后，确认头罩锁闭到位	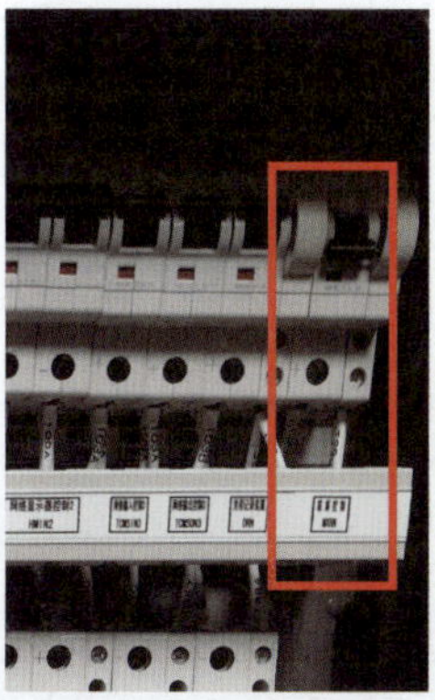
		在 HMI 屏主页面点击【设备控制】→点击【连挂解联】→确认【连挂准备就绪】已点亮	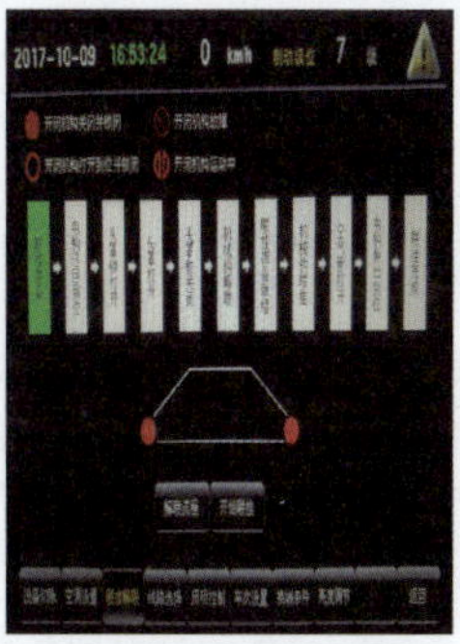
		确认头罩打开→断开【联解控制】断路器	
		向司机申请下车	
		通知车长守护边门→确认调令下车	
		确认调度命令。 口头调度命令□　　纸质调度命令□ 命令号：________________ 邻线封锁□　　邻线限速□	

续上表

序号	项目	具体内容	参考图片
2	准备工作	注意线路安全,不得跨越股道;高架桥上行走时注意脚下路面石板,尽量避免踩在石板上,防止失足跌落;站台侧作业时要注意股道与站台间的空隙,紧贴车体进行作业,注意安全	
		车长到位后手动开门下车	
3	检查确认	手拉确认车钩罩无法动作→已锁闭到位	
		确认车钩罩状态→清除车钩风管上的防尘堵(胶带)	
		检查确认车钩外观各接口等部件处无杂物,其他部件外观正常	
		直接连挂时→须安装车钩导向杆	
4	安装过渡车钩	若需要安装过渡车钩则准备好相应车钩模块→清除模块上的"防尘堵(胶带)"→确认无异物	
		需要安装过渡车钩但不需要安装模块4时,与被救援车组随车机械师配合将救援车的过渡车钩模块3安装于被救援车组过渡车钩模块上→旋转辅助挂钩确保辅助挂钩未超出过渡车钩界限→连接风管并确认安装良好	 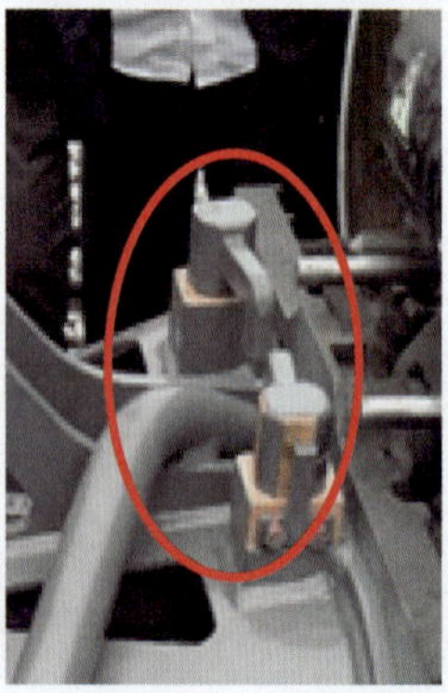

续上表

序号	项目	具体内容	参考图片
4	安装过渡车钩	需要安装模块 4 时，选择正确的辅助挂钩（较低一侧）→安装过渡车钩模块 3→确认安装正确→按照侧面指示线指示安装好模块 4→用插销固定→安装 R 型销开口销→拆除防跳止挡→压装过渡车钩→确认模块 3 上方指针指示到位（模块 4 安装方向为铭牌在上）	 
5	连挂准备	检查车钩是否与被救援车组车钩在同一直线上。 若车钩与被救援车组车钩不在同一直线上且未安装过渡车钩时应确认被救援车组车钩导向杆安装到位	
6	连挂作业	在被救援车组随车机械师手信号指示下→救援车组以不高于 5 km/h 的速度进行连挂	
		连挂完毕→检查连挂状态。 安装过渡车钩时→检查模块 3 安装到位指示线已对齐	
7	试拉	检查完毕后→联控被救援动车组准备试拉（注意：长大坡道向下坡道方向救援试拉时，应优先采取缓解制动方式试拉。具体方法为：救援动车组不施加牵引，先缓解救援动车组停放制动，再逐级缓解救援动车组常用制动，试拉完毕后立即施加最大常用制动）	

续上表

序号	项目	具体内容	参考图片
7	试拉	试拉确认没有脱钩→判断车钩连接良好→如使用模块 4 此时须安装防跳止挡	
8	贯通风路	需要时连接两列动车组连挂端总风软管并确认连接正确	
		BP+MR 贯通时→打开连挂端 2 位侧充电机裙板 BP 救援转换装置阀盖板→确认【BP 救援】【BP 救援转换装置】阀为打开位置→关闭小盖板→上车打开司机室操作台左下方设备柜→操作确认【总风】阀为打开状态→【空气管开闭器】置“开”位	
		BP 贯通时→打开连挂端 2 位侧充电机裙板 BP 救援转换装置阀盖板→确认【BP 救援】【BP 救援转换装置】阀为打开位置→关闭小盖板	

续上表

序号	项目	具体内容	参考图片
8	贯通风路		
		闭合连挂端司机室配电盘 1 内的【救援装置】断路器→打开转换开关盘 2→将【救援】旋钮旋至“救援”位	 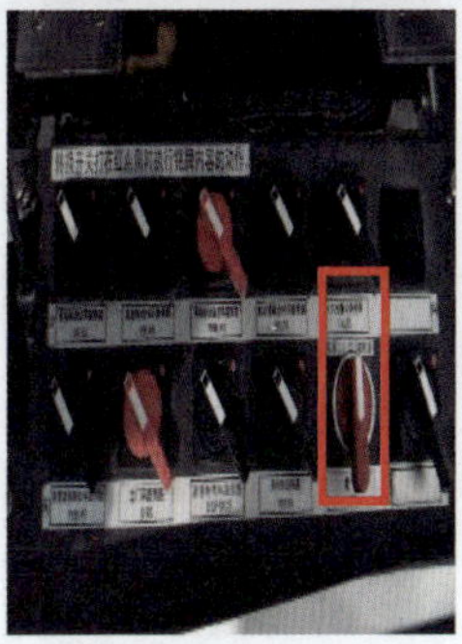
		确认连挂端无漏风情况	
9	制动试验	被救援车组连挂完毕→联控被救援车组开始制动试验	
		使用制动手柄施加、缓解制动→确认救援车组制动正常施加、缓解→向被救援动车组随车机械师了解制动试验时，被救援车组制动缓解、施加正常	
10	恢复现场	将车下所有工具、备品带齐上车	
		关闭车门	
		确认停放制动缓解→联控被救援车组准备动车	
11	救援运行	动车→运行途中加强盯控车组状态	
		通知司机运行途中加强盯控车组总风压力、制动管压力、列车运行状态	
12	解编作业	停车→施加停放制动并确认	
		关闭【BP 救援】阀	
		拉解钩拉绳→待被救援动车组随车机械师通知可以解钩时→通知救援动车组司机动车解编	

续上表

序号	项目	具体内容	参考图片
12	解编作业	安装过渡车钩的情况下须拆解风管→拆下动车组过渡车钩→并放回动车组规定位置(途中可搬至车厢)	
		动车组司机关闭前端罩盖	
		恢复回送时所有阀门及断路器等	

复习思考题

1. 以个人值乘的动车组车型为例,介绍动车组救援车的操作流程。
2. 确认调度命令下车作业需要注意哪些要点?
3. 如何进行试拉操作?
4. 进行动车组相关车型的制动试验时,需要注意哪些要点?

第五章　被动车组救援时操作流程

本章将通过动车组运用过程中一些主型动车组的被救援过程的操作，分别介绍这些被救援动车组的规范操作流程，同时尽可能地对操作中存在的风险及相关问题进行有效提示。

第一节　CRH1A 型动车组作为被救援车

序号	项目	具体内容	参考图片
1	准备工作	故障发生：区间停车 20 min、站内停车 30 min 仍无法判明故障原因或无法处置不能继续运行时，通知司机申请救援	
		通知司机保持车组处于制动施加状态	
		打开头罩，伸出车钩： 自动操作方法： 按压操纵台左上方“列车控制”区域【前盖板向上/伸出车钩】按钮→打开头罩伸出车钩。 手动操作方法： 下车前打开 Mc 车 ATP 柜，取出伸缩梯。将伸缩梯拉开并架设好(此时需通知列车长派人员协助扶梯)，使用四角钥匙打开检修罩，使用阀控制面板。确保阀的全部旋转开关在“0”位 慢慢转动阀“V5”的旋转开关至“1”位解锁下罩。慢慢转动阀“V6B”的旋转开关至“1”位，等到下罩完全打开到位后将“V6B”的旋转开关转回“0”位。慢慢转动阀“V5”的旋转开关至“0”位，锁紧下罩。慢慢转动阀“V8”的旋转开关至“1”位解锁上罩。慢慢转动阀“V7B”的旋转开关至“1”位，等到上罩完全打开后将“V7B”的旋转开关转回“0”位。慢慢转动阀“V8”的旋转开关至“0”位，锁紧上罩。收回伸缩梯，并妥善放置	
		在 IDU 主页面点击【系统】→在系统界面点击【前端】→确认头罩车钩状态	
		在 IDU 上关闭全车照明及空调； 检查：蓄电池电压为________ V 总风压________ kPa	

续上表

序号	项目	具体内容	参考图片
1	准备工作	通知司机盯控蓄电池电压 →确认蓄电池电压在 100 V 以上、总风压 700 kPa 以上。蓄电池电压低于 100 V 时立即关闭蓄电池，总风压低于 700 kPa 时通知随车机械师	
		在司机室观察线路情况。 平直道□　　斜弯道□	
		提前准备好防护信号(白天红、绿旗，夜间手信号灯)	
		询问司机车组坡道情况→若需要设置防溜时→按照规定设置防溜	
		跟司机密切联系→确认救援来车方向	
		跟司机密切联系→确认救援车组车型 救援车型：________ 车组号：________	
		根据救援车组车型情况，查找动车组救援匹配表→确认两车组连挂方式→确认风路贯通方式。 连挂方式：直接连挂□　　模块 1+3□ 贯通方式：BP 贯通□　　BP+MR 贯通□	
		确认“蓄电池电压”不低于 100 V→将连挂端司机室左后方 C. K1 柜内的【DSD】旋钮旋至“旁路”位→将【ATP】旋钮旋至“切除”位→将【救援】旋钮旋至“回送”位	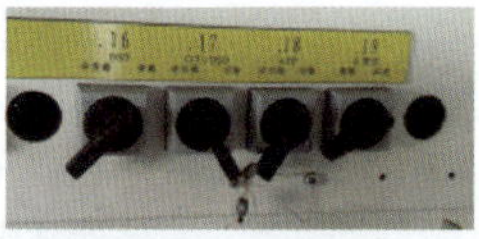
		确认司机室右后方 C. K2 柜下方各阀门应开启	
		检查：蓄电池电压为________ V 　　总风压________ kPa 确认受电弓已降下→关闭蓄电池	
		向司机申请调度命令下车	

续上表

序号	项目	具体内容	参考图片
2	请令下车	带好防护信号→通知车长防护车门	
		确认调度命令。 口头调度命令□　　纸质调度命令□ 命令号：________________ 邻线封锁□　　邻线限速□	
3	检查确认	注意线路安全，不得跨越股道；高架桥上行走时注意脚下路面石板，尽量避免踩在石板上，防止失足跌落；站台侧作业时要注意股道与站台间的空隙，紧贴车体进行作业，注意安全	
		车长到位后手动开门下车	
		下车确认动车组所有受电弓均处于降弓状态	
		救援连挂端开闭机构处于全开锁闭状态→手拉确认车钩罩无法动作→已锁闭到位→确认密接车钩处于伸出状态	
		清除车钩风管上的防尘堵（胶带）→确认自动车钩伸出状态。 车钩没有正常伸出时，进行手动伸出。 自动车钩手动操作方法： 下车前打开 Mc 车 ATP 柜，取出伸缩梯。将伸缩梯拉开并架设好（此时需通知列车长派人员协助扶梯），使用四角钥匙打开检修罩，使用阀控制面板。确保阀的全部旋转开关在“0”位。慢慢转动阀“V3”的旋转开关至“1”位，解锁自动车钩钩体。慢慢转动阀“V2（790 型）或 V2B（799、803 型）”的旋转开关至“1”位，伸出车钩，直至锁定装置连接后将“V2（790 型）或 V2B（799、803 型）”的旋转开关转回“0”位。慢慢转动阀“V3”的旋转开关至“0”位，锁定自动车钩钩体。 如车组因风压不足导致密接车钩无法伸出时，用以下方式手动充气：打开检修盖板，用手指捏住手动泵风口的连接卡死环往下压，把打气筒的风管连接嘴插入手动泵风口，松开泵风的连接卡死环。 手动泵风直至打开上下导流罩和伸出车钩。再用手指捏住手动泵风口的连接卡死环往下压后拉出打气筒的风管连接嘴。 收回伸缩梯，并妥善放置	
		操作确认电气钩头截断阀在关闭位置	
4	安装过渡车钩	准备好过渡车钩模块 1→清除模块上的防尘堵（胶带）→确认无异物	

续上表

序号	项目	具体内容	参考图片
4	安装过渡车钩	旋转辅助挂钩→安装过渡车钩模块 1→确认安装正确→待救援车组到达被救援动车组 5 m 处后与救援车组随车机械师配合将救援车的过渡车钩模块安装在过渡车钩模块 1 上→旋转救援车组过渡车钩模块辅助挂钩确保该辅助挂钩未超出过渡车钩界限→连接风管并确认安装良好	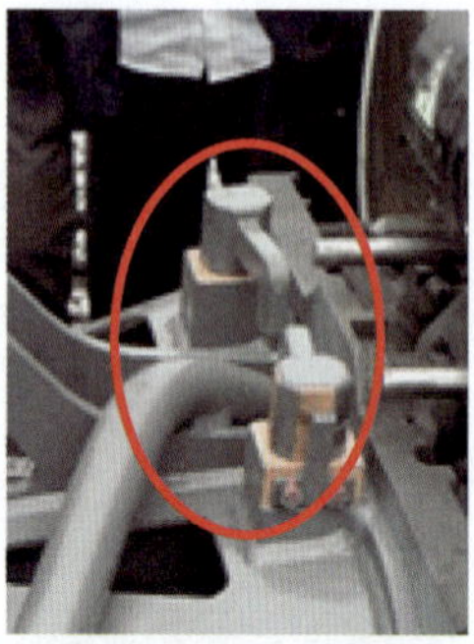 
5	制动切除	车组蓄电池电压低无法继续供电时； 车组无风源导致风压无法满足缓解停放制动或会触发紧急制动时； 车组存在其他故障需要切除制动时	
6	引导作业	前往救援动车组来车方向 300 m 外处做好防护	
		救援车组到达防护位置停车后→并与救援车组随车机械师联系通知司机在距离动车组前方 5 m 左右停车	
7	连挂准备	检查车钩是否与救援车组车钩在同一直线上。 若车钩与救援车组车钩不在同一直线上且未安装过渡车钩时→确认救援车组车钩导向杆安装到位	
8	连挂作业	给出连挂信号	
		手信号指示救援车组→不高于 5 km/h 的速度连挂	
		连挂完毕→检查连挂状态	
9	试拉	检查完毕→通知救援动车组进行试拉	
		试拉→确认没有脱钩→判断车钩连接良好	
10	贯通风路	BP 贯通时→操作确认【列车管截断阀】处于打开状态	

续上表

序号	项目	具体内容	参考图片
10	贯通风路	BP+MR 贯通时→操作确认【列车管截断阀】处于打开状态→操作确认【总风管截断阀】处于打开状态	
11	制动试验	开启被救援车组蓄电池→主控占用→确认停放制动已施加→手柄置于缓解位(0 位)→在 IDU 制动界面上确认制动状态	
		下车→确认连挂端无漏风情况	
		上车→联控救援动车组司机连挂完毕→开始制动试验	
		联控动车组司机施加制动→得到回复→确认动车组制动施加正常	
		联控动车组司机缓解制动→得到回复→确认动车组制动缓解正常→联控动车组司机制动试验完毕	
12	恢复现场	若车组已设置防溜时，须撤除防溜	
		将车下所有工具、备品带齐上车	
		关闭车门→确认停放制动缓解→通知司机联控救援车组司机可以动车	
13	救援运行	动车→运行途中加强盯控车组状态	
		通知司机运行途中加强盯控车组总风压力、蓄电池电压、列车运行状态 风压>530 kPa　　电压>97 V	
14	解编作业	停车→施加停放制动或设置防溜并确认	
		关闭【列车管截断阀】	
		通知救援动车组随车机械师拉救援车连挂端的解钩拉绳→通知救援动车组动车解编	
		安装过渡车钩的情况下须拆解风管、拆下动车组过渡车钩→并放回动车组规定位置(途中可搬至车厢)	
		动车组司机回收自动车钩、关闭前端罩盖	
		恢复回送时所有阀门及断路器等	

第二节　CRH1A-A 型动车组作为被救援车

序号	项目	具体内容	参考图片
1	准备工作	故障发生：区间停车 20 min、站内停车 30 min 仍无法判明故障原因或无法处置不能继续运行时，通知司机申请救援	

续上表

序号	项目	具体内容	参考图片
1	准备工作	通知司机保持车组处于制动施加状态	
		打开开闭机构： 自动操作方法： 按压操纵台左上方“列车控制”区域【开关前舱门】按钮→打开头罩。 手动操作方法： 利用四角钥匙打开连挂端司机室（需打开开闭机构的司机室）左侧开闭机构控制阀组的小盖板。（查看盖板背后有具体的操作说明） 确认阀板的供风阀的“S1”和“S11”在“开/ON”位。 执行一次关闭命令：目测左右舱门处于完全关闭状态，并点按按钮“V2”和“V4”执行一次关闭命令。 按照解锁—打开—锁闭的顺序打开右侧舱门： 解锁：点按电磁阀“V8”外部红色按钮，解锁关闭状态下的右侧舱门。 打开：点按按钮“V3”，打开右侧舱门。 锁闭：点按按钮“V7”，锁闭打开状态下的右侧舱门。 按照解锁—打开—锁闭的顺序打开左侧舱门： 解锁：点按电磁阀“V6”外部红色按钮，解锁关闭状态下的左侧舱门。 打开：点按按钮“V1”，打开左侧舱门。 锁闭：点按按钮“V5”，锁闭打开状态下的左侧舱门。 确认左右舱门处于完全打开和安全锁闭位置	
		在 IDU 主页面点击【系统】→在系统界面点击【前部】→确认头罩状态	
		在 IDU 上关闭全车照明及空调。 检查：蓄电池电压为________ V 总风压________ kPa	
		通知司机盯控蓄电池电压→确认蓄电池电压在 100 V 以上、总风压 700 kPa 以上。蓄电池电压低于 100 V 时立即关闭蓄电池，总风压低于 700 kPa 时通知随车机械师	
		在司机室观察线路情况。 平直道□　　斜弯道□	
		提前准备好防护信号（白天红、绿旗，夜间手信号灯）	

续上表

序号	项目	具体内容	参考图片
1	准备工作	询问司机车组坡道情况→若需要设置防溜时→按照规定设置防溜	
		跟司机密切联系→确认救援车组来车方向	
		跟司机密切联系→确认救援车组车型。 救援车型：________ 车组号：________	
		根据救援车组车型情况，查找动车组救援匹配表→确认两车组连挂方式→确认风路贯通方式。 连挂方式：直接连挂□　模块 3+1□ 模块 3+2□ 贯通方式：BP 贯通□　BP+MR 贯通□ MR 贯通□	
		将连挂端司机室左后方 15.K1 柜内的【DSD】旋钮旋至“DSD 旁路”位→将【ATP】旋钮旋至“ATP 隔离”位→将【救援】旋钮旋至“回送”位→主控手柄置最大常用制动位	
		检查：蓄电池电压为________ V 总风压________ kPa 确认受电弓已降下→关闭蓄电池	
		向司机申请调度命令下车	
2	请令下车	带好防护信号下车→通知车长防护车门	
		确认调度命令。 口头调度命令□　纸质调度命令□ 命令号：____________ 邻线封锁□　邻线限速□	
3	检查确认	注意线路安全，不得跨越股道；高架桥上行走时注意脚下路面石板，尽量避免踩在石板上，防止失足跌落；站台侧作业时要注意股道与站台间的空隙，紧贴车体进行作业，注意安全	
		车长到位后手动开门下车	
		下车→确认动车组所有受电弓均处于降弓状态	
		手拉确认车钩罩无法动作→已锁闭到位	
		清除车钩风管上的防尘堵(胶带)	
		操作确认电气钩头截断阀在关闭位置	

续上表

序号	项目	具体内容	参考图片
4	安装过渡车钩	若需要安装过渡车钩则将准备好过渡车钩模块 3→清除模块上的防尘堵(胶带)→确认无异物	
		选择正确的辅助挂钩(较低一侧)→安装过渡车钩模块 3→确认安装正确→待救援车组到达被救援动车组 5 m 处后与救援车组随车机械师配合将救援车的过渡车钩模块安装在过渡车钩模块 3 上→旋转救援车组过渡车钩模块辅助挂钩确保该辅助挂钩未超出过渡车钩界限→连接风管并确认安装良好	
5	制动切除	车组蓄电池电压低无法继续供电时； 车组无风源导致风压无法满足缓解停放制动或会触发紧急制动时； 车组存在其他故障需要切除制动时	
6	引导作业	前往救援动车组来车方向 300 m 外处做好防护	
		救援车组到达防护位置停车后→并与救援车组随车机械师联系通知司机在距离动车组前方 5 m 左右停车	
7	连挂准备	检查车钩是否与救援车组车钩在同一直线上。 若车钩与救援车组车钩不在同一直线上且未安装过渡车钩时→确认救援车组车钩导向杆安装到位	
8	连挂作业	给出连挂信号	
		手信号指示救援车组→不高于 5 km/h 的速度连挂	
		连挂完毕→检查连挂状态	

续上表

序号	项目	具体内容	参考图片
9	试拉	检查完毕→通知救援动车组进行试拉	
		试拉→确认没有脱钩→判断车钩连接良好	
10	贯通风路	需要时连接两列动车组连挂端总风软管并确认连接正确	
		BP 贯通时→操作确认【列车管截断阀】处于打开状态	
		BP+MR 贯通时→操作确认【列车管截断阀】处于打开状态→操作确认【总风管截断阀】处于打开状态	
		MR 贯通时→操作确认【总风管截断阀】处于打开状态	
11	制动试验	开启被救援车组蓄电池→主控占用→手柄置于缓解位（0 位）→在 IDU 制动界面上确认制动状态	
		下车→确认连挂端无漏风情况	
		上车→联控救援动车组司机连挂完毕→开始制动试验	
		联控动车组司机施加制动→得到回复→确认动车组制动施加正常	
		联控动车组司机缓解制动→得到回复→确认动车组制动缓解正常→联控动车组司机制动试验完毕	
12	恢复现场	若车组已设置防溜时，须撤除防溜	
		将车下所有工具、备品带齐上车	
		关闭车门→确认停放制动缓解→通知司机联控救援车组司机可以动车	
13	救援运行	动车→运行途中加强盯控车组状态	
		通知司机运行途中加强盯控车组总风压力、蓄电池电压、列车运行状态。 风压＞530 kPa　　电压＞97 V	

续上表

序号	项目	具体内容	参考图片
14	解编作业	停车→恢复连挂端【救援】旋钮至“0”位→施加停放制动或设置防溜并确认	
		关闭【列车管截断阀】	
		通知救援动车组随车机械师拉救援车连挂端的解钩拉绳→通知救援动车组动车解编	
		安装过渡车钩的情况下须拆解风管、拆下动车组过渡车钩→并放回动车组规定位置(途中可搬至车厢)	
		动车组司机关闭前端罩盖	
		恢复回送时所有阀门及断路器等	

第三节　CRH2E 非统型动车组作为被救援车

序号	项目	具体内容	参考图片
1	准备工作	故障发生:区间停车 20 min、站内停车 30 min 仍无法判明故障原因或无法处置不能继续运行时,通知司机申请救援	
		通知司机保持车组处于制动施加状态	
		打开开闭机构: 自动开启头罩: 打开司机室左后方配电盘→闭合【联解控制】断路器→打开司机室右侧车钩控制柜→将 SA2 打到“开头罩”→“头罩开(红)”灯亮→“头罩被锁(黄)”灯亮→确认头罩开到位后→把 SA2 回到中间位→打开开闭机构。 手动开启头罩: 断开司机室设备舱 1 内左侧墙右上角【分隔　合并】阀,进入设备舱 2 内用四角钥匙或其他硬物按压车钩上方【头罩锁】,由其他人员在车下配合机械师开启导流罩至打开并锁闭位	
		在 MON 屏上确认【连接头罩信息】界面 →仅【打开头罩】显绿	

续上表

序号	项目	具体内容	参考图片
1	准备工作	确认头罩打开→断开【联解控制】断路器	
		检查：蓄电池电压为________ V 总风压________ kPa	
		通知司机盯控蓄电池电压→确认蓄电池电压在 87 V 以上、总风压 700 kPa 以上。蓄电池电压低于 87 V 时立即拔取主控钥匙以断开蓄电池，总风压低于 700 kPa 时通知随车机械师	
		询问司机车组坡道情况→向司机申请下车设置防溜→准备防溜备品	
		打开救援连挂端司机室右后方总配电盘→【警惕报警隔离】开关旋至"隔离"位	
		打开救援连挂端司机室右后方总配电盘→闭合【救援转换装置】断路器	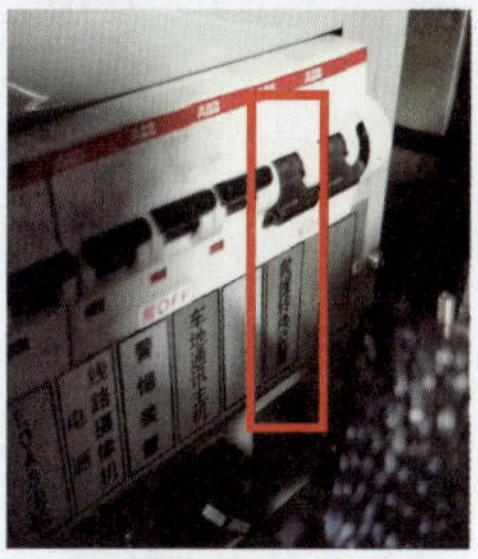
		仅 BP 贯通时→打开两端司机室转换开关盘 1→操作【救援转换集控隔离开关】	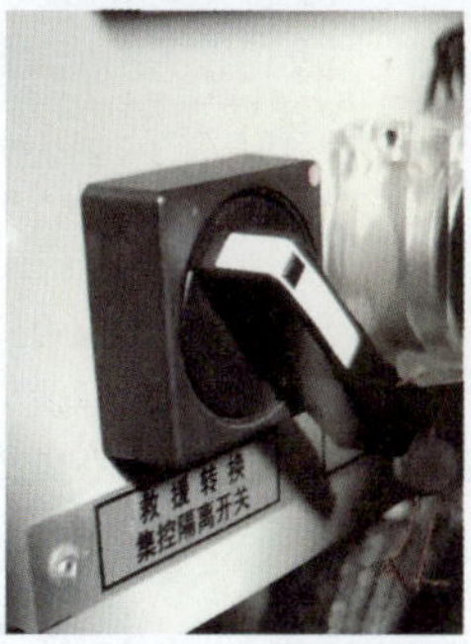

续上表

序号	项目	具体内容	参考图片
1	准备工作	打开救援连挂端 ATP 柜→隔离 ATP/LKJ→确认 ATP 屏点亮，且屏幕显示“隔离”→若 ATP 黑屏则确认 MON 屏配电盘信息 EBR 未变绿	 
		在司机室观察线路情况。 平直道□　　斜弯道□	
		确认车组施加最大常用制动	
		跟司机密切联系→确认救援来车方向	
		跟司机密切联系→确认救援车组车型。 救援车型：________ 车组号：________	
		根据救援车组车型情况，查找动车组救援匹配表→确认两车组连挂方式→确认风路贯通方式。 连挂方式：直接连挂□　　模块 2+1□ 　　　　　模块 2+3□ 贯通方式：BP 贯通□　　MR 贯通□	
		切除非关键负载→断开【室内灯 1】【室内灯 2】【室内灯 3】【集便器控制】【车内显示器】【电茶炉控制】【3C】【弓网环境监测】【影视控制】	

续上表

序号	项目	具体内容	参考图片
1	准备工作	检查：蓄电池电压为________ V 总风压________ kPa 确认受电弓已降下→拔取主控	
		提前准备好防护信号（白天红、绿旗，夜间手信号灯）	
2	请令下车	带好防护信号→通知车长防护车门	
		确认调度命令。 口头调度命令□　　纸质调度命令□ 命令号：________________ 邻线封锁□　　邻线限速□	
3	检查确认	注意线路安全，不得跨越股道；高架桥上行走时注意脚下路面石板，尽量避免踩在石板上，防止失足跌落；站台侧作业时要注意股道与站台间的空隙，紧贴车体进行作业，注意安全	
		车长到位后手动开门下车	
		按照规定设置防溜	
		下车确认动车组所有受电弓均处于降弓状态	
		手拉确认车钩罩无法动作→已锁闭到位	
		清除车钩风管上的“防尘堵（胶带）”→确认两端车钩罩状态	
		检查确认车钩外观各接口等部件处无杂物，其他部件外观正常	
		BP 贯通时→确认头罩内右侧的【救援回送 BP】阀处于关闭状态→安装使用 BP 软管→确认安装良好且接口无异物	
		使用模块 2+3 且 MR 贯通时→确认头罩内右侧的【回送 MR】阀处于关闭状态→安装使用 MR 软管→确认安装良好且接口无异物	
4	安装过渡车钩	安装过渡车钩→准备好过渡车钩模块 2→清除模块上的防尘堵（胶带）→确认无异物	

续上表

序号	项目	具体内容	参考图片
4	安装过渡车钩	安装过渡车钩模块 2→确认安装正确并拍照确认→待救援车组到达被救援动车组 5 m 处后与救援车组随车机械师配合将救援车的过渡车钩模块安装在过渡车钩模块 2 上→旋转救援车组过渡车钩模块辅助挂钩确保该辅助挂钩未超出过渡车钩界限→确认安装良好	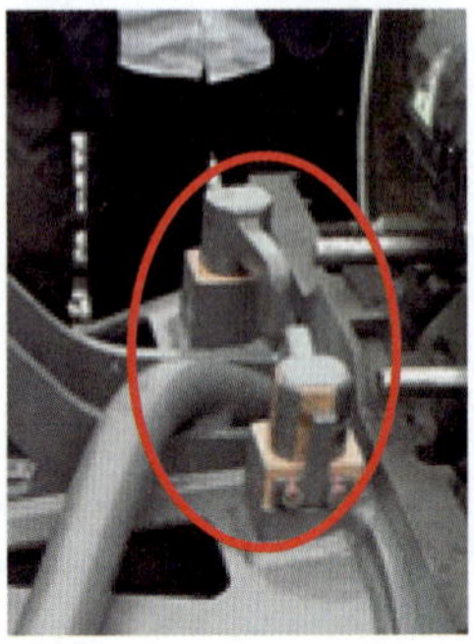
5	制动切除	车组蓄电池电压低无法继续供电时； 车组无风源导致风压低触发紧急制动时； 车组存在其他故障需要切除制动时	
6	引导作业	前往救援动车组来车方向 300 m 外处做好防护	
		救援车组到达防护位置停车后→并与救援车组随车机械师联系通知司机在距离动车组前方 5 m 左右停车	
7	连挂准备	检查车钩是否与救援车组车钩在同一直线上。 若车钩与救援车组车钩不在同一直线上且未安装过渡车钩时→确认救援车组车钩导向杆安装到位	
8	连挂作业	给出连挂信号	
		手信号指示救援动车组→以不高于 5 km/h 的速度进行连挂	
		连挂完毕→检查连挂状态	
9	试拉	检查完毕→通知救援动车组进行试拉(注意：长大坡道向下坡道方向救援试拉时，应优先采取缓解制动方式试拉。具体方法为：救援动车组不施加牵引，先缓解救援动车组停放制动，再逐级缓解救援动车组常用制动，试拉完毕后立即施加最大常用制动)	
		试拉→确认没有脱钩→判断车钩连接良好	
10	贯通风路	BP 贯通时→连接两列动车组连挂端列车软管→操作确认【救援回送 BP】阀处于打开状态→上车钻入司机室设备舱 1→钻入司机室设备舱 2→打开【救援旁通断】阀→确认总风压力达到 600 kPa 后将【救援旁通断】阀关闭→打开【救援断】阀→返回司机室，关闭各设备舱门	

续上表

序号	项目	具体内容	参考图片
10	贯通风路		 
		MR 贯通且使用模块 2+3 时→连接 MR 软管→打开【回送 MR】阀	
		MR 贯通且直接连挂时→上车操作确认【MR 贯通】【总风缸】阀处于打开状态	  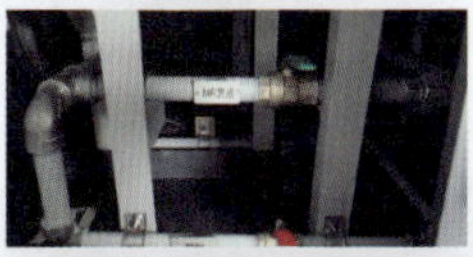 

续上表

序号	项目	具体内容	参考图片
10	贯通风路	若使用32芯线控制被救援车制动→安装前确认两组车均要断电降弓→拔出主控→连挂端司机室“救援手柄”打至“救援”位置→断开司机室右后方总配电盘内【救援转换装置】断路器	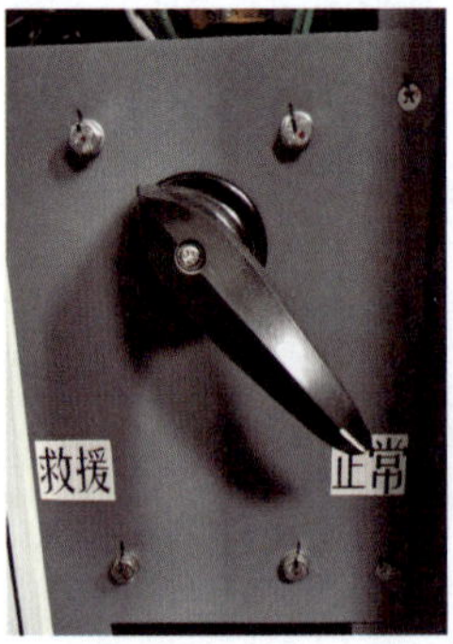
11	制动试验	通知司机投入主控→通过MON屏确认总风正常→进行紧急复位→确认紧急制动缓解正常→将手柄置于运行位	
		下车→确认连挂端无漏风情况	
		上车→联控救援动车组司机连挂完毕→开始制动试验	
		联控动车组司机施加制动→得到回复→确认动车组制动施加正常	
		联控动车组司机缓解制动→得到回复→确认动车组制动缓解正常→联控动车组司机制动试验完毕	
12	恢复现场	确认车组制动已施加→撤除防溜	
		通知机械师将车下所有工具、备品带齐上车	
		关闭车门→通知司机联控救援车组司机可以动车	
13	救援运行	动车→运行途中加强盯控车组状态	
		通知司机运行途中加强盯控车组总风压力、蓄电池电压、列车运行状态。 风压>530 kPa　电压>84 V	
14	解编作业	停车→确认车组制动已施加→设置防溜并确认	
		关闭【MR贯通】【救援回送BP】【救援断】阀	
		被CRH2系列非统型动车组救援使用32芯线连接时→断电降弓→拔主控恢复两组车的救援手柄置正常位→再将救援用32芯线摘解	
		通知救援动车组随车机械师拉救援车连挂端的解钩拉绳→通知救援动车组动车解编	
		安装过渡车钩时→通知救援动车组随车机械师拉救援车连挂端的解钩拉绳→通知救援动车组动车解编	
		安装过渡车钩的情况下须拆解风管→拆下动车组过渡车钩→并放回动车组规定位置(途中可搬至车厢)	
		动车组司机关闭前端罩盖	
		恢复回送时所有阀门及断路器等	

第四节　CRH2E 统型动车组作为被救援车

序号	项目	具体内容	参考图片
1	准备工作	故障发生：区间停车 20 min、站内停车 30 min 仍无法判明故障原因或无法处置不能继续运行时，通知司机申请救援	
		通知司机保持车组处于制动施加状态	
		打开开闭机构： 自动打开头罩：打开司机室配电盘→确认【联解分控】(或【联解控制】)断路器闭合→打开司机室右侧车钩控制柜→将 SA2 打到"开头罩"→"头罩开(红)"灯亮→"头罩被锁(黄)"灯亮→确认头罩开到位后→把 SA2 回到中间位→打开开闭机构。 手动打开头罩：断开司机室设备舱 1 内左侧墙右上角【分隔　合并】(或【分并总】)阀，进入设备舱 2 内用四角或其他硬物按压车钩上方【头罩锁】，由其他人员在车下配合机械师开启导流罩至打开并锁闭位	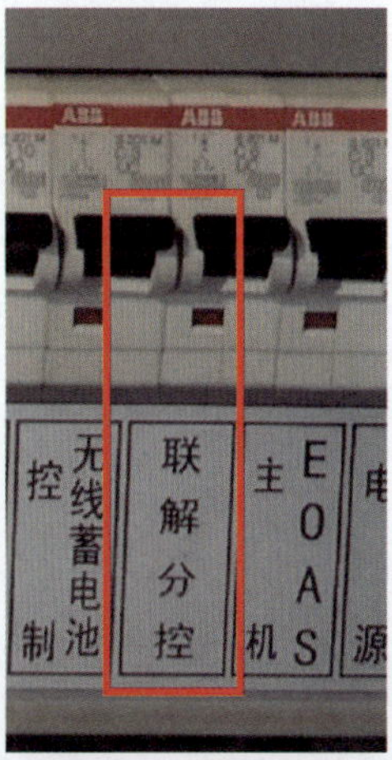
		在 MON 屏上确认【连接头罩信息】界面 →仅【打开头罩】显绿	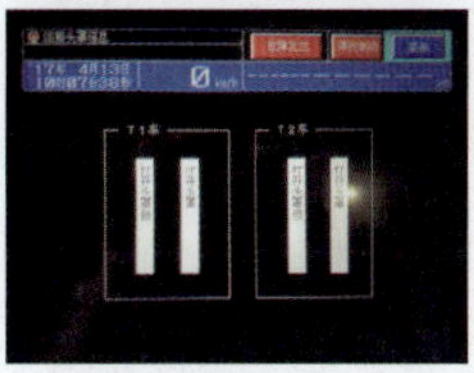
		确认头罩打开→断开【联解分控】(或【联解控制】)断路器	
		检查：蓄电池电压为________ V 总风压________ kPa	
		通知司机盯控蓄电池电压→确认蓄电池电压在 87 V 以上、总风压 700 kPa 以上。蓄电池电压低于 87 V 时立即拔取主控，总风压低于 700 kPa 时通知随车机械师	
		打开救援连挂端司机室转换开关盘 1→【警惕报警隔离】开关旋至"隔离"位	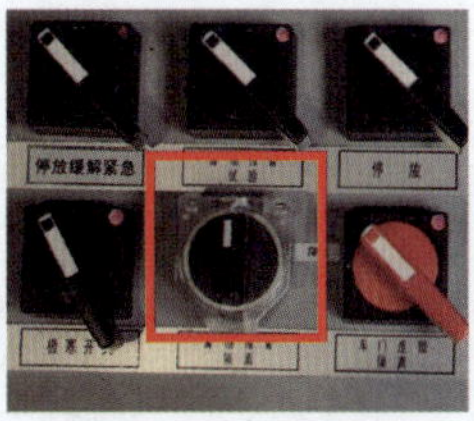

续上表

序号	项目	具体内容	参考图片
1	准备工作	打开救援连挂端司机室配电盘→闭合【救援转换装置】断路器	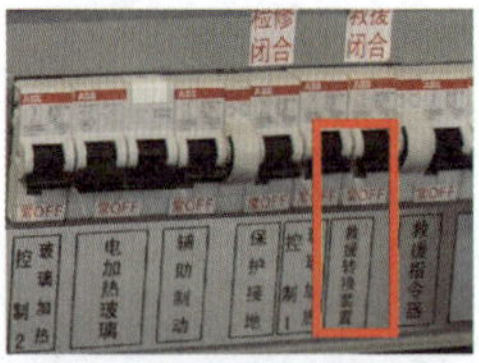
		仅 BP 贯通时→打开两端司机室转换开关盘 1→操作【救援转换集控隔离开关】置于红点位	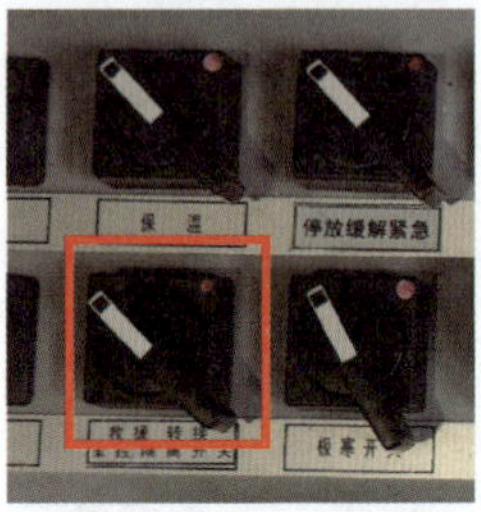
		打开救援连挂端 ATP 柜→隔离 ATP/LKJ→确认 ATP 屏点亮，且屏幕显示“隔离”→若 ATP 黑屏则确认 MON 屏配电盘信息 EBR 未变绿	 
		在司机室观察线路情况。 平直道□　　斜弯道□	

续上表

序号	项目	具体内容	参考图片
1	准备工作	确认车组停放制动已施加	
		询问司机车组坡道情况→若需要设置防溜时→按照规定设置防溜	
		跟司机密切联系→确认救援来车方向	
		跟司机密切联系→确认救援车组车型 救援车型：________ 车组号：________	
		根据救援车组车型情况，查找动车组救援匹配表→确认两车组连挂方式→确认风路贯通方式。 连挂方式：直接连挂□　　模块 3+1□ 　　　　　模块 3+2□ 贯通方式：BP 贯通□　　MR 贯通□ 　　　　　BP+MR 贯通□	
		切除非关键负载→断开【室内灯 1】【室内灯 2】【室内灯 3】【集便器控制】【车内显示器】【电茶炉控制】【3C】【弓网环境监测】【影视控制】	
		检查：蓄电池电压为________V 　　　总风压________kPa 确认受电弓已降下→拔取主控	
		提前准备好防护信号（白天红、绿旗，夜间手信号灯）	
		向司机申请调度命令下车	
2	请令下车	带好防护信号→通知车长防护车门	
		确认调度命令。 口头调度命令□　　纸质调度命令□ 命令号：____________ 邻线封锁□　　邻线限速□	
3	检查确认	注意线路安全，不得跨越股道；高架桥上行走时注意脚下路面石板，尽量避免踩在石板上，防止失足跌落；站台侧作业时要注意股道与站台间的空隙，紧贴车体进行作业，注意安全	
		车长到位后手动开门下车	
		下车确认动车组所有受电弓均处于降弓状态	
		手拉确认车钩罩无法动作→已锁闭到位	
		清除车钩风管上的“防尘堵（胶带）”→确认两端车钩罩状态	
		直接连挂时→须安装车钩导向杆	
		检查确认车钩外观各接口等部件处无杂物→其他部件外观正常	

续上表

序号	项目	具体内容	参考图片
4	安装过渡车钩	若需要安装过渡车钩→准备好过渡车钩模块 3→清除模块上的“防尘堵(胶带)”→确认无异物	
		选择正确的辅助挂钩(较低一侧)→安装过渡车钩模块 3→确认安装正确→待救援车组到达被救援动车组 5 m 处后与救援车组随车机械师配合将救援车的过渡车钩模块安装在过渡车钩模块 3 上→旋转救援车组过渡车钩模块辅助挂钩确保该辅助挂钩未超出过渡车钩界限→连接风管并确认安装良好	  
5	制动切除	车组蓄电池电压低无法继续供电时； 车组无风源导致风压无法满足缓解停放制动或会触发紧急制动时； 车组存在其他故障需要切除制动时	
6	引导作业	前往救援动车组来车方向 300 m 外处做好防护	
		救援车组到达防护位置停车后→并与救援车组随车机械师联系通知司机在距离动车组前方 5 m 左右停车	
7	连挂准备	检查车钩是否与救援车组车钩在同一直线上。 若车钩与救援车组车钩不在同一直线上且未安装过渡车钩时→确认救援车组车钩导向杆安装到位	
8	连挂作业	给出连挂信号	
		手信号指示救援动车组→以不高于 5 km/h 的速度进行连挂	

续上表

序号	项目	具体内容	参考图片
8	连挂作业	连挂完毕→检查连挂状态	
9	试拉	检查完毕→通知救援动车组进行试拉	
		试拉→确认没有脱钩→判断车钩连接良好	
10	贯通风路	需要时连接两列动车组连挂端总风软管并确认连接正确	
		BP贯通时→上车钻入司机室设备舱1→钻入司机室设备舱2→打开靠头罩内墙下部的【BP】阀→打开【救援旁通断】阀→确认总风压力达到600 kPa后将【救援旁通断】阀关闭→打开【救援断】阀→返回司机室,关闭各设备舱门	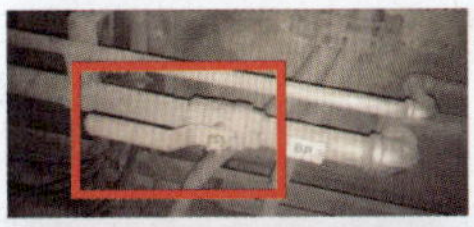
		BP+MR贯通时→钻入司机室设备舱1→钻入司机室设备舱2→打开靠头罩内墙下部的【BP】阀→打开救援端设备舱内【被救援MR通】→确认【救援MR通】处于截断状态→返回司机室,关闭各设备舱门	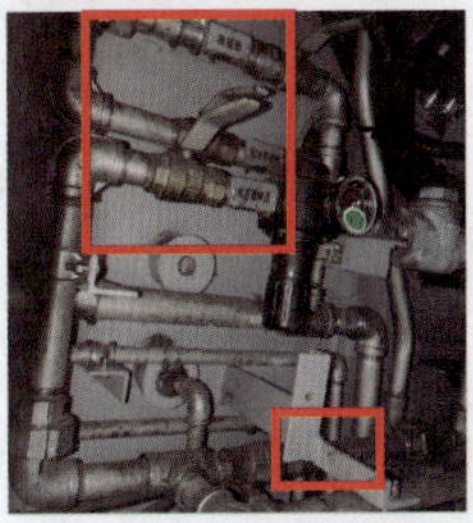
		MR贯通时→钻入司机室设备舱1→钻入司机室设备舱2→打开救援端设备舱内【被救援MR通】→返回司机室,关闭各设备舱门	
		若使用32芯线控制被救援车制动→安装前确认两组车均要断电降弓→拔出主控→连挂端司机室“救援手柄”要打至“救援”位置→断开司机室配电盘内【救援转换装置】断路器	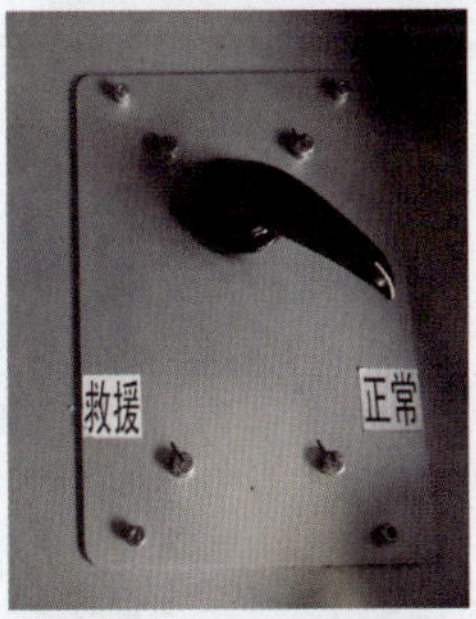 救援 正常
11	制动试验	通知司机投入主控→通过MON屏确认总风正常→确认停放制动已施加→操作转换开关盘1【停放缓解紧急】旋钮→进行紧急复位→确认紧急制动缓解正常→将手柄置于运行位	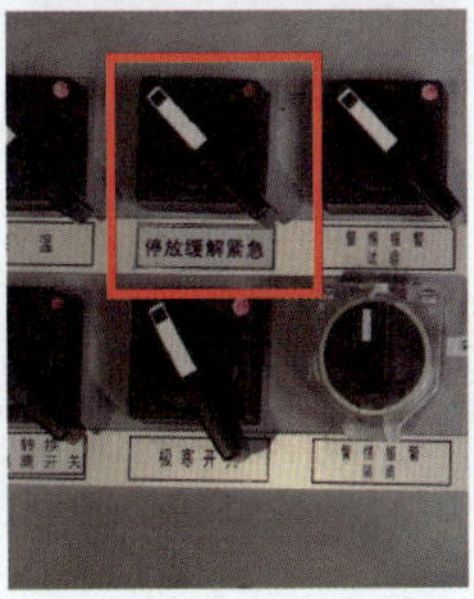 停放缓解紧急

续上表

序号	项目	具体内容	参考图片
11	制动试验	在 MON 屏上列车员菜单点击【服务设备控制】→【空调】→确认全列空调属于停机模式	
		下车→确认连挂端无漏风情况	
		上车→联控救援动车组司机连挂完毕→开始制动试验	
		联控动车组司机施加制动→得到回复→确认动车组制动施加正常	
		联控救援车组司机缓解制动→得到回复→确认动车组制动缓解正常→联控救援车组司机制动试验完毕	
12	恢复现场	若车组已设置防溜时,须撤除防溜	
		将车下所有工具、备品带齐上车	
		关闭车门→确认缓解停放制动→恢复【停放缓解紧急】旋钮→通知司机联控救援车组司机可以动车	
13	救援运行	动车→运行途中加强盯控车组状态	
		通知司机运行途中加强盯控车组总风压力、蓄电池电压、列车运行状态。 风压＞530 kPa　　电压＞84 V	
14	解编作业	停车→施加停放制动或设置防溜并确认	
		关闭【BP 救援】阀	
		使用 32 芯线连接时→断电降弓→拔主控恢复两组车的救援手柄置正常位→再将救援用 32 芯线摘解	
		通知救援动车组随车机械师拉救援车连挂端的解钩拉绳→通知救援动车组动车解编	
		安装过渡车钩时→通知救援动车组随车机械师拉救援车连挂端的解钩拉绳→通知救援动车组动车解编	
		安装过渡车钩的情况下须拆解风管→拆下动车组过渡车钩→并放回动车组规定位置(途中可搬至车厢)	
		动车组司机关闭前端罩盖	
		恢复回送时所有阀门及断路器等	

第五节　CRH6A 非统型动车组作为被救援车

序号	项目	具体内容	参考图片
1	准备工作	故障发生:区间停车 20 min、站内停车 30 min 仍无法判明故障原因或无法处置不能继续运行时,通知司机申请救援	

续上表

序号	项目	具体内容	参考图片
1	准备工作	通知司机保持车组处于制动施加状态	
		打开开闭机构： 自动打开头罩、伸出车钩：闭合司机室右侧保护接地开关柜里【头罩控制器】断路器→将【头罩控制】开关旋至“开启”位置→确认“头罩打开”指示灯点亮后回“0”→操作【车钩控制】开关旋至“伸出”位置。 手动开启头罩：断开司机室右后方配电柜【头罩控制器】断路器，关闭司机室操纵台左下方设备柜内【罩开闭】阀，将手动解锁手柄拉到开位。手动开启头罩至全开位。恢复手动解锁手柄	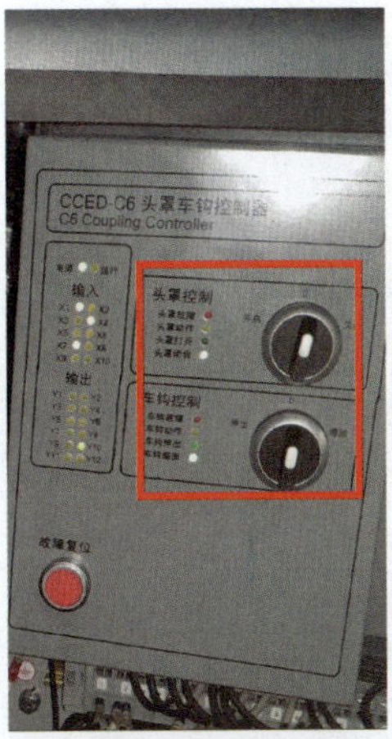
		在 MON 屏【连接头罩信息】界面上确认车钩罩打开状态正常	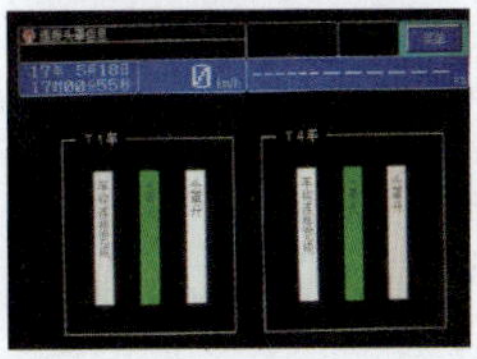
		断开【头罩控制器】断路器	
		检查：蓄电池电压为________ V 总风压________ kPa	
		通知司机盯控蓄电池电压→确认蓄电池电压在 87 V 以上、总风压 700 kPa 以上。蓄电池电压低于 87 V 时立即拔取主控总风压低于 700 kPa 时通知随车机械师	
		询问司机车组坡道情况→向司机申请下车设置防溜→准备防溜备品	
		打开连挂端司机室配电盘→【警惕报警隔离】开关右旋至“隔离”位	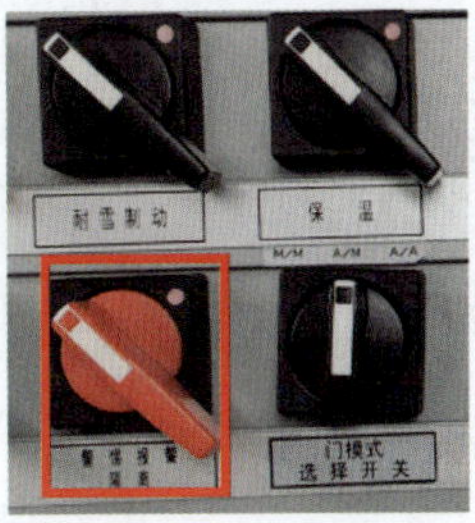
		打开连挂端司机室配电盘→操作确认司机室配电盘【保持制动切除】旋钮处于红点位	

续上表

序号	项目	具体内容	参考图片
1	准备工作	打开连挂端司机室配电盘→闭合【救援转换装置】断路器	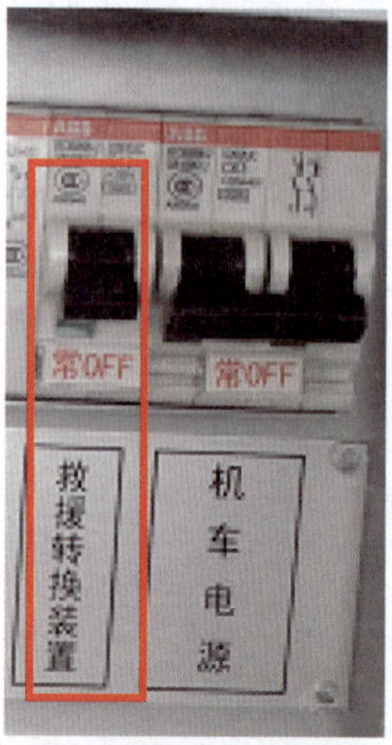
		打开救援连挂端 ATP 柜→隔离 ATP/LKJ→确认 ATP 屏点亮，且屏幕显示“隔离”→若 ATP 黑屏则确认 MON 屏配电盘信息 EBR 未变绿	 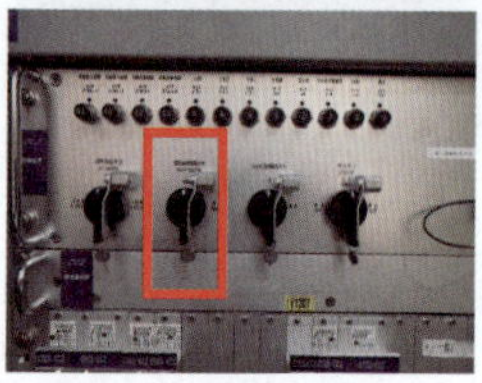
		在司机室观察线路情况。 平直道□　　斜弯道□	
		确认车组施加最大常用制动	
		跟司机密切联系→确认救援来车方向	
		跟司机密切联系→确认救援车组车型 救援车型：________ 车组号：________	

续上表

序号	项目	具体内容	参考图片
1	准备工作	根据救援车组车型情况，查找动车组救援匹配表→确认两车组连挂方式→确认风路贯通方式。 连挂方式：直接连挂□　　模块 3+1□ 　　　　　模块 3+2□ 贯通方式：BP 贯通□　　MR 贯通□ 　　　　　BP+MR 贯通□	
		切除非关键负载→断开【室内灯 1】【室内灯 2】【室内灯 3】【集便器控制】【车内显示器】【电茶炉控制】【弓网环境监测】	
		检查：蓄电池电压为________ V 　　　总风压________ kPa 确认受电弓已降下→拔取主控	
		提前准备好防护信号（白天红、绿旗，夜间手信号灯）	
2	请令下车	带好防护信号→通知车长防护车门	
		确认调度命令。 口头调度命令□　　纸质调度命令□ 命令号：________________ 邻线封锁□　　邻线限速□	
3	检查确认	注意线路安全，不得跨越股道；高架桥上行走时注意脚下路面石板，尽量避免踩在石板上，防止失足跌落；站台侧作业时要注意股道与站台间的空隙，紧贴车体进行作业，注意安全	
		车长到位后手动开门下车	
		按照规定设置防溜	
		下车确认动车组所有受电弓均处于降弓状态	
		确认两端车钩罩状态→确认车钩伸出状态→清除车钩风管上的“防尘堵（胶带）”。 车钩没有正常伸出时，手动伸出。 手动伸出车钩：头罩打开状态下，检查头罩车钩控制器各指示灯的状态；将车钩前端电缆从线夹中取出，令电缆处于可自由伸展状态；打开车辆侧车钩控制装置的压缩空气气源（即通向车钩控制装置的空气管路，应有折角塞门）；将车钩控制装置上的管塞 A1，设置在 ON（开启）位；解锁车钩：将锁闭装置旋转按钮“V3”由“0”位旋转到“1”位；此时位于车钩钩身上方的锁闭气缸活塞处于缩回状态。伸出车钩：将车钩伸出旋转按钮“V2B”由“0”位旋转到“1”位；此时车钩缓慢伸出。锁闭车钩：车钩伸出到位后，将锁闭装置旋转按钮“V3”由“1”位旋转到“0”位；此时位于车钩钩身上方的锁闭气缸活塞处于伸出状态；关闭车辆侧车钩控制装置的压缩空气供应。将车钩伸出旋转按钮“V2B”由“1”位旋转到“0”位	
		直接连挂时→须安装车钩导向杆	
		检查确认车钩外观各接口等部件处无杂物→其他部件外观正常	

续上表

序号	项目	具体内容	参考图片
4	安装过渡车钩	若需要安装过渡车钩→准备好过渡车钩模块3→清除模块上的“防尘堵(胶带)”→确认无异物	
		选择正确的辅助挂钩(较低一侧)→安装过渡车钩模块3→确认安装正确→待救援车组到达被救援动车组5 m处后与救援车组随车机械师配合将救援车的过渡车钩模块安装在过渡车钩模块3上→旋转救援车组过渡车钩模块辅助挂钩确保该辅助挂钩未超出过渡车钩界限→连接风管并确认安装良好	  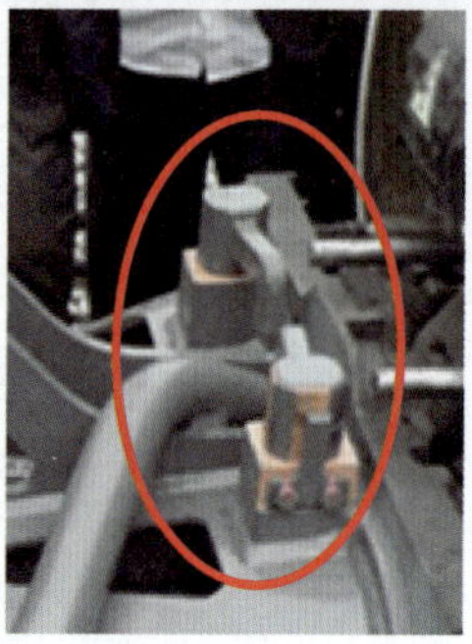
5	需要制动切除	车组蓄电池电压低无法继续供电时; 车组无风源导致风压无法满足缓解停放制动或会触发紧急制动时; 车组存在其他故障需要切除制动时	
6	引导作业	前往救援动车组来车方向300 m外处做好防护	
		救援车组到达防护位置停车→随车机械师撤除防护信号→救援车组在距离动车组前方5 m左右停车	
7	连挂准备	检查车钩是否与救援车组车钩在同一直线上。 若车钩与救援车组车钩不在同一直线上且未安装过渡车钩时→确认救援车组车钩导向杆安装到位	

续上表

序号	项目	具体内容	参考图片
8	连挂作业	给出连挂信号	
		手信号指示救援车组→不高于 5 km/h 的速度进行连挂	
		连挂完毕→检查连挂状态	
9	试拉	检查完毕→通知救援动车组进行试拉	
		试拉→确认没有脱钩→判断车钩连接良好	
10	贯通风路	需要时连接两列动车组连挂端总风软管并确认连接正确→确认【回送 MR】关闭→安装总风软管→连接风管并确认安装良好→打开【回送 MR】	
		BP 贯通时→打开司机室左侧设备→打开【救援回送 BP】阀→钻入连挂端司机室左侧设备柜→打开【救援旁通断】阀→确认总风压力达到 600 kPa 后将【救援旁通断】阀关闭→打开【救援断】阀	
		BP+MR 贯通时→打开司机室左侧设备→打开【救援回送 BP】阀→操作确认【MR 贯通】阀为打开状态	
		MR 贯通且未安装总风软管时→打开司机室左侧设备柜→操作确认【MR 贯通】阀为打开状态	
		若使用 32 芯线控制被救援车制动→安装前确认两组车均要断电降弓→拔出主控→两组车连挂端司机室【救援手柄】均要打至“救援”位置→打开连挂端司机室配电盘→断开【救援转换装置】断路器	
11	制动试验	投入主控→确认总风正常→确认手柄在快速位→进行紧急复位→确认紧急制动缓解正常→将制动手柄置运行位→确认司机室配电盘【应急通风】旋钮在“断”位	
		下车→确认连挂端无漏风情况	
		上车→联控救援动车组司机连挂完毕→开始制动试验	
		联控动车组司机施加制动→得到回复→确认动车组制动施加正常	
		联控动车组司机缓解制动→得到回复→确认动车组制动缓解正常→通知动车组司机制动试验完毕	

续上表

序号	项目	具体内容	参考图片
12	恢复现场	确认车组制动已施加→撤除防溜	
		将车下所有工具、备品带齐上车	
		关闭车门→通知司机联控救援车组司机可以动车	
13	救援运行	动车→运行途中加强盯控车组状态	
		通知司机运行途中加强盯控车组总风压力、蓄电池电压、列车运行状态。 风压>550 kPa　　电压>84 V	
14	解编作业	停车→施加最大常用制动设置防溜并确认	
		关闭【MR 贯通】【救援回送 BP】【救援断】阀	
		被 CRH2 系列非统型动车组救援使用 32 芯线连接时断电降弓拔主控恢复两组车的救援手柄置正常位→将救援用 32 芯线摘解	
		通知救援动车组随车机械师拉救援车连挂端的解钩拉绳→通知救援动车组动车解编	
		安装过渡车钩的情况下须拆解风管、拆下动车组过渡车钩，并放回动车组规定位置(途中可搬至车厢)	
		动车组司机缩回自动车钩→关闭前端罩盖	
		恢复回送时所有阀门和断路器等	

第六节　CRH6A 统型动车组作为被救援车

序号	项目	具体内容	参考图片
1	准备工作	故障发生：区间超过 20 min、站内超过 30 min 仍无法判明故障原因或无法处置不能继续运行时，通知司机申请救援	
		通知司机保持车组处于制动施加状态	
		打开开闭机构： 自动打开头罩：闭合司机室配电盘里【头罩控制器】断路器→将【头罩控制】旋钮旋至“打开”位。 手动开启头罩：断开司机室右后方配电柜【头罩控制器】断路器，关闭司机室操纵台左下方设备柜内【罩开闭】阀，将手动解锁手柄拉到开位。手动开启头罩至全开位。恢复手动解锁手柄	TWCON MXRN2 MXRN1 常OFF 常OFF CIR应急 头罩控制器 解钩控制

续上表

序号	项目	具体内容	参考图片
1	准备工作		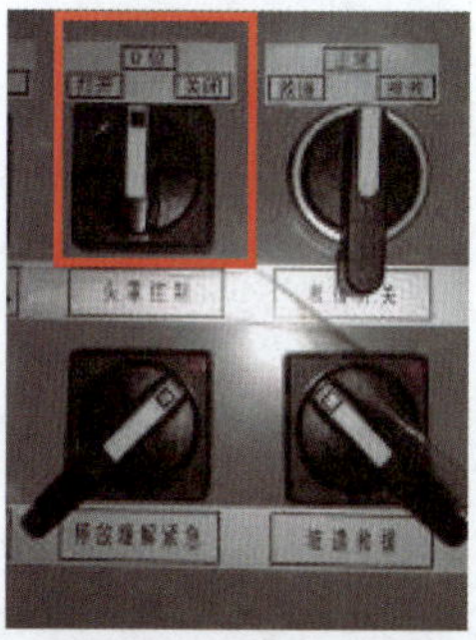
		在 MON 屏【连接头罩信息】界面上确认车钩罩打开状态正常	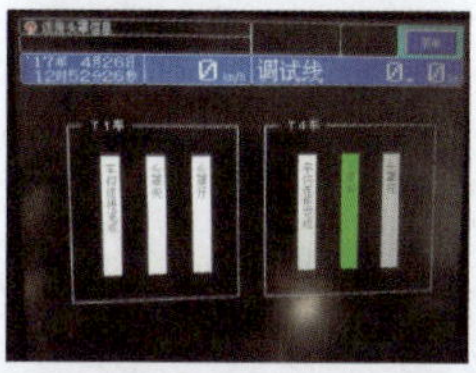
		断开【头罩控制器】断路器	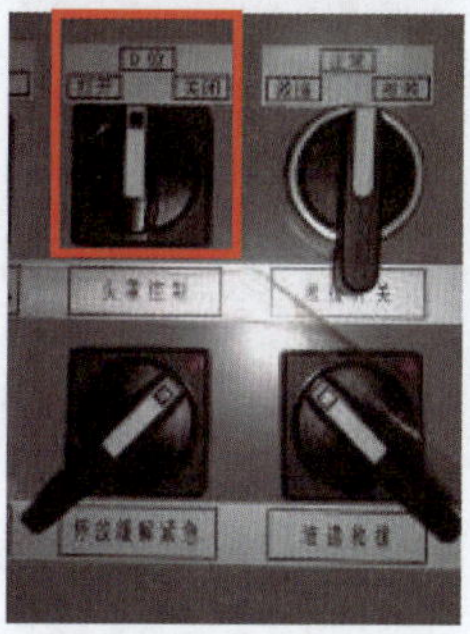
		检查：蓄电池电压为________ V 总风压________ kPa	
		通知司机盯控蓄电池电压→确认蓄电池电压在 87 V 以上、总风压 700 kPa 以上。蓄电池电压低于 87 V 时立即拔取主控，总风压低于 700 kPa 时通知随车机械师	
		打开救援连挂端司机室配电盘→【警惕报警隔离】开关右旋至“隔离”位→把【保持制动切除】开关右旋至红点处	

续上表

序号	项目	具体内容	参考图片
1	准备工作		
		闭合司机室配电柜内【救援指令器】断路器	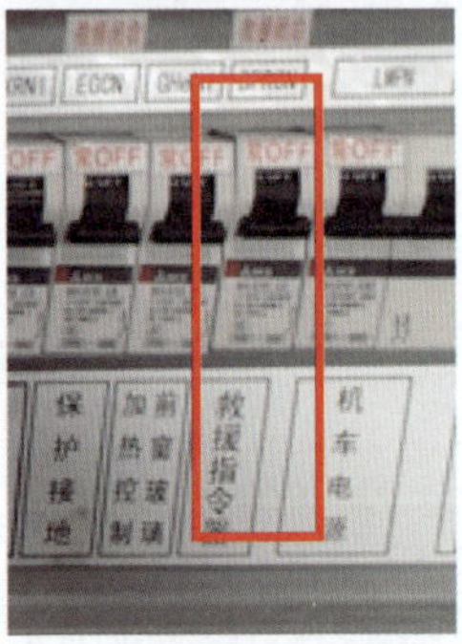
		将司机室配电柜内【救援开关】旋至“被救”位	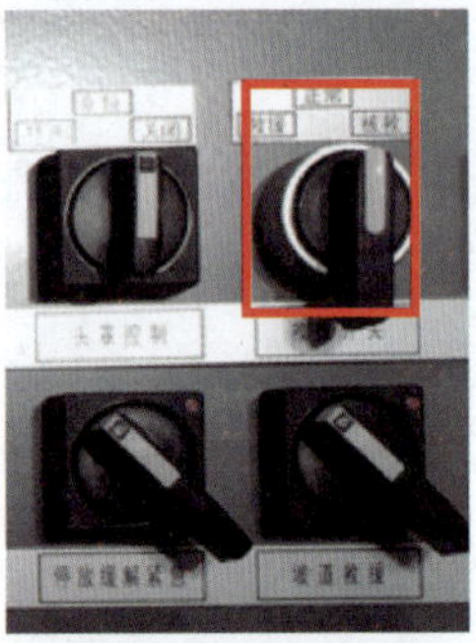
		打开救援连挂端ATP柜→隔离ATP/LKJ→确认ATP屏点亮，且屏幕显示“隔离”→若ATP黑屏则确认MON屏配电盘信息EBR未变绿	 

续上表

序号	项目	具体内容	参考图片
1	准备工作	在司机室观察线路情况。 平直道□　　斜弯道□	
		确认车组停放制动已施加	
		询问司机车组坡道情况→若需要设置防溜时→按照规定设置防溜	
		跟司机密切联系→确认救援来车方向	
		跟司机密切联系→确认救援车组车型。 救援车型：________ 车组号：________	
		根据救援车组车型情况，查找动车组救援匹配表→确认两车组连挂方式→确认风路贯通方式。 连挂方式：直接连挂□　　模块 3＋1□ 模块 3＋2□ 贯通方式：BP 贯通□　　MR 贯通□ BP＋MR 贯通□	
		切除全列非关键负载→断开【室内灯 1】【室内灯 2】【室内灯 3】【集便器控制】【车内显示器】【电茶炉控制】【3C】【弓网环境监测】【影视控制】	
		检查：蓄电池电压为________V 总风压________kPa 确认受电弓已降下→拔取主控	
		提前准备好防护信号(白天红、绿旗，夜间手信号灯)	
		向司机申请调度命令下车	
2	请令下车	带好防护信号灯→通知车长防护车门	
		确认调度命令。 口头调度命令□　　纸质调度命令□ 命令号：________________ 邻线封锁□　　邻线限速□	
3	检查确认	注意线路安全，不得跨越股道；高架桥上行走时注意脚下路面石板，尽量避免踩在石板上，防止失足跌落；站台侧作业时要注意股道与站台间的空隙，紧贴车体进行作业，注意安全	
		车长到位后手动开门下车	
		下车确认动车组所有受电弓都处于降弓状态	

续上表

序号	项目	具体内容	参考图片
3	检查确认	手拉确认车钩罩无法动作→已锁闭到位	
		清除车钩风管上的“防尘堵(胶带)”→确认两端车钩罩状态	
		直接连挂时→须安装车钩导向杆	
		检查确认车钩外观各接口等部件处无杂物→其他部件外观正常	
4	安装过渡车钩	若需要安装过渡车钩→准备好过渡车钩模块3→清除模块上的“防尘堵(胶带)”→确认无异物	
		选择正确的辅助挂钩(较低一侧)→安装过渡车钩模块3→确认安装正确→待救援车组到达被救援动车组5 m处后与救援车组随车机械师配合将救援车的过渡车钩模块安装在过渡车钩模块3上→旋转救援车组过渡车钩模块辅助挂钩确保该辅助挂钩未超出过渡车钩界限→连接风管并确认安装良好	  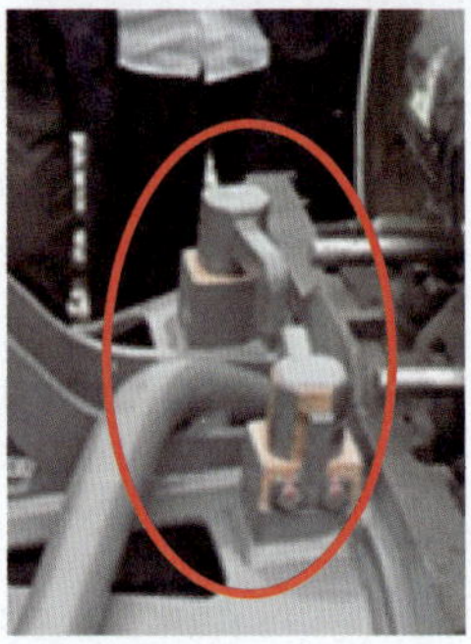
5	制动切除	车组蓄电池电压低无法继续供电时； 车组无风源导致风压无法满足缓解停放制动或会触发紧急制动时； 车组存在其他故障需要切除制动时	

续上表

序号	项目	具体内容	参考图片
6	引导作业	前往救援动车组来车方向 300 m 外处做好防护	
		救援车组到达防护位置停车→随车机械师撤除防护信号→救援车组在距离动车组前方 5 m 左右停车	
7	连挂准备	检查车钩是否与救援车组车钩在同一直线上。 若车钩与救援车组车钩不在同一直线上且未安装过渡车钩时→确认救援车组车钩导向杆安装到位	
8	连挂作业	给出连挂信号	
		手信号指示救援车组→以不高于 5 km/h 的速度进行连挂	
		连挂完毕→检查连挂状态	
9	试拉	检查完毕→通知救援动车组进行试拉	
		试拉→确认没有脱钩→判断车钩连接良好	
10	贯通风路	需要时连接两列动车组连挂端总风软管并确认连接正确	
		BP 贯通时→打连挂端运行方向右侧“BP 救援转换装置”裙板→打开【BP 救援】阀→锁闭裙板→打开连挂端司机室左侧设备柜→打开【救援旁通断】阀→确认总风压力达到 600 kPa 后将【救援旁通断】阀关闭→打开【救援断】阀	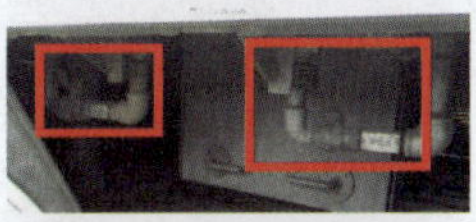 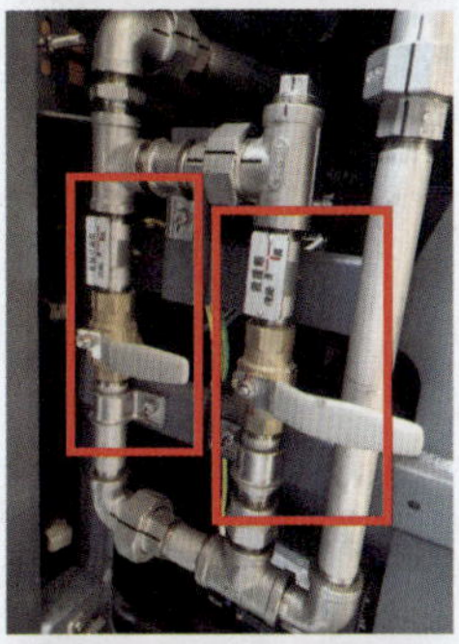
		BP+MR 贯通时→打连挂端运行方向右侧“BP 救援转换装置”裙板→打开【BP 救援】阀→锁闭裙板→打开司机室左侧设备柜→操作确认【被救援 MR 通】阀为打开状态→操作确认【MR 贯通】处于关闭状态	

续上表

序号	项目	具体内容	参考图片
10	贯通风路	MR 贯通时→打开司机室左侧设备柜→操作确认【被救援 MR 通】阀为打开状态→操作确认【MR 贯通】处于关闭状态	
		若使用 32 芯线控制被救援车制动→安装前确认两组车均要断电降弓→拔出主控→连挂端司机室【救援手柄】打至"救援"位置→断开司机室配电柜内【救援指令器】断路器→将【救援开关】旋至"正常"位	
11	制动试验	通知司机投入主控→确认总风正常→确认停放制动已施加→操作【停放缓解紧急】旋钮→进行紧急复位→确认紧急制动缓解正常→将手柄置于运行位→确认司机室配电盘【应急通风】旋钮在"断"位	
		下车→确认连挂端无漏风情况	
		上车→联控救援车组司机连挂完毕→开始制动试验	
		联控救援车组司机施加制动→得到回复→确认动车组制动施加正常	
		通知动车组司机联控机车司机缓解制动→得到回复→确认动车组制动缓解正常→通知动车组司机通知机车司机制动试验完毕	
12	恢复现场	若车组已设置防溜时，须撤除防溜	
		将车下所有工具、备品带齐上车	
		关闭车门→缓解停放制动并通知救援车组→恢复【停放缓解紧急】旋钮→通知司机联控救援车组司机可以动车	
13	救援运行	动车→运行途中加强盯控车组状态	
		通知司机运行途中加强盯控车组总风压力、蓄电池电压、列车运行状态。 风压＞550 kPa　　电压＞84 V	
14	解编作业	停车→施加停放制动或设置防溜并确认	
		关闭【被救援 MR 通】【BP 救援】【救援断】阀	
		被 CRH2 系列非统型动车组救援使用 32 芯线连接时断电降弓拔主控恢复两组车的救援手柄置正常位→将救援用 32 芯线摘解	
		通知救援动车组随车机械师拉救援车连挂端的解钩拉绳→通知救援动车组动车解编	
		安装过渡车钩的情况下须拆解风管、拆下动车组过渡车钩→放回动车组规定位置(途中可搬至车厢)	
		动车组司机关闭前端罩盖	
		恢复回送时所有阀门及断路器等	

第七节　CRH3C 型动车组作为被救援车

序号	项目	具体内容	参考图片
1	准备工作	故障发生：区间停车 20 min、站内停车 30 min 仍无法判明故障原因或无法处置不能继续运行时，通知司机申请救援	
		通知司机保持车组处于制动施加状态	
		打开开闭机构，伸出车钩： 自动开启车钩罩： 按压操纵台【前车钩罩开】按钮开启车钩罩。 手动开启车钩罩： 下车前关闭【74-F13】断路器、确认总风风压大于 650 kPa。用 16 mm 扳手分别按照与头罩打开方向的相反方向转动导流罩两侧解锁装置直至锁杆完全向外旋转，手拉开启车钩导流罩，将导流罩抗旋转装置蝴蝶阀板抬起，防止自动关闭	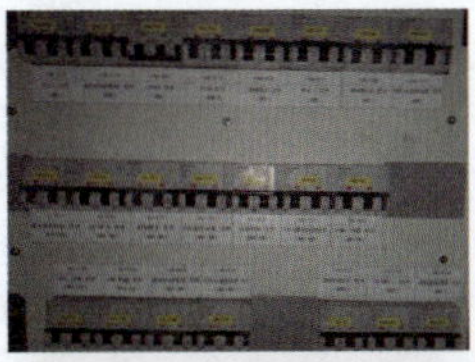 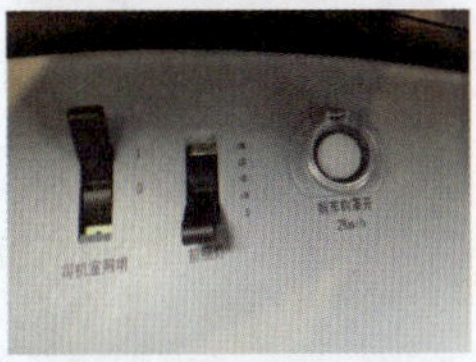
		HMI 屏主页面→选择“系统”选项→选择“编组连挂”选项→确认头罩处于打开状态	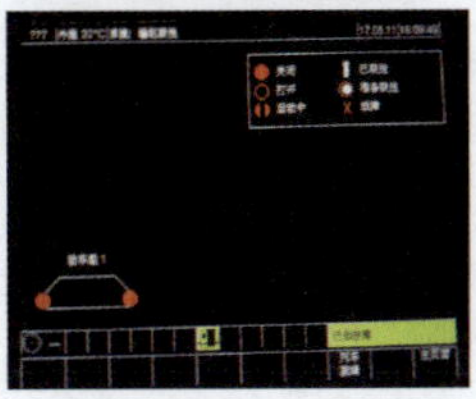
		打开司机室左侧开关柜→断开【74-F13】断路器	
		在 HMI 上紧急关闭全列空调、关闭全列照明， 检查：蓄电池电压为________ V 总风压________ kPa	
		通知司机盯控蓄电池电压→确认蓄电池电压在 100 V 以上、总风压 700 kPa 以上。蓄电池电压低于 100 V 时立即关闭蓄电池，总风压低于 700 kPa 时通知随车机械师	
		在司机室观察线路情况。 平直道□　　斜弯道□	

续上表

序号	项目	具体内容	参考图片
1	准备工作	提前准备好防护信号（白天红、绿旗，夜间手信号灯）	
		确认车组停放制动已施加	
		询问司机车组坡道情况→若需要设置防溜时→按照规定设置防溜	
		跟司机密切联系→确认救援来车方向	
		跟司机密切联系→确认救援车组车型。 救援车型：________ 车组号：________	
		根据救援车组车型情况，查找动车组救援匹配表→确认两车组连挂方式→确认风路贯通方式。 连挂方式：直接连挂□　　模块 3+1□ 　　　　　模块 3+2□ 贯通方式：BP 贯通□　　MR 贯通□ 　　　　　BP+MR 贯通□	
		确认“蓄电池电压”不低于 100 V。 检查：蓄电池电压为________ V 　　　总风压________ kPa	
		打开连挂端司机室右侧隔离开关柜→操作【自动安全装置】旋钮至“关”位→隔离 ATP	
		确认受电弓已降下→打开连挂端司机室右侧隔离开关柜→关闭蓄电池→将【拖曳】置开位	
		打开非连挂端司机室右侧隔离开关柜→将【信号灯】置“红灯开”位	
		向司机申请调度命令下车	
2	请令下车	带好防护信号→通知车长防护车门	
		确认调度命令。 口头调度命令□　　纸质调度命令□ 命令号：________________ 邻线封锁□　　邻线限速□	
3	检查确认	注意线路安全，不得跨越股道；高架桥上行走时注意脚下路面石板，尽量避免踩在石板上，防止失足跌落；站台侧作业时要注意股道与站台间的空隙，紧贴车体进行作业，注意安全	
		车长到位后手动开门下车	
		下车确认动车组所有受电弓均处于降弓状态	

续上表

序号	项目	具体内容	参考图片
3	检查确认	打开车辆右侧列车管截断阀小盖板→关闭列车管截断阀【Z13】→关闭并锁闭小盖板→打开车辆左侧总风管截断阀小盖板→关闭总风管截断阀【Z17】→关闭并锁闭小盖板	 
		上翻蝴蝶阀板(抗旋转杆)使导流罩开启状态锁定→手拉确认车钩罩无法动作→已锁闭到位	
		清除车钩风管上的“防尘堵(胶带)”→确认两端自动车钩伸出状态。 手动伸出车钩： 按住“V1”“V4”按钮解锁车钩锁紧装置，按“V2”按钮伸出车钩，车钩伸出后恢复“V1”“V4”，使车钩锁处于锁紧状态。 如车组因风压不足导致密接车钩无法伸出时，用以下方式手动充气：关闭 Z07/1 阀。 打开检修盖板，用手指捏住手动泵风口的连接卡死环往下压，把打气筒的风管连接嘴插入手动泵风口，松开泵风的连接卡死环。 手动泵风直至打开上下导流罩和伸出车钩。再用手指捏住手动泵风口的连接卡死环往下压后拉出打气筒的风管连接嘴	 

续上表

序号	项目	具体内容	参考图片
4	车钩确认	关闭车钩顶部红色对中(电钩控制)阀	
		检查自动车钩状态伸出到位→锁紧装置状态正常→确认车钩外观各接口等部件处无杂物,其他部件外观正常	
		仅 BP 贯通时→打开连挂端车辆左侧多普勒雷达裙板→打开【Z30】阀→关闭并锁闭裙板	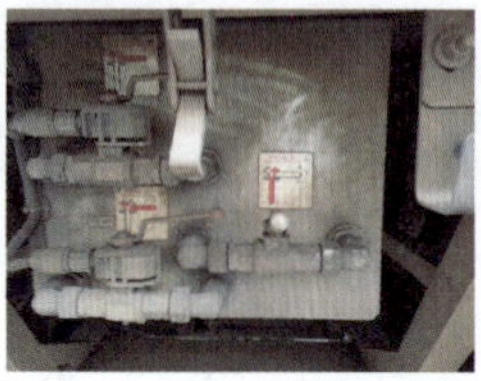
5	安装过渡车钩	若需要安装过渡车钩→准备好过渡车钩模块 3→清除模块上的“防尘堵(胶带)”→确认无异物	
		选择正确的辅助挂钩(较低一侧)→安装过渡车钩模块 3→确认安装正确→待救援车组到达被救援动车组 5 m 处后与救援车组随车机械师配合将救援车的过渡车钩模块安装在过渡车钩模块 3 上→旋转救援车组过渡车钩模块辅助挂钩确保该辅助挂钩未超出过渡车钩界限→连接风管并确认安装良好	 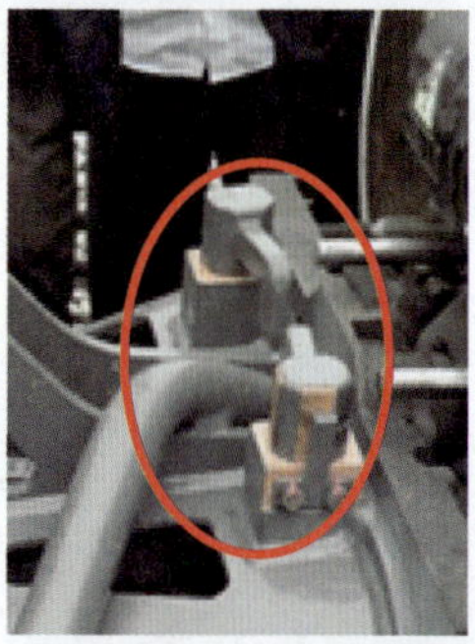 

续上表

序号	项目	具体内容	参考图片
6	制动切除	车组蓄电池电压低无法继续供电时； 车组无风源导致风压无法满足缓解停放制动或会触发紧急制动时； 车组存在其他故障需要切除制动时	
7	引导作业	前往救援动车组来车方向 300 m 外处做好防护	
		救援车组到达防护位置停车→随车机械师撤除防护信号→救援车组在距离动车组前方 5 m 左右停车	
8	连挂准备	检查车钩是否在中间位置。 检查车钩是否与救援车组车钩在同一直线上。 若车钩与救援车组车钩不在同一直线上→未安装过渡车钩时→确认救援车组车钩导向杆安装到位→根据实际情况必要时可打开车钩对中阀	
9	连挂作业	给出连挂信号	
		手信号指示救援动车组→以不高于 5 km/h 的速度进行连挂	
		连挂完毕→检查连挂状态	
10	试拉	检查完毕→通知救援动车组进行试拉	
		试拉→确认没有脱钩→判断车钩连接良好	
11	贯通风路	需要时连接两列动车组连挂端总风软管并确认连接正确	
		BP 贯通时→打开动车组列车(BP)管截断阀→关闭小盖板	
		BP+MR 贯通时→打开动车组列车(BP)管截断阀→关闭小盖板→打开动车组总风管截断阀→关闭小盖板	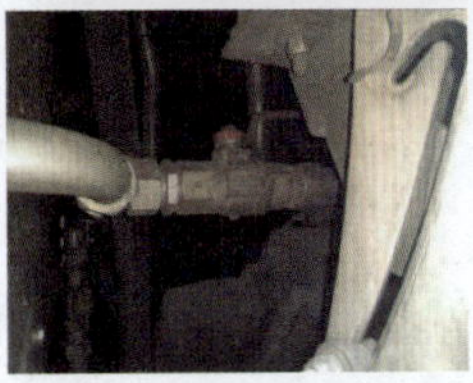
		MR 贯通时→打开动车组总风管截断阀→关闭小盖板	
		确认连挂端无漏风情况	
12	制动试验	车下通知动车组司机联控救援车组司机连挂完毕→开始制动试验	
		通知动车组司机联控救援车组司机施加制动→得到回复→确认动车组制动施加正常	

续上表

序号	项目	具体内容	参考图片
12	制动试验	通知动车组司机联控救援车组司机缓解制动→得到回复→确认动车组制动缓解正常→通知动车组司机联控救援车组司机制动试验完毕	
13	恢复现场	若车组已设置防溜时，须撤除防溜	
		通知司机操作停放制动缓解按钮缓解停放制动	
		将车下所有工具、备品带齐上车	
		关闭车门→确认停放制动缓解→通知司机联控救援车组司机可以动车	
14	救援运行	动车→运行途中加强盯控车组状态	
		通知司机运行途中加强盯控车组总风压力、蓄电池电压、列车运行状态。 风压＞530 kPa　　电压＞97 V	
15	解编作业	停车→施加停放制动或设置防溜并确认	
		关闭【Z17】和【Z13】阀→确认小盖板锁闭到位	
		通知救援动车组随车机械师拉救援车连挂端的解钩拉绳→通知救援动车组动车解编	
		安装过渡车钩的情况下须拆解风管、拆下动车组过渡车钩→并放回动车组规定位置(途中可搬至车厢)	
		动车组司机回收自动车钩、关闭前端罩盖	
		恢复回送时所有阀门及断路器等	

第八节　CR400AF 型动车组作为被救援车

序号	项目	具体内容	参考图片
1	准备工作	故障发生：区间停车 20 min、站内停车 30 min 仍无法判明故障原因或无法处置不能继续运行时，通知司机申请救援	
		通知司机保持车组处于制动施加状态	
		打开开闭机构： 自动打开头罩： 打开司机室配电盘 2→闭合【联解控制】断路器。在主控端 HMI 屏【设备控制】界面选择【连挂解联】选项，操作【开始连挂】，确认【连挂准备就绪】，断开【联解控制】断路器。 强制开头罩： 打开司机室右侧边柜司机室配电盘 1 下方的连挂解联手动操作面板。将【闭锁解除】开关向上扳至“强制合”。将【电连接器解】开关向上扳至“强制合”。将【罩开】开关向上扳至“强制合”，确认前端罩盖打开。将【闭锁解除】【电连接器解】【罩开】开关向下扳动，恢复常位。断开【联解控制】断路器。	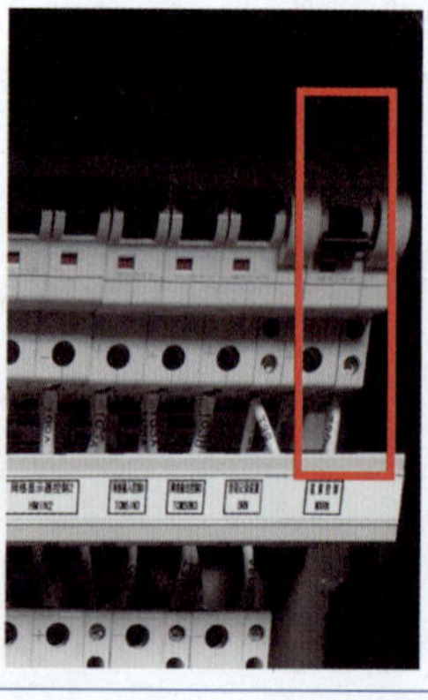

续上表

序号	项目	具体内容	参考图片
1	准备工作	手动开头罩： 断开【联解控制】断路器。关闭司机室设备舱1内配管单元箱的【分割合并】蝶形阀，将压缩空气排空（蝶形阀手柄与地面平行方向为“开”，与地面垂直方向为“关”）。首先确认头罩解锁机构为单侧解锁机构（仅在二位侧设有六角解锁螺柱）或双侧解锁机构（一位侧、二位侧各设有六角解锁螺柱）。将六角棘轮扳手（SW18）套在固定罩下方手动解锁六角螺柱上，向头罩开启方向旋转棘轮扳手，解锁头罩。（可操作完一侧后再操作另一侧）在头罩解锁状态下，由随车机械师手动推开头罩舱门。开闭机构手动开启完毕，手动推动头罩至舱门开启最大状态，头罩自动锁定后，确认头罩锁闭到位	
		在HMI屏主页面点击【设备控制】→点击【连挂解联】→确认【连挂准备就绪】已点亮	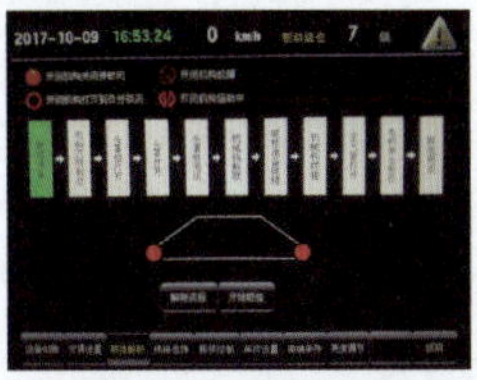
		确认头罩打开→断开【联解控制】断路器	
		在HMI上紧急关闭全列空调、关闭全列照明， 检查：蓄电池电压为________ V 总风压________ kPa	
		打开连挂端司机室配电盘3→【预充电接触器开关】旋至红点位	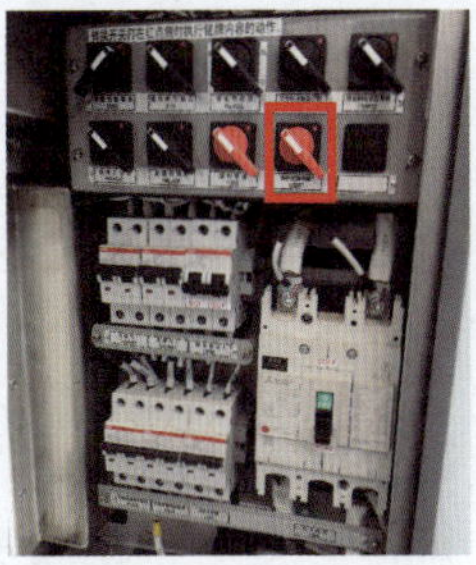
		通知司机盯控蓄电池电压→确认蓄电池电压在100 V以上、总风压700 kPa以上。蓄电池电压低于100 V时立即关闭蓄电池，总风压低于700 kPa时通知随车机械师	
		打开连挂端司机室配电盘1→闭合【救援装置】断路器	

续上表

<table>
<tr><th>序号</th><th>项目</th><th>具体内容</th><th>参考图片</th></tr>
<tr><td rowspan="13">1</td><td rowspan="13">准备工作</td><td>打开转换开关盘2→【救援】旋钮旋至“被救援”位</td><td>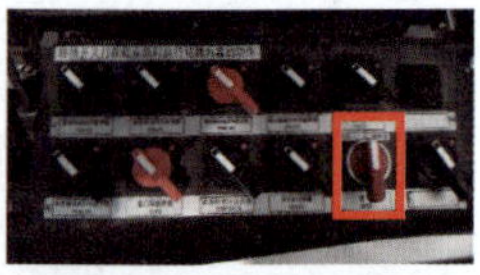</td></tr>
<tr><td>打开救援连挂端转换开关盘1→【司机警惕报警装置旁路VCS】开关右旋至隔离位</td><td rowspan="2"></td></tr>
<tr><td>打开救援连挂端转换开关盘1→【ATP隔离开关ATPCOS】左旋至隔离位</td></tr>
<tr><td>在司机室观察线路情况。
平直道□　　斜弯道□</td><td></td></tr>
<tr><td>确认车组停放制动已施加</td><td></td></tr>
<tr><td>询问司机车组坡道情况→若需要设置防溜时→按照规定设置防溜</td><td></td></tr>
<tr><td>跟司机密切联系→确认救援来车方向</td><td></td></tr>
<tr><td>跟司机密切联系→确认救援车组车型
救援车型:________
车组号:________</td><td></td></tr>
<tr><td>根据救援车组车型情况,查找动车组救援匹配表→确认两车组连挂方式→确认风路贯通方式。
连挂方式:直接连挂□　　模块3+1□
　　　　　模块3+2□
贯通方式:BP贯通□　　MR贯通□
　　　　　BP+MR贯通□</td><td></td></tr>
<tr><td>检查:蓄电池电压为________V
　　总风压________kPa
确认车组已降弓→关闭蓄电池</td><td></td></tr>
<tr><td>提前准备好防护信号(白天红、绿旗,夜间手信号灯)</td><td></td></tr>
<tr><td>向司机申请调度命令下车</td><td></td></tr>
</table>

续上表

序号	项目	具体内容	参考图片
2	请令下车	带好防护信号→通知车长防护车门	
		确认调度命令。 口头调度命令□　　纸质调度命令□ 命令号:________________ 邻线封锁□　　邻线限速□	
3	被救援车检查确认	注意线路安全,不得跨越股道;高架桥上行走时注意脚下路面石板,尽量避免踩在石板上,防止失足跌落;站台侧作业时要注意股道与站台间的空隙,紧贴车体进行作业,注意安全	
		车长到位后手动开门下车	
		下车确认动车组所有受电弓均处于降弓状态	
		手拉确认车钩罩无法动作→已锁闭到位	
		清除车钩风管上的“防尘堵(胶带)”→确认两端车钩罩状态	
		直接连挂时→须安装车钩导向杆	
		检查确认车钩外观各接口等部件处无杂物→其他部件外观正常	
4	安装过渡车钩	若需要安装过渡车钩→准备好过渡车钩模块3→清除模块上的“防尘堵(胶带)”→确认无异物	
		选择正确的辅助挂钩(较低一侧)→安装过渡车钩模块3→确认安装正确→待救援车组到达被救援动车组5 m处后与救援车组随车机械师配合将救援车的过渡车钩模块安装在过渡车钩模块3上→旋转救援车组过渡车钩模块辅助挂钩确保该辅助挂钩未超出过渡车钩界限→连接风管并确认安装良好	

续上表

序号	项目	具体内容	参考图片
5	制动切除	车组蓄电池电压低无法继续供电时； 车组无风源导致风压无法满足缓解停放制动或会触发紧急制动时； 车组存在其他故障需要切除制动时	
6	引导作业	前往救援动车组来车方向 300 m 外处做好防护	
		救援车组到达防护位置停车后→并与救援车组随车机械师联系通知司机在距离动车组前方 5 m 左右停车	
7	连挂准备	检查车钩是否与救援车组车钩在同一直线上。 若车钩与救援车组车钩不在同一直线上且未安装过渡车钩时→确认救援车组车钩导向杆安装到位	
8	连挂作业	给出连挂信号	
		手信号指示救援车→以不高于 5 km/h 的速度进行连挂	
		连挂完毕→检查连挂状态	
9	试拉	检查完毕→通知救援动车组进行试拉(注意:长大坡道向下坡道方向救援试拉时,应优先采取缓解制动方式试拉。具体方法为:救援动车组不施加牵引,先缓解救援动车组停放制动,再逐级缓解救援动车组常用制动,试拉完毕后立即施加最大常用制动)	
		试拉→确认没有脱钩→判断车钩连接良好	
10	贯通风路	需要时连接两列动车组连挂端总风软管并确认连接正确	
		BP 贯通时→打开连挂端 2 位侧充电机裙板 BP 救援转换装置阀盖板→确认【BP 救援转换装置】【BP 救援】阀为打开位置→关闭小盖板→钻入连挂端司机室右侧设备舱 1→打开【救援旁通】阀→确认总风压力达到 600 kPa 后将【救援旁通】阀关闭→打开【救援】阀→关闭设备舱门	
		BP+MR 贯通时→打开连挂端 2 位侧充电机裙板 BP 救援转换装置阀盖板→确认【BP 救援转换装置】【BP 救援】阀为打开位置→关闭小盖板→打开司机室操作台左下方设备柜→操作确认【总风】阀为打开状态→【空气管开闭器】置“开”位	
		MR 贯通时→打开司机室操作台左下方设备柜→操作确认【总风】阀为打开状态→【空气管开闭器】置“开”位	

续上表

序号	项目	具体内容	参考图片
10	贯通风路		
11	制动试验	投入主控并确认【方向选择】旋钮处于“前”位→确认总风正常→确认停放制动已施加→进行紧急复位确认制动状态→在 HMI 维护界面→进入回送发电界面→进入回送救援发电模式	
		下车→确认连挂端无漏风情况	
		上车→联控救援动车组司机连挂完毕→开始制动试验	
		联控动车组司机施加制动→得到回复→确认动车组制动施加正常	
		联控动车组司机缓解制动→得到回复→确认动车组制动缓解正常→联控动车组司机制动试验完毕	
12	恢复现场	若车组已设置防溜时，须撤除防溜	
		通知机械师将车下所有工具、备品带齐上车	
		关闭车门→确认停放制动缓解→通知司机联控救援车组司机可以动车	
13	救援运行	动车→运行途中加强盯控车组状态	
		回送发电模式启动后开启车内空调、照明等服务设备	
		通知司机运行途中加强盯控车组总风压力、蓄电池电压、列车运行状态。 风压＞530 kPa　　电压＞95 V	
14	解编作业	停车→施加停放制动或设置防溜并确认	
		关闭【BP 救援】阀	
		通知救援动车组随车机械师拉救援车连挂端的解钩拉绳→通知救援动车组动车解编	
		安装过渡车钩的情况下须拆解风管、拆下动车组过渡车钩→并放回动车组规定位置(途中可搬至车厢)	
		动车组司机关闭前端罩盖	
		恢复回送时所有阀门及断路器等，退出回送救援发电模式	

复习思考题

1. 以个人值乘的动车组车型为例，介绍被救援车动车组的操作流程。
2. 上线运用动车组，在什么情况下司机需要申请救援？

第六章　被机车救援时操作流程

在救援环境中，经常会出现无电区间和有电区间动力源故障失效，我们不能够完全依赖动车组救援动车组来确保动车组的有效运用，如 2008 年冰雪气候下接触网垮塌失效、接触网大面积垮塌和故障失效、隧道和桥梁等结构故障等导致接触网无法供电、无电区间救援等，这时就必须启动机车救援作为常备选项来确保动车组运用的畅通无阻。

本章选取部分常见车型动车组，分别介绍被机车救援过程的操作流程，说明操作中存在的风险及相关问题。

第一节　CRH1A 型动车组作为被救援车

序号	项目	具体内容	参考图片
1	准备工作	故障发生：区间停车 20 min、站内停车 30 min 仍无法判明故障原因或无法处置不能继续运行时，通知司机申请救援	
		通知司机保持车组处于制动施加状态	
		打开头罩，伸出车钩： 自动操作方法： 按压操纵台左上方“列车控制”区域【前盖板向上/伸出车钩】按钮→打开头罩伸出车钩。 手动操作方法： 下车前打开 Mc 车 ATP 柜，取出伸缩梯。将伸缩梯拉开并架设好(此时需通知列车长派人员协助扶梯)，使用四角钥匙打开检修罩，使用阀控制面板。确保阀的全部旋转开关在“0”位。 慢慢转动阀“V5”的旋转开关至“1”位解锁下罩。慢慢转动阀“V6B”的旋转开关至“1”位，等到下罩完全打开到位后将“V6B”的旋转开关转回“0”位。慢慢转动阀“V5”的旋转开关至“0”位，锁紧下罩。慢慢转动阀“V8”的旋转开关至“1”位解锁上罩。慢慢转动阀“V7B”的旋转开关至“1”位，等到上罩完全打开后将“V7B”的旋转开关转回“0”位。慢慢转动阀“V8”的旋转开关至“0”位，锁紧上罩。 收回伸缩梯，并妥善放置	

续上表

序号	项目	具体内容	参考图片
1	准备工作	在 IDU 主页面点击【系统】→在系统界面点击【前端】→确认头罩车钩状态	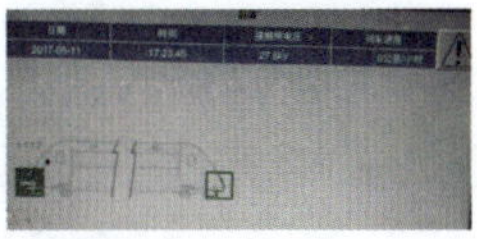
		在 IDU 上关闭全车照明及空调； 检查：蓄电池电压为________ V 总风压________ kPa	
		通知司机盯控蓄电池电压→确认蓄电池电压在 100 V 以上、总风压 700 kPa 以上。蓄电池电压低于 100 V 时立即关闭蓄电池，总风压低于 700 kPa 时通知随车机械师	
		在司机室观察线路情况。 平直道□　　斜弯道□	
		提前准备好防护信号(白天红、绿旗，夜间手信号灯)	
		确认车组停放制动已施加	
		询问司机车组坡道情况→若需要设置防溜时→按照规定设置防溜	
		跟司机联系→确认救援来车方向	
		确认"蓄电池电压"不低于 100 V→将连挂端司机室左后方 K1 柜内的【DSD】旋钮旋至"旁路"位→将【ATP】旋钮旋至"切除"位→将【救援】旋钮旋至"回送"位	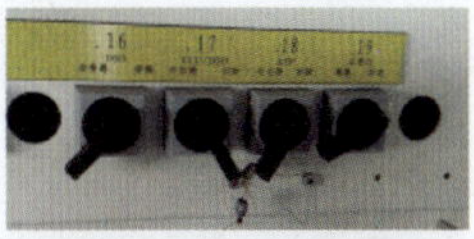
		确认司机室右后方 C. K2 柜下方各阀门应开启	
		检查：蓄电池电压为________ V 总风压________ kPa 确认受电弓已降下→关闭蓄电池	
		向司机申请调度命令下车	

续上表

序号	项目	具体内容	参考图片
2	请令下车	带好防护信号→通知车长防护车门	
		确认调度命令。 口头调度命令□　　纸质调度命令□ 命令号：________________ 邻线封锁□　　邻线限速□	
3	检查确认	注意线路安全，不得跨越股道；高架桥上行走时注意脚下路面石板，尽量避免踩在石板上，防止失足跌落；站台侧作业时要注意股道与站台间的空隙，紧贴车体进行作业，注意安全	
		车长到位后手动开门下车	
		下车→确认动车组所有受电弓均处于降弓状态	
		手拉确认车钩罩无法动作→已锁闭到位	
		清除车钩风管上的“防尘堵（胶带）”→确认自动车钩伸出状态。 车钩没有正常伸出时，进行手动伸出。 自动车钩手动操作方法： 下车前打开 Mc 车 ATP 柜，取出伸缩梯。将伸缩梯拉开并架设好（此时需通知列车长派人员协助扶梯），使用四角钥匙打开检修罩，使用阀控制面板。确保阀的全部旋转开关在“0”位。 慢慢转动阀“V3”的旋转开关至“1”位，解锁自动车钩钩体。慢慢转动阀“V2（790 型）或 V2B（799、803 型）”的旋转开关至“1”位，伸出车钩，直至锁定装置连接后将“V2（790 型）或 V2B（799、803 型）”的旋转开关转回“0”位。 慢慢转动阀“V3”的旋转开关至“0”位，锁定自动车钩钩体。 如车组因风压不足导致密接车钩无法伸出时，用以下方式手动充气：打开检修盖板，用手指捏住手动泵风口的连接卡死环往下压，把打气筒的风管连接嘴插入手动泵风口，松开泵风的连接卡死环。 手动泵风直至打开上下导流罩和伸出车钩。再用手指捏住手动泵风口的连接卡死环往下压后拉出打气筒的风管连接嘴。 收回伸缩梯，并妥善放置	
		操作确认电气钩头截断阀在关闭位置	
4	安装过渡车钩	准备好过渡车钩模块 1＋模块 4→清除模块上的防尘堵（胶带）→确认无异物	
		旋转辅助挂钩→安装过渡车钩模块 1→确认安装正确	

续上表

序号	项目	具体内容	参考图片
4	安装过渡车钩	按照侧面指示线指示安装好模块 4→用插销固定→安装 R 型销开口销→拆除防跳止挡→压装过渡车钩→确认模块 1 上方指针指示到位（模块 4 安装方向为铭牌在上）	 
5	制动切除	车组蓄电池电压低无法继续供电时； 车组无风源导致风压无法满足缓解停放制动或会触发紧急制动时； 车组存在其他故障需要切除制动时	
6	引导作业	前往救援机车来车方向 300 m 外处做好防护	
		救援机车到达防护位置停车→救援机车司机联控随车机械师→得到随车机械师同意后撤除防护信号→救援机车在距离动车组前方 10 m 左右停车→将防护信号交被救援车随车机械师	
7	连挂准备	检查车钩是否与机车车钩在同一直线上→若车钩与机车车钩不在同一直线上→通知机车司机调整车钩角度→确认机车车钩处于全开位置，便于连挂，避免连挂时损坏车钩	
8	连挂作业	给出连挂信号	
		手信号指示救援机车→以不高于 5 km/h 的速度进行连挂	
		连挂完毕→检查连挂状态	
9	试拉	检查完毕→通知救援机车进行试拉	
		试拉确认没有脱钩→判断车钩连接良好	

续上表

序号	项目	具体内容	参考图片
9	试拉	安装防跳止挡→确认安装正确	
10	贯通风路	连接机车列车管与动车组制动(BP)管(过渡车钩模块上方的软管)并确认连接正确	
		打开动车组【列车管截断阀】和机车列车管的折角塞门	
11	制动试验	开启被救援车组蓄电池→主控占用→确认停放制动已施加→手柄置于缓解位(0位)→在IDU制动界面上确认制动状态	
		下车→确认连挂端无漏风情况	
		上车→通知动车组司机联控机车司机连挂完毕→开始制动试验	
		通知动车组司机联控机车司机施加制动(减压100 kPa)→得到回复→确认动车组制动施加正常	
		通知动车组司机联控机车司机缓解制动→得到回复→确认动车组制动缓解正常→通知动车组司机联控机车司机制动试验完毕	
12	恢复现场	若车组已设置防溜时,须撤除防溜	
		将车下所有工具、备品带齐上车	
		关闭车门→确认停放制动缓解→通知动车组司机联控机车司机可以动车	
13	救援运行	动车→运行途中加强盯控车组状态	
		通知司机运行途中加强盯控车组总风压力、蓄电池电压、列车运行状态。 风压＞530 kPa　电压＞97 V	

续上表

序号	项目	具体内容	参考图片
14	解编作业	停车→施加停放制动或设置防溜并确认	
		确认机车司机已关闭机车列车管折角塞门→关闭动车组【列车管截断阀】→摘解制动软管→拆除防跳止挡	
		通知救援机车解钩动车	
		拆下动车组过渡车钩→放回动车组规定位置	
		动车组司机回收自动车钩、关闭前端罩盖	
		恢复回送时所有阀门及断路器等	

第二节　CRH1A-A 型动车组作为被救援车

序号	项目	具体内容	参考图片
1	准备工作	故障发生：区间停车 20 min、站内停车 30 min 仍无法判明故障原因或无法处置不能继续运行时，通知司机申请救援	
		通知司机保持车组处于制动施加状态	
		打开开闭机构： 自动操作方法： 按压操纵台左上方“列车控制”区域【开关前舱门】按钮→打开头罩。 手动操作方法： 利用四角钥匙打开连挂端司机室（需打开开闭机构的司机室）左侧开闭机构控制阀组的小盖板。（查看盖板背后有具体的操作说明） 确认阀板的供风阀的“S1”和“S11”在“开/ON”位。 执行一次关闭命令：目测左右舱门处于完全关闭状态，并点按按钮“V2”和“V4”执行一次关闭命令。 按照解锁—打开—锁闭的顺序打开右侧舱门： 解锁：点按电磁阀“V8”外部红色按钮，解锁关闭状态下的右侧舱门。 打开：点按按钮“V3”，打开右侧舱门。 锁闭：点按按钮“V7”，锁闭打开状态下的右侧舱门。 按照解锁—打开—锁闭的顺序打开左侧舱门： 解锁：点按电磁阀“V6”外部红色按钮，解锁关闭状态下的左侧舱门。 打开：点按按钮“V1”，打开左侧舱门。 锁闭：点按按钮“V5”，锁闭打开状态下的左侧舱门。 确认左右舱门处于完全打开和安全锁闭位置	
		在 IDU 主页面点击【系统】→在系统界面点击【前部】→确认头罩状态	

续上表

序号	项目	具体内容	参考图片
1	准备工作	在 IDU 上关闭全车照明及空调； 检查：蓄电池电压为________ V 总风压________ kPa	
		通知司机盯控蓄电池电压→确认蓄电池电压在 100 V 以上、总风压 700 kPa 以上。蓄电池电压低于 100 V 时立即关闭蓄电池，总风压低于 700 kPa 时通知随车机械师	
		在司机室观察线路情况。 平直道□　　斜弯道□	
		提前准备好防护信号（白天红、绿旗，夜间手信号灯）	
		确认车组停放制动已施加	
		询问司机车组坡道情况→若需要设置防溜时→按照规定设置防溜	
		跟司机联系→确认救援来车方向	
		将连挂端司机室左后方 15. K1 柜内的【DSD】旋钮旋至“DS 旁路”位→将【ATP】旋钮旋至“ATP 隔离”位→将【救援】旋钮旋至“回送”位→主控手柄置最大常用制动位	
		检查：蓄电池电压为________ V 总风压________ kPa 确认受电弓已降下→关闭蓄电池	
		向司机申请调度命令下车	
		带好防护信号→通知车长防护车门	
2	请令下车	确认调度命令。 口头调度命令□　　纸质调度命令□ 命令号：________________ 邻线封锁□　　邻线限速□	
		注意线路安全，不得跨越股道；高架桥上行走时注意脚下路面石板，尽量避免踩在石板上，防止失足跌落；站台侧作业时要注意股道与站台间的空隙，紧贴车体进行作业，注意安全	

续上表

序号	项目	具体内容	参考图片
3	检查确认	车长到位后手动开门下车	
		下车确认动车组所有受电弓均处于降弓状态	
		手拉确认车钩罩无法动作→已锁闭到位	
		清除车钩风管上的“防尘堵(胶带)”→确认两端车钩罩状态	
		操作确认电气钩头截断阀在关闭位置	
4	安装过渡车钩	准备好过渡车钩模块 3+模块 4→清除模块上的防尘堵(胶带)→确认无异物	
		选择正确的辅助挂钩(较低一侧)→安装过渡车钩模块 3→确认安装正确	 
		按照侧面指示线指示安装好模块 4→用插销固定→安装 R 型销开口销→拆除防跳止挡→压装过渡车钩→确认模块 3 上方指针指示到位(模块 4 安装方向为铭牌在上)	
5	制动切除	车组蓄电池电压低无法继续供电时； 车组无风源导致风压无法满足缓解停放制动或会触发紧急制动时； 车组存在其他故障需要切除制动时	

续上表

序号	项目	具体内容	参考图片
6	引导作业	前往救援机车来车方向 300 m 外处做好防护	
		救援机车到达防护位置停车→救援机车司机联控随车机械师→得到随车机械师同意后撤除防护信号→救援机车在距离动车组前方 10 m 左右停车→将防护信号交被救援车随车机械师	
7	连挂准备	检查车钩是否与机车车钩在同一直线上→若车钩与机车车钩不在同一直线上→通知机车司机调整车钩角度→确认机车车钩处于全开位置,便于连挂,避免连挂时损坏车钩	
8	连挂作业	给出连挂信号	
		手信号指示机车以不高于 5 km/h 的速度连挂	
		连挂完毕→检查连挂状态	
9	试拉	检查完毕→通知救援机车进行试拉	
		试拉确认没有脱钩→判断车钩连接良好	
		安装防跳止挡→确认安装正确	
10	贯通风路	连接机车列车管与动车组制动(BP)管(过渡车钩模块上方的软管)并确认连接正确	
		打开动车组【列车管截断阀】和机车列车管折角塞门	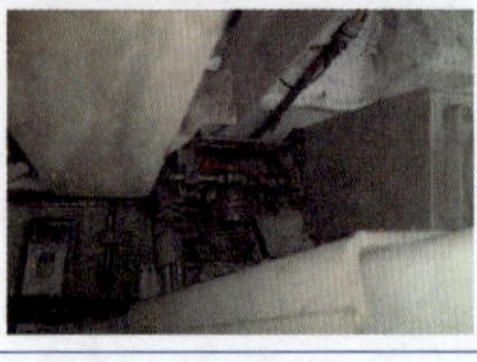

续上表

序号	项目	具体内容	参考图片
11	制动试验	开启被救援车组蓄电池→占用→主控手柄置于缓解位(0 位)→在IDU 制动界面确认制动状态	
		下车→确认连挂端无漏风情况	
		上车→通知动车组司机联控机车司机连挂完毕→开始制动试验	
		通知动车组司机联控机车司机施加制动(减压 100 kPa)→得到回复→确认动车组制动施加正常	
		通知动车组司机联控机车司机缓解制动→得到回复→确认动车组制动缓解正常→通知动车组司机联控机车司机制动试验完毕	
12	恢复现场	若车组已设置防溜时,须撤除防溜	
		将车下所有工具、备品带齐上车	
		关闭车门→确认停放制动缓解→通知动车组司机联控机车司机可以动车	
13	救援运行	动车→运行途中加强盯控车组状态	
		通知司机运行途中加强盯控车组总风压力、蓄电池电压、列车运行状态。 风压＞530 kPa　　电压＞97 V	
14	解编作业	停车→施加停放制动或设置防溜并确认	
		确认机车司机已关闭机车列车管折角塞门→关闭动车组【列车管截断阀】→摘解制动软管→拆除防跳止挡	
		通知救援机车解钩动车	
		拆下动车组过渡车钩→放回动车组规定位置	
		动车组司机关闭前端罩盖	
		恢复回送时所有阀门及断路器等	

第三节　CRH2E 非统型动车组作为被救援车

序号	项目	具体内容	参考图片
1	准备工作	故障发生:区间停车 20 min、站内停车 30 min 仍无法判明故障原因或无法处置不能继续运行时,通知司机申请救援	
		制动手柄移置“B7”位→保持动车组制动状态	

续上表

序号	项目	具体内容	参考图片
1	准备工作	打开开闭机构： 自动开启头罩： 打开司机室左后方配电盘→闭合【联解控制】断路器→打开司机室右侧车钩控制柜→将 SA2 打到“开头罩”→“头罩开（红）”灯亮→“头罩被锁（黄）”灯亮→确认头罩开到位后→把 SA2 回到中间位→打开开闭机构。 手动开启头罩： 断开司机室设备舱 1 内左侧墙右上角【分隔　合并】阀，进入设备舱 2 内用四角钥匙或其他硬物按压车钩上方【头罩锁】，由其他人员在车下配合机械师开启导流罩至打开并锁闭位	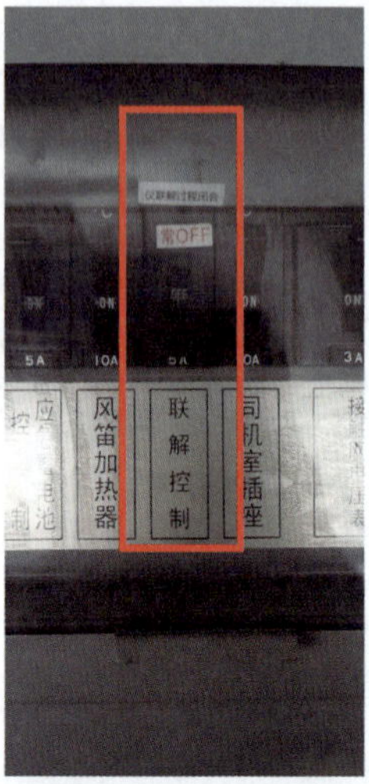
		在 MON 屏上确认【连接头罩信息】界面→仅【打开头罩】显绿	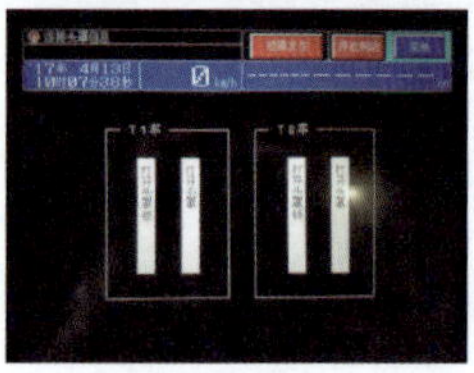
		确认头罩打开→断开【联解控制】断路器	
		检查：蓄电池电压为________ V 总风压________ kPa	
		通知司机盯控蓄电池电压→确认蓄电池电压在 87 V 以上、总风压 700 kPa 以上。蓄电池电压低于 87 V 时立即拔取主控，总风压低于 700 kPa 时通知随车机械师	
		询问司机车组坡道情况→向司机申请下车设置防溜→准备防溜备品	
		打开救援连挂端司机室右后方总配电盘→【警惕报警隔离】开关旋至“隔离”位	

续上表

序号	项目	具体内容	参考图片
1	准备工作	打开救援连挂端司机室右后方总配电盘→闭合【救援转换装置】断路器	
		打开两端司机室右后方总配电盘→操作【救援转换集控隔离开关】	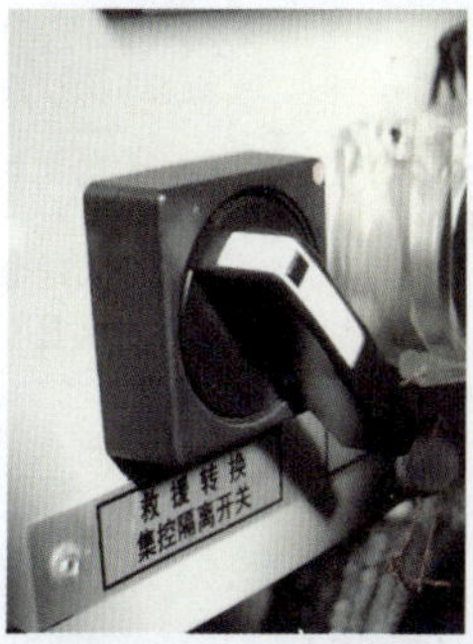
		打开救援连挂端 ATP 柜→隔离 ATP/LKJ→确认 ATP 屏点亮，且屏幕显示“隔离”→若 ATP 黑屏则确认 MON 屏配电盘信息 EBR 未变绿	 

续上表

序号	项目	具体内容	参考图片
1	准备工作	在司机室观察线路情况。 平直道□　斜弯道□	
		确认车组施加最大常用制动	
		跟司机密切联系,确认救援来车方向	
		切除非关键负载→断开【室内灯1】【室内灯2】【室内灯3】【集便器控制】【车内显示器】【电茶炉控制】【弓网环境监测】【影视控制】	
		检查:蓄电池电压为________ V 总风压________ kPa 确认受电弓已降下→拔取主控	
		提前准备好防护信号(白天红、绿旗,夜间手信号灯)	
2	请令下车	带好防护信号→通知车长防护车门	
		确认调度命令。 口头调度命令□　纸质调度命令□ 命令号:______________ 邻线封锁□　邻线限速□	
3	检查确认	注意线路安全,不得跨越股道;高架桥上行走时注意脚下路面石板,尽量避免踩在石板上,防止失足跌落;站台侧作业时要注意股道与站台间的空隙,紧贴车体进行作业,注意安全	
		车长到位后手动开门下车	
		按照规定设置防溜	
		下车确认动车组所有受电弓均处于降弓状态	
		手拉确认车钩罩无法动作→已锁闭到位	
		清除车钩风管上的"防尘堵(胶带)"→确认两端车钩罩状态	
		检查确认车钩外观各接口等部件处无杂物→其他部件外观正常	

续上表

序号	项目	具体内容	参考图片
3	检查确认	确认头罩内右侧的救援回送 BP 阀处于关闭状态→安装使用 BP 软管→确认安装良好且接口无异物	
4	安装过渡车钩	准备好过渡车钩模块 2+模块 4→清除模块上的防尘堵(胶带)→确认无异物	
		安装过渡车钩模块 2→确认安装正确	
		按照侧面指示线指示安装好模块 4→用插销固定→安装 R 型销开口销→拆除防跳止挡(模块 4 安装方向为铭牌在上)	
5	制动切除	车组蓄电池电压低无法继续供电时； 车组无风源导致风压低触发紧急制动时； 车组存在其他故障需要切除制动时	
6	引导作业	前往救援机车来车方向 300 m 外处做好防护	
		救援机车到达防护位置停车→救援机车司机联控随车机械师→得到随车机械师同意后撤除防护信号→救援机车在距离动车组前方 10 m 左右停车→将防护信号交被救援车随车机械师	
7	连挂准备	检查车钩是否与机车车钩在同一直线上→若车钩是否与机车车钩不在同一直线上→通知机车司机调整车钩角度→确认机车车钩处于全开位置，便于连挂，避免连挂时损坏车钩	
8	连挂作业	给出连挂信号	
		手信号指示救援机车→以 2 km/h 的速度进行连挂	

续上表

序号	项目	具体内容	参考图片
8	连挂作业	连挂完毕→检查连挂状态	
9	试拉	检查完毕→通知救援机车进行试拉(注意:长大坡道向下坡道方向救援试拉时,应优先采取缓解制动方式试拉。具体方法为:救援动车组不施加牵引,先缓解救援动车组停放制动,再逐级缓解救援动车组常用制动,试拉完毕后立即施加最大常用制动)	
		试拉确认没有脱钩→判断车钩连接良好	
		安装防跳止挡	
10	贯通风路	连接机车列车管与动车组制动(BP)管并确认连接正确	
		打开机车列车管折角塞门→操作确认【救援回送 BP】阀处于打开状态→上车钻入司机室设备舱 1→钻入司机室设备舱 2→打开【救援旁通断】阀→确认总风压力达到 600 kPa 后将【救援旁通断】阀关闭→打开【救援断】阀→返回司机室,关闭各设备舱门	

续上表

序号	项目	具体内容	参考图片
10	贯通风路		
11	制动试验	通知司机投入主控→通过 MON 屏确认总风正常→进行紧急复位→确认紧急制动缓解正常→将手柄置于运行位	
		下车→确认连挂端无漏风情况	
		上车→通知动车组司机联控机车司机连挂完毕→开始制动试验	
		通知动车组司机联控机车司机施加制动(减压 100 kPa)→得到回复→确认动车组制动施加正常	
		通知动车组司机联控机车司机缓解制动→得到回复→确认动车组制动缓解正常→通知动车组司机通知机车司机制动试验完毕	
12	恢复现场	确认车组制动已施加→撤除防溜	
		将车下所有工具、备品带齐上车	
		关闭车门→通知动车组司机联控机车司机可以动车	
13	救援运行	动车→运行途中加强盯控车组状态	
		通知司机运行途中加强盯控车组总风压力、蓄电池电压、列车运行状态。 风压＞530 kPa　　电压＞84 V	
14	解编作业	停车→确认车组制动已施加→设置防溜并确认	
		确认机车司机已关闭机车列车管折角塞门→关闭动车组【救援回送BP】【救援断】阀→摘解制动软管	
		通知救援机车解钩动车	
		拆下动车组过渡车钩→拆除制动软管→放回动车组规定位置	
		动车组司机关闭前端罩盖	
		恢复回送时所有阀门及断路器等	

第四节　CRH2E 统型动车组作为被救援车

序号	项目	具体内容	参考图片
1	准备工作	故障发生：区间停车 20 min、站内停车 30 min 仍无法判明故障原因或无法处置不能继续运行时，通知司机申请救援	
		通知司机保持车组处于制动施加状态	
		打开开闭机构： 自动打开头罩：打开司机室配电盘→确认【联解分控】(或【联解控制】)断路器闭合→打开司机室右侧车钩控制柜→将 SA2 打到“开头罩”→“头罩开(红)”灯亮→“头罩被锁(黄)”灯亮→确认头罩开到位后→把 SA2 回到中间位→打开开闭机构。 手动打开头罩：断开司机室设备舱 1 内左侧墙右上角【分隔　合并】(或【分并总】)阀，进入设备舱 2 内用四角或其他硬物按压车钩上方【头罩锁】，由其他人员在车下配合机械师开启导流罩至打开并锁闭位	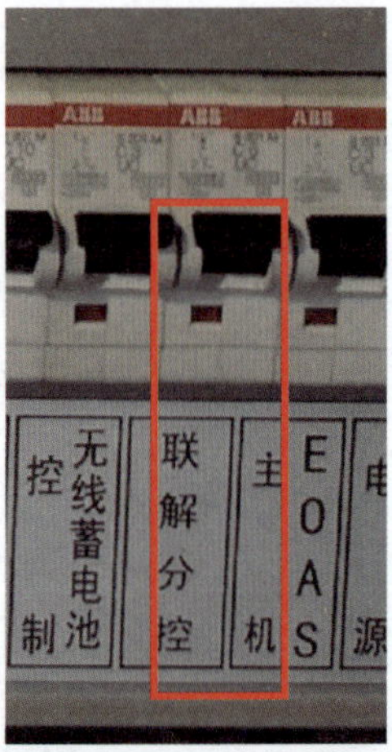
		在 MON 屏上确认【连接头罩信息】界面→仅【打开头罩】显绿	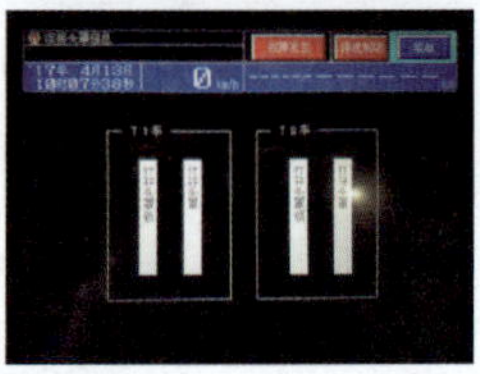
		确认头罩打开→断开【联解分控】(或【联解控制】)断路器	
		检查：蓄电池电压为________ V 总风压________ kPa	
		通知司机盯控蓄电池电压→确认蓄电池电压在 87 V 以上、总风压 700 kPa 以上。蓄电池电压低于 87 V 时立即拔取主控，总风压低于 700 kPa 时通知随车机械师	
		打开救援连挂端司机室转换开关盘 1→【警惕报警隔离】开关旋至“隔离”位	

续上表

序号	项目	具体内容	参考图片
1	准备工作	打开救援连挂端司机室配电盘→闭合【救援转换装置】断路器	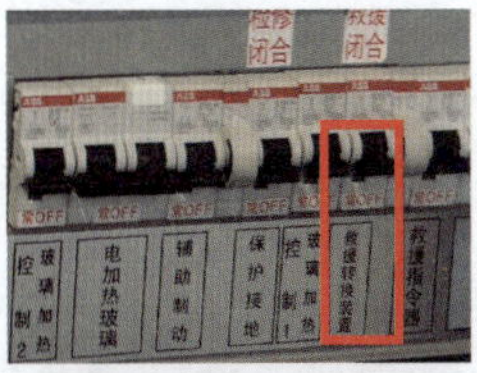
		打开两端司机室转换开关盘1→操作【救援转换集控隔离开关】置于红点位	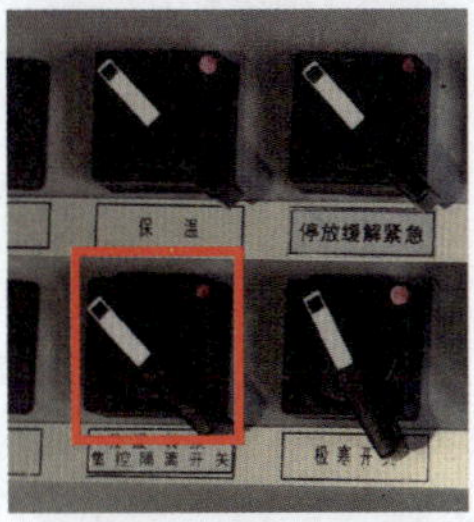
		打开救援连挂端ATP柜→隔离ATP/LKJ→确认ATP屏点亮，且屏幕显示“隔离”→若ATP黑屏则确认MON屏配电盘信息EBR未变绿	 
		在司机室观察线路情况。 平直道□　　斜弯道□	

续上表

序号	项目	具体内容	参考图片
1	准备工作	确认车组停放制动已施加	
		询问司机车组坡道情况→若需要设置防溜时→按照规定设置防溜	
		跟司机联系→确认救援来车方向	
		切除非关键负载→断开【室内灯 1】【室内灯 2】【室内灯 3】【集便器控制】【车内显示器】【电茶炉控制】【3C】【弓网环境监测】【影视控制】	
		检查：蓄电池电压为________ V 总风压________ kPa 确认受电弓已降下→拔取主控	
		提前准备好防护信号（白天红、绿旗，夜间手信号灯）	
		向司机申请调度命令下车	
2	请令下车	带好防护信号灯→通知车长防护车门	
		确认调度命令。 口头调度命令□　　纸质调度命令□ 命令号：________________ 邻线封锁□　　邻线限速□	
3	检查确认	注意线路安全，不得跨越股道；高架桥上行走时注意脚下路面石板，尽量避免踩在石板上，防止失足跌落；站台侧作业时要注意股道与站台间的空隙，紧贴车体进行作业，注意安全	
		车长到位后手动开门下车	
		下车确认动车组所有受电弓均处于降弓状态	
		手拉确认车钩罩无法动作→已锁闭到位	
		清除车钩风管上的“防尘堵（胶带）”→确认两端车钩罩状态	
		检查确认车钩外观各接口等部件处无杂物→其他部件外观正常	
4	安装过渡车钩	准备好过渡车钩模块 3＋模块 4→清除模块上的防尘堵（胶带）→确认无异物	
		选择正确的辅助挂钩（较低一侧）→安装过渡车钩模块 3→确认安装正确	

续上表

序号	项目	具体内容	参考图片
4	安装过渡车钩	按照侧面指示线指示安装好模块4→用插销固定→安装R型销开口销→拆除防跳止挡→压装过渡车钩→确认模块3上方指针指示到位（模块4安装方向为铭牌在上）	
5	制动切除	车组蓄电池电压低无法继续供电时； 车组无风源导致风压无法满足缓解停放制动或会触发紧急制动时； 车组存在其他故障需要切除制动时	
6	引导作业	前往救援机车来车方向300 m外处做好防护	
		救援机车到达防护位置停车→救援机车司机联控随车机械师→得到随车机械师同意后撤除防护信号→救援机车在距离动车组前方10 m左右停车→将防护信号交被救援车随车机械师	
7	连挂准备	检查车钩是否与机车车钩在同一直线上→若车钩与机车车钩不在同一直线上→通知机车司机调整车钩角度→确认机车车钩处于全开位置，便于连挂，避免连挂时损坏车钩	
8	连挂	给出连挂信号	
		手信号指示救援机车→以不高于5 km/h的速度进行连挂	
		连挂完毕→检查连挂状态	
9	试拉	检查完毕→通知救援机车进行试拉	
		试拉确认没有脱钩→判断车钩连接良好	
		安装防跳止挡→确认安装正确	

续上表

序号	项目	具体内容	参考图片
10	贯通风路	连接机车列车管与动车组制动(BP)管(过渡车钩模块上方的软管)并确认连接正确	
		打开机车列车管折角塞门→上车钻入司机室设备舱1→钻入司机室设备舱2→打开靠头罩内墙下部的【BP】阀→打开【救援旁通断】阀→确认总风压力达到600 kPa后将【救援旁通断】阀关闭→打开【救援断】阀→返回司机室,关闭各设备舱门	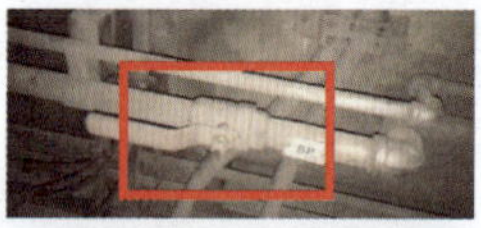 
11	制动试验	通知司机投入主控→通过MON屏确认总风正常→确认停放制动已施加→操作转换开关盘1【停放缓解紧急】旋钮→进行紧急复位→确认紧急制动缓解正常→将手柄置于运行位	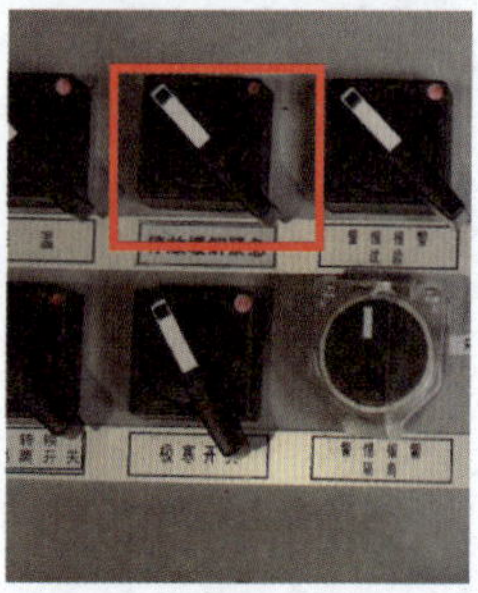
		在MON屏上列车员菜单点击【服务设备控制】→【空调】→确认全列空调属于停机模式	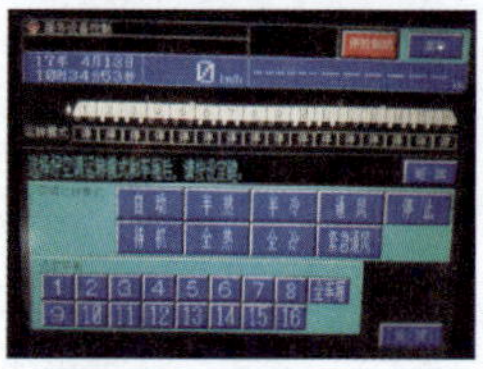
		下车→确认连挂端无漏风情况	
		上车→通知动车组司机联控机车司机连挂完毕→开始制动试验	
		通知动车组司机联控机车司机施加制动(减压100 kPa)→得到回复→确认动车组制动施加正常	
		通知动车组司机联控机车司机缓解制动→得到回复→确认动车组制动缓解正常→通知动车组司机通知机车司机制动试验完毕	

续上表

序号	项目	具体内容	参考图片
12	恢复现场	若车组已设置防溜时，须撤除防溜	
		将车下所有工具、备品带齐上车	
		关闭车门→缓解停放制动→恢复【停放缓解紧急】旋钮→通知动车组司机联控机车司机可以动车	
13	救援运行	动车→运行途中加强盯控车组状态	
		通知司机运行途中加强盯控车组总风压力、蓄电池电压、列车运行状态。 风压＞530 kPa　　电压＞84 V	
14	解编作业	停车→施加停放制动或设置防溜并确认	
		关闭【BP】阀	
		确认机车司机已关闭机车列车管折角塞门→摘解制动软管→拆除防跳止挡	
		通知救援机车解钩动车	
		拆下动车组过渡车钩→放回动车组规定位置	
		动车组司机关闭前端罩盖	
		恢复回送时所有阀门及断路器等	

第五节　CRH6A 非统型动车组作为被救援车

序号	项目	具体内容	参考图片
1	准备工作	故障发生：区间停车 20 min、站内停车 30 min 仍无法判明故障原因或无法处置不能继续运行时，通知司机申请救援	
		通知司机保持车组处于制动施加状态	
		打开开闭机构： 自动打开头罩、伸出车钩：闭合司机室右侧保护接地开关柜里【头罩控制器】断路器→将【头罩控制】开关旋至“开启”位置→确认“头罩打开”指示灯点亮后回“0”→操作【车钩控制】开关旋至“伸出”位置。 手动开启头罩：断开司机室右后方配电柜【头罩控制器】断路器，关闭司机室操纵台左下方设备柜内【罩开闭】阀，将手动解锁手柄拉到开位。手动开启头罩至全开位。恢复手动解锁手柄	

续上表

序号	项目	具体内容	参考图片
1	准备工作	在 MON 屏【连接头罩信息】界面上确认车钩罩打开状态正常	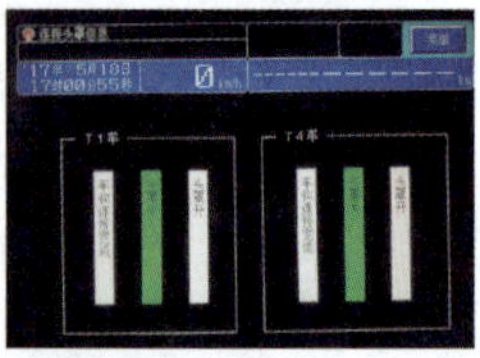
		断开【头罩控制器】断路器	
		检查：蓄电池电压为________ V 总风压________ kPa	
		通知司机盯控蓄电池电压→确认蓄电池电压在 87 V 以上、总风压 700 kPa 以上。蓄电池电压低于 87 V 时立即拔取主控，总风压低于 700 kPa 时通知随车机械师	
		询问司机车组坡道情况→向司机申请下车设置防溜→准备防溜备品。 止轮器□　　坡道铁鞋□	
		打开连挂端司机室配电盘→【警惕报警隔离】开关右旋至“隔离”位	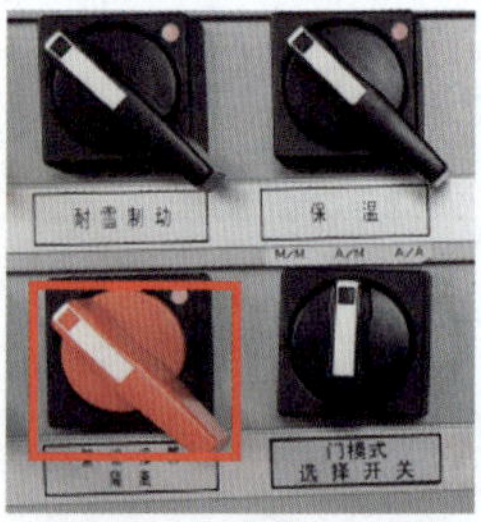
		打开连挂端司机室配电盘→闭合【救援转换装置】断路器	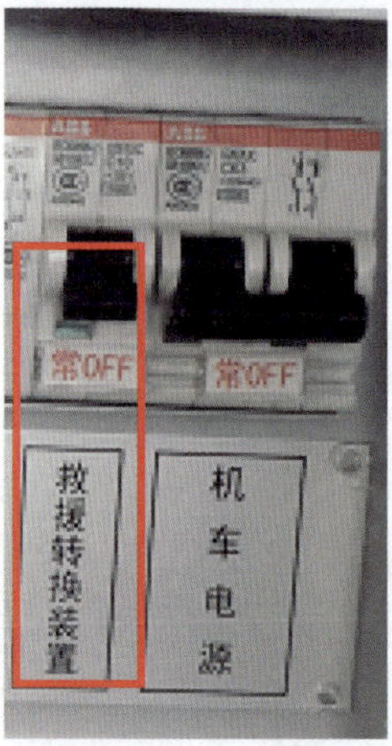

续上表

序号	项目	具体内容	参考图片
1	准备工作	打开救援连挂端 ATP 柜→隔离 ATP/LKJ→确认 ATP 屏点亮，且屏幕显示“隔离”→若 ATP 黑屏则确认 MON 屏配电盘信息 EBR 未变绿	 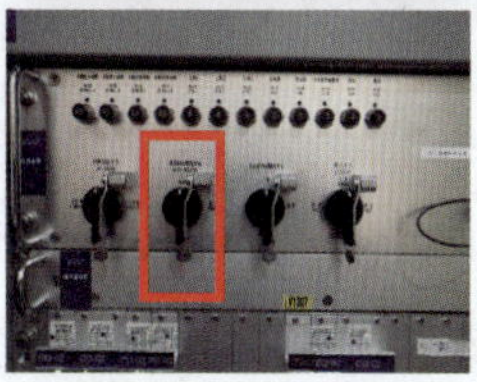
		在司机室观察线路情况。 平直道□　　斜弯道□	
		确认车组施加最大常用制动	
		跟司机联系→确认救援来车方向	
		切除非关键负载→断开【室内灯 1】【室内灯 2】【室内灯 3】【集便器控制】【车内显示器】【电茶炉控制】【弓网环境监测】	
		检查：蓄电池电压为________ V 总风压________ kPa 确认受电弓已降下→拔取主控	
		提前准备好防护信号（白天红、绿旗，夜间手信号灯）	
2	请令下车	带好防护信号→通知车长防护车门	
		确认调度命令。 口头调度命令□　　纸质调度命令□ 命令号：________________ 邻线封锁□　　邻线限速□	
3	检查确认	注意线路安全，不得跨越股道；高架桥上行走时注意脚下路面石板，尽量避免踩在石板上，防止失足跌落；站台侧作业时要注意股道与站台间的空隙，紧贴车体进行作业，注意安全	

续上表

序号	项目	具体内容	参考图片
3	检查确认	车长到位后手动开门下车	
		下车确认动车组所有受电弓都处于降弓状态	
		按照规定设置防溜	
		确认两端车钩罩状态→确认车钩伸出状态→清除车钩风管上的“防尘堵(胶带)”。 车钩没有正常伸出时，手动伸出。 手动伸出车钩： 头罩打开状态下，检查头罩车钩控制器各指示灯的状态；将车钩前端电缆从线夹中取出，令电缆处于可自由伸展状态；打开车辆侧车钩控制装置的压缩空气气源(即通向车钩控制装置的空气管路，应有折角塞门)；将车钩控制装置上的管塞“A1”，设置在“ON(开启)”位； 解锁车钩：将锁闭装置旋转按钮“V3”由“0”位旋转到“1”位；此时位于车钩钩身上方的锁闭气缸活塞处于缩回状态。 伸出车钩：将车钩伸出旋转按钮“V2B”由“0”位旋转到“1”位；此时车钩缓慢伸出。 锁闭车钩：车钩伸出到位后，将锁闭装置旋转按钮“V3”由“1”位旋转到“0”位；此时位于车钩钩身上方的锁闭气缸活塞处于伸出状态；关闭车辆侧车钩控制装置的压缩空气供应。将车钩伸出旋转按钮“V2B”由“1”位旋转到“0”位	
		检查确认车钩外观各接口等部件处无杂物→其他部件外观正常	
4	安装过渡车钩	准备好过渡车钩模块 3+模块 4→清除模块上的防尘堵(胶带)→确认无异物	
		选择正确的辅助挂钩(较低一侧)→安装过渡车钩模块 3→确认安装正确	
		按照侧面指示线指示安装好模块 4→用插销固定→安装 R 型销开口销→拆除防跳止挡→压装过渡车钩→确认模块 3 上方指针指示到位(模块 4 安装方向为铭牌在上)	
5	需要制动切除	车组蓄电池电压低无法继续供电时； 车组无风源导致风压无法满足缓解停放制动或会触发紧急制动时； 车组存在其他故障需要切除制动时	
6	引导作业	前往救援动车组来车方向 300 m 外处做好防护	
		救援机车到达防护位置停车→救援机车司机联控随车机械师→得到随车机械师同意后撤除防护信号→救援机车在距离动车组前方 10 m 左右停车→将防护信号交被救援车随车机械师	

续上表

序号	项目	具体内容	参考图片
7	连挂准备	检查车钩是否与机车车钩在同一直线上→若车钩与机车车钩不在同一直线上→通知机车司机调整车钩角度→确认机车车钩处于全开位置，便于连挂，避免连挂时损坏车钩	
8	连挂作业	给出连挂信号	
		手信号指示救援机车→以不高于 5 km/h 的速度进行连挂	
		连挂完毕→检查连挂状态	
9	试拉	检查完毕→通知救援机车进行试拉	
		试拉确认没有脱钩→判断车钩连接良好	
		安装防跳止挡→确认安装正确	
10	贯通风路	连接机车列车管与动车组制动(BP)管(过渡车钩模块上方的软管)并确认连接正确	
		通知机车司机打开机车列车管的折角塞门→打开司机室左侧柜动车组【救援回送 BP】阀→打开司机室左侧柜【救援旁通断】阀→确认总风压力达到 600 kPa 后将其关闭→再打开【救援断】阀	

续上表

序号	项目	具体内容	参考图片
10	贯通风路		
11	制动试验	投入主控→确认总风正常→确认手柄在快速位→进行紧急复位→确认紧急制动缓解正常→将制动手柄置运行位→确认司机室配电盘【应急通风】旋钮在"断"位	
		下车→确认连挂端无漏风情况	
		上车→通知动车组司机联控机车司机连挂完毕→可以开始制动试验	
		通知动车组司机联控机车司机施加制动(减压 100 kPa)→得到回复→确认动车组制动施加正常	
		通知动车组司机联控机车司机缓解制动→得到回复→确认动车组制动缓解正常→通知动车组司机通知机车司机制动试验完毕	
12	恢复现场	确认车组制动已施加→撤除防溜	
		将车下所有工具、备品带齐上车	
		关闭车门→通知动车组司机联控机车司机可以动车	
13	救援运行	动车→运行途中加强盯控车组状态	
		通知司机运行途中加强盯控车组总风压力、蓄电池电压、列车运行状态。 风压＞550 kPa　　电压＞84 V	
14	解编作业	停车→施加最大常用制动设置防溜并确认	
		关闭机车列车管折角塞门和【救援回送 BP】【救援断】阀→摘解制动软管	
		通知救援机车解钩动车	
		拆下动车组过渡车钩→并放回动车组规定位置(途中可搬至车厢)	
		动车组司机缩回自动车钩→关闭前端罩盖	
		恢复回送时所有阀门及断路器等	

第六节　CRH6A 统型动车组作为被救援车

序号	项目	具体内容	参考图片
1	准备工作	故障发生：区间停车 20 min、站内停车 30 min 仍无法判明故障原因或无法处置不能继续运行时，通知司机申请救援	
		通知司机保持车组处于制动施加状态	
		打开开闭机构： 自动打开头罩：闭合司机室配电盘里【头罩控制器】断路器→将【头罩控制】旋钮旋至“打开”位。 手动开启头罩：断开司机室右后方配电柜【头罩控制器】断路器，关闭司机室操纵台左下方设备柜内【罩开闭】阀，将手动解锁手柄拉到开位。手动开启头罩至全开位。恢复手动解锁手柄	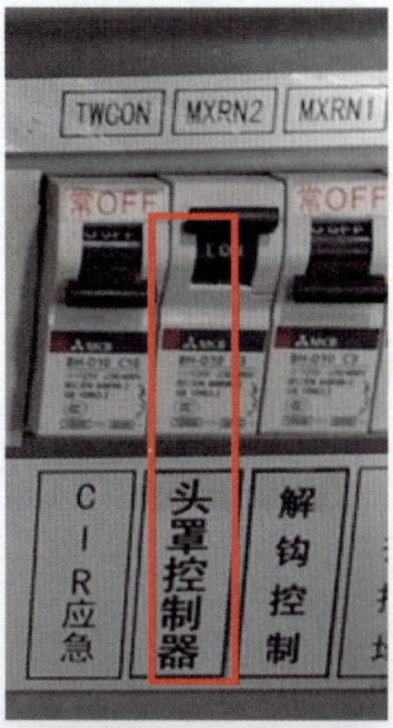 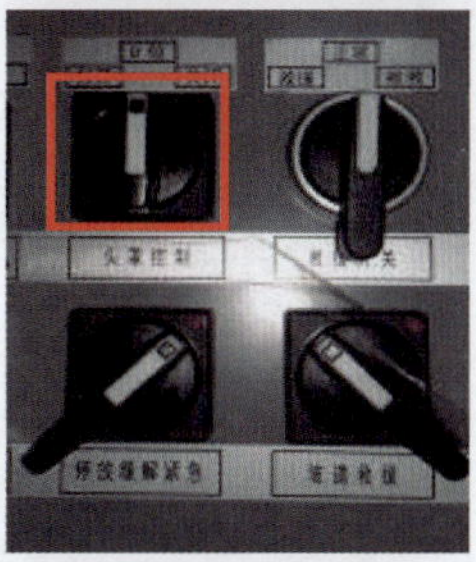
		在 MON 屏【连接头罩信息】界面上确认车钩罩打开状态正常	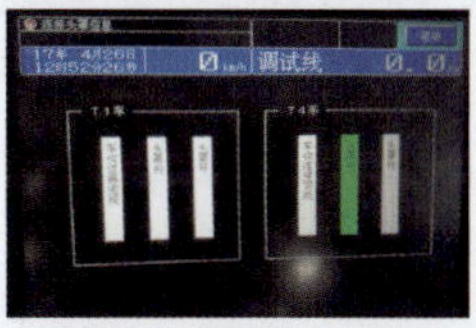
		断开【头罩控制器】断路器	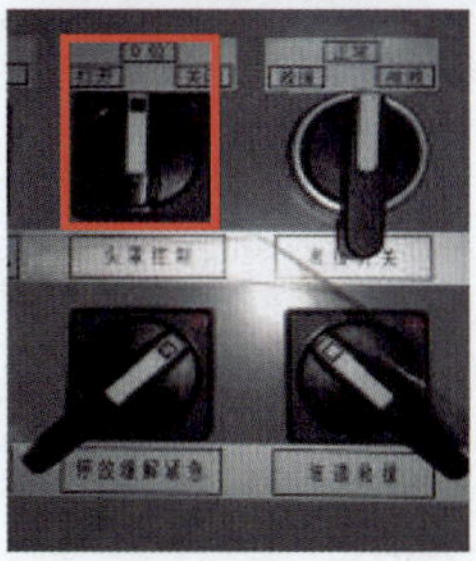

续上表

序号	项目	具体内容	参考图片
1	准备工作	检查:蓄电池电压为________ V 总风压________ kPa	
		通知司机盯控蓄电池电压→确认蓄电池电压在 87 V 以上、总风压 700 kPa 以上。蓄电池电压低于 87 V 时立即拔取主控,总风压低于 700 kPa 时通知随车机械师	
		打开救援连挂端司机室配电盘→【警惕报警隔离】开关右旋至隔离位→把【保持制动切除】开关右旋至红点处	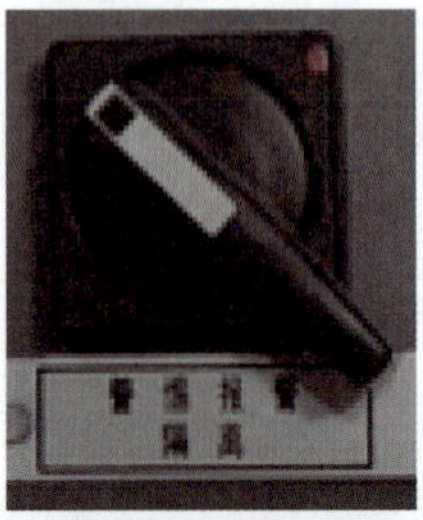 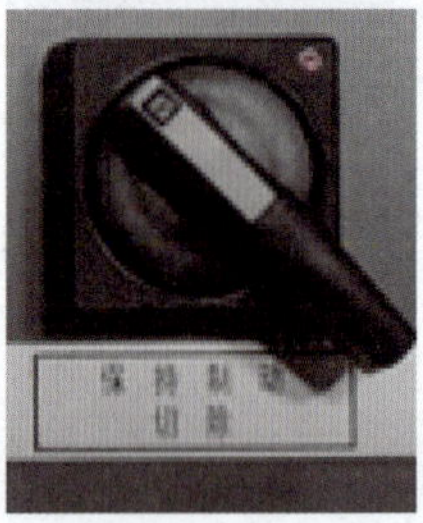
		闭合司机室配电盘内【救援指令器】断路器	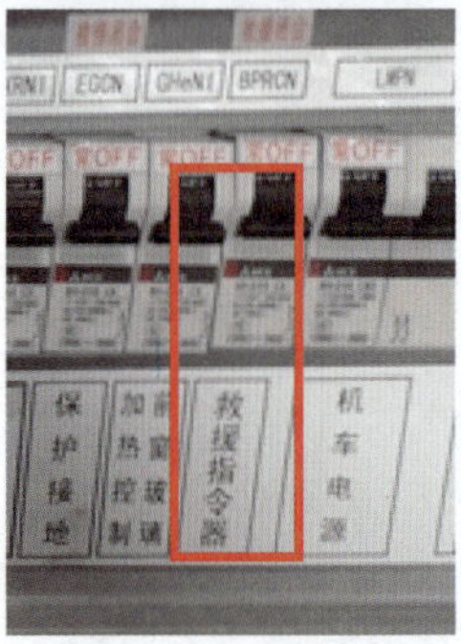
		打开救援连挂端司机室配电盘→【救援开关】旋至“被救”位	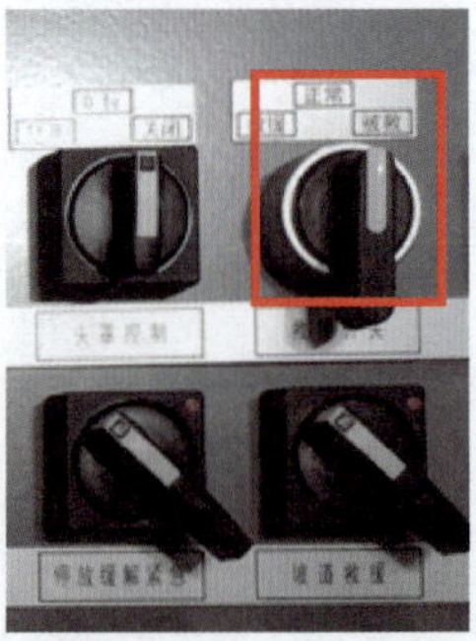

续上表

序号	项目	具体内容	参考图片
1	准备工作	打开救援连挂端 ATP 柜→隔离 ATP/LKJ→确认 ATP 屏点亮，且屏幕显示“隔离”→若 ATP 黑屏则确认 MON 屏配电盘信息 EBR 未变绿	 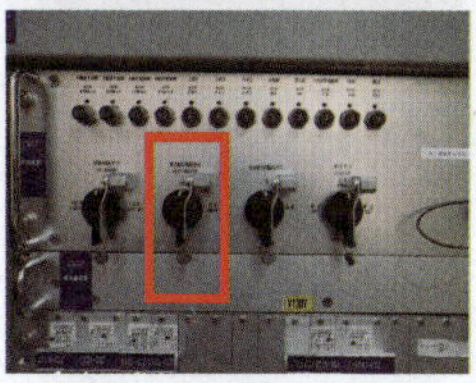
		在司机室观察线路情况。 平直道□　　斜弯道□	
		确认车组停放制动已施加	
		询问司机车组坡道情况→若需要设置防溜时→按照规定设置防溜	
		跟司机联系→确认救援来车方向	
		切除全列非关键负载→断开【室内灯 1】【室内灯 2】【室内灯 3】【集便器控制】【车内显示器】【电茶炉控制】【3C】【弓网环境监测】【影视控制】	
		检查：蓄电池电压为________ V 总风压________ kPa 确认受电弓已降下→拔取主控	
		提前准备好防护信号(白天红、绿旗，夜间手信号灯)	
		向司机申请调度命令下车	
2	请令下车	带好防护信号→通知车长防护车门	
		确认调度命令。 口头调度命令□　　纸质调度命令□ 命令号：____________ 邻线封锁□　　邻线限速□	

续上表

序号	项目	具体内容	参考图片
3	检查确认	注意线路安全，不得跨越股道；高架桥上行走时注意脚下路面石板，尽量避免踩在石板上，防止失足跌落；站台侧作业时要注意股道与站台间的空隙，紧贴车体进行作业，注意安全	
		车长到位后手动开门下车	
		下车确认动车组所有受电弓都处于降弓状态	
		手拉确认车钩罩无法动作→已锁闭到位	
		清除车钩风管上的"防尘堵(胶带)"→确认两端车钩罩状态	
		检查确认车钩外观各接口等部件处无杂物→其他部件外观正常	
4	安装过渡车钩	准备好过渡车钩模块 3+模块 4→清除模块上的防尘堵(胶带)→确认无异物	
		选择正确的辅助挂钩(较低一侧)→安装过渡车钩模块 3→确认安装正确	
		按照侧面指示线指示安装好模块 4→用插销固定→安装 R 型销开口销→拆除防跳止挡→压装过渡车钩→确认模块 3 上方指针指示到位(模块 4 安装方向为铭牌在上)	
5	制动切除	车组蓄电池电压低无法继续供电时； 车组无风源导致风压无法满足缓解停放制动或会触发紧急制动时； 车组存在其他故障需要切除制动时	
6	引导作业	前往救援机车来车方向 300 m 外处做好防护	
		救援机车到达防护位置停车→救援机车司机联控随车机械师→得到随车机械师同意后撤除防护信号→救援机车在距离动车组前方 10 m 左右停车→将防护信号交被救援车随车机械师	

续上表

序号	项目	具体内容	参考图片
7	连挂准备	检查车钩是否与机车车钩在同一直线上→若车钩与机车车钩不在同一直线上→通知机车司机调整车钩角度→确认机车车钩处于全开位置，便于连挂，避免连挂时损坏车钩	
8	连挂作业	给出连挂信号	
		手信号指示救援机车→以不高于 5 km/h 的速度进行连挂	
		连挂完毕→检查连挂状态	
9	试拉	检查完毕→通知救援机车进行试拉	
		试拉确认没有脱钩→判断车钩连接良好	
		安装防跳止挡→确认安装正确	
10	贯通风路	连接机车列车管与动车组制动(BP)管(过渡车钩模块上方的软管)并确认连接正确	
		通知机车司机打开机车列车管的折角塞门→打开连挂端车下运行方向右侧 BP 救援装置裙板→操作确认【BP 救援】阀为打开状态→关闭裙板并确认锁闭良好→打开司机室左侧柜【救援旁通断】阀→确认总风压力达到 600 kPa 后将【救援旁通断】阀关闭→再打开【救援断】阀	

续上表

序号	项目	具体内容	参考图片
10	贯通风路		
11	制动试验	通知司机投入主控→确认总风正常→确认停放制动已施加→操作【停放缓解紧急】旋钮→进行紧急复位→确认紧急制动缓解正常→将手柄置于运行位→确认司机室配电盘【应急通风】旋钮在“断”位	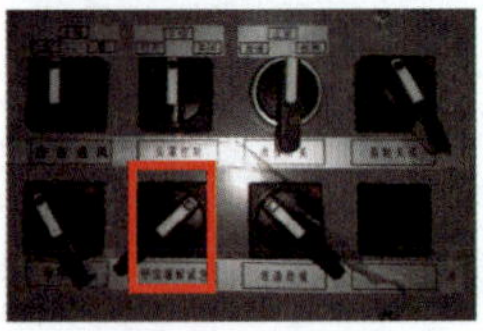
		下车→确认连挂端无漏风情况	
		上车→通知动车组司机联控机车司机连挂完毕→开始制动试验	
		通知动车组司机联控机车司机施加制动(减压 100 kPa)→得到回复→确认动车组制动施加正常	
		通知动车组司机联控机车司机缓解制动→得到回复→确认动车组制动缓解正常→通知动车组司机通知机车司机制动试验完毕	
12	恢复现场	若车组已设置防溜时,须撤除防溜	
		将车下所有工具、备品带齐上车	
		关闭车门→缓解停放制动→恢复【停放缓解紧急】旋钮→通知动车组司机联控机车司机可以动车	
13	救援运行	动车→运行途中加强盯控车组状态	
		通知司机运行途中加强盯控车组总风压力、蓄电池电压、列车运行状态。 风压>550 kPa　电压>84 V	
14	解编作业	停车→施加停放制动或设置防溜并确认	
		确认机车司机已关闭机车列车管折角塞门→摘解制动软管	
		关闭【BP 救援】【救援断】阀	
		通知救援机车解钩动车	
		拆下动车组过渡车钩→并放回动车组规定位置(途中可搬至车厢)	
		动车组司机关闭前端罩盖	
		恢复回送时所有阀门及断路器等	

第七节　CRH3C 型动车组作为被救援车

序号	项目	具体内容	参考图片
1	准备工作	故障发生:区间停车 20 min、站内停车 30 min 仍无法判明故障原因或无法处置不能继续运行时,通知司机申请救援	

续上表

序号	项目	具体内容	参考图片
1	准备工作	通知司机保持车组处于制动施加状态	
		打开开闭机构，伸出车钩： 自动开启车钩罩： 按压操纵台【前车钩罩开】按钮开启车钩罩。 手动开启车钩罩： 下车前关闭【74-F13】断路器、确认总风风压大于 650 kPa。 用 16 mm 扳手分别按照与头罩打开方向的相反方向转动导流罩两侧解锁装置直至锁杆完全向外旋转，手拉开启车钩导流罩，将导流罩抗旋转装置蝴蝶阀板抬起，防止自动关闭	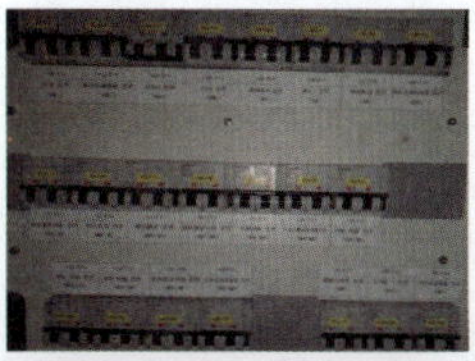 
		HMI 屏主页面→选择【系统】选项→选择【编组连挂】选项→确认头罩处于打开状态	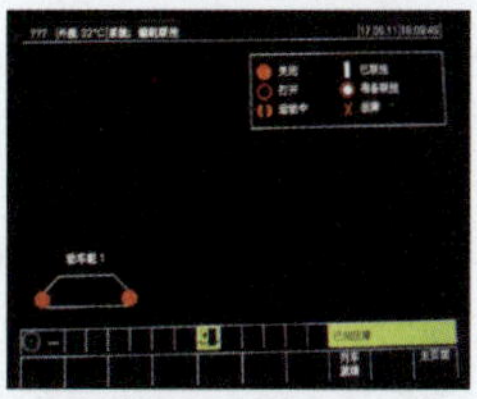
		打开司机室左侧开关柜→断开【74-F13】断路器	
		在 HMI 屏上紧急关闭全列空调、关闭全列照明， 检查：蓄电池电压为________ V 总风压________ kPa	
		通知司机盯控蓄电池电压→确认蓄电池电压在 100 V 以上、总风压 700 kPa 以上。蓄电池电压低于 100 V 时立即关闭蓄电池，总风压低于 700 kPa 时通知随车机械师	
		在司机室观察线路情况。 平直道□ 斜弯道□	
		提前准备好防护信号（白天红、绿旗，夜间手信号灯）	
		确认车组停放制动已施加	
		询问司机车组坡道情况，若需要设置防溜时，按照规定设置防溜	
		跟司机密切联系，确认救援来车方向	

续上表

序号	项目	具体内容	参考图片
1	准备工作	确认“蓄电池电压”不低于 100 V。 检查：蓄电池电压为________ V 总风压________ kPa	
		打开连挂端司机室右侧隔离开关柜→操作【自动安全装置】旋钮至“关”位→隔离 ATP	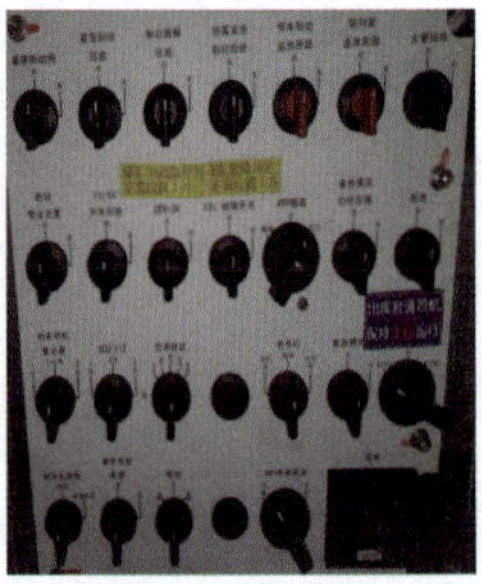
		确认受电弓已降下→打开连挂端司机室右侧隔离开关柜→关闭蓄电池→将【拖曳】置开位	
		打开非连挂端司机室右侧隔离开关柜→将【信号灯】置“红灯开”位	
		向司机申请调度命令下车	
2	请令下车	带好防护信号→通知车长防护车门	
		确认调度命令。 口头调度命令□　　纸质调度命令□ 命令号：________________ 邻线封锁□　　邻线限速□	
3	检查确认	注意线路安全，不得跨越股道；高架桥上行走时注意脚下路面石板，尽量避免踩在石板上，防止失足跌落；站台侧作业时要注意股道与站台间的空隙，紧贴车体进行作业，注意安全	
		车长到位后手动开门下车	
		下车确认动车组所有受电弓均处于降弓状态	
		打开车辆右侧列车管截断阀小盖板→关闭列车管截断阀【Z13】→关闭并锁闭小盖板→打开车辆左侧总风管截断阀小盖板→关闭总风管截断阀【Z17】→关闭并锁闭小盖板	 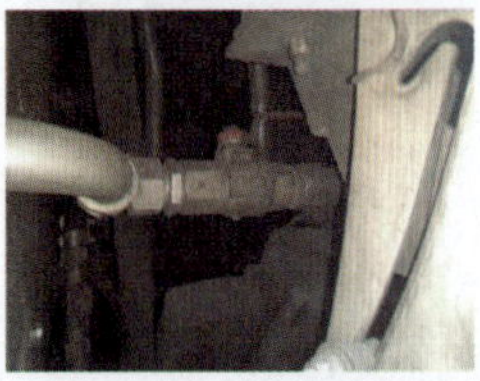
		上翻蝴蝶阀板（抗旋转杆）使导流罩开启状态锁定→手拉确认车钩罩无法动作→已锁闭到位	

续上表

序号	项目	具体内容	参考图片
3	检查确认	清除车钩风管上的“防尘堵(胶带)”→确认两端自动车钩伸出状态。 手动伸出车钩: 按住“V1”“V4”按钮解锁车钩锁紧装置,按“V2”按钮伸出车钩,车钩伸出后恢复“V1”“V4”,使车钩锁处于锁紧状态。 如车组因风压不足导致密接车钩无法伸出时,用以下方式手动充气:关闭 Z07/1 阀。打开检修盖板,用手指捏住手动泵风口的连接卡死环往下压,把打气筒的风管连接嘴插入手动泵风口,松开泵风的连接卡死环。 手动泵风直至打开上下导流罩和伸出车钩。再用手指捏住手动泵风口的连接卡死环往下压后拉出打气筒的风管连接嘴	 
4	车钩确认	关闭车钩顶部红色对中(电钩控制)阀	
		检查自动车钩状态伸出到位,锁紧装置状态正常,确认车钩外观各接口等部件处无杂物,其他部件外观正常	
		打开连挂端车辆左侧多普勒雷达裙板→打开【Z30】阀→关闭并锁闭裙板	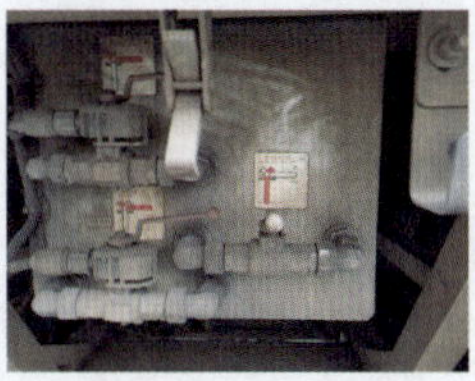
5	安装过渡车钩	准备好过渡车钩模块 3+模块 4→清除模块上的防尘堵(胶带)→确认无异物	
		选择正确的辅助挂钩(较低一侧)→安装过渡车钩模块 3→确认安装正确	
		按照侧面指示线指示安装好模块 4→用插销固定→安装 R 型销开口销→拆除防跳止挡→压装过渡车钩→确认模块 3 上方指针指示到位(模块 4 安装方向为铭牌在上)	

续上表

序号	项目	具体内容	参考图片
5	安装过渡车钩		
6	制动切除	车组蓄电池电压低无法继续供电时； 车组无风源导致风压无法满足缓解停放制动或会触发紧急制动时； 车组存在其他故障需要切除制动时	
7	引导作业	前往救援机车来车方向 300 m 外处做好防护	
		救援机车到达防护位置停车→救援机车司机联控随车机械师→得到随车机械师同意后撤除防护信号→救援机车在距离动车组前方 10 m 左右停车→将防护信号交被救援车随车机械师	
8	连挂准备	检查车钩是否与机车车钩在同一直线上→若车钩与机车车钩不在同一直线上→通知机车司机调整车钩角度→确认机车车钩处于全开位置，便于连挂，避免连挂时损坏车钩	
9	连挂作业	给出连挂信号	
		手信号指示救援机车→以不高于 5 km/h 的速度进行连挂	
		连挂完毕→检查连挂状态	
10	试拉	检查完毕→通知救援机车进行试拉	
		试拉确认没有脱钩→判断车钩连接良好	
		安装防跳止挡→确认安装正确	

续上表

序号	项目	具体内容	参考图片
11	贯通风路	连接机车列车管与动车组制动(BP)管(过渡车钩模块上方的软管)并确认连接正确	
		打开动车组列车管(BP)截断阀【Z13】和机车列车管的折角塞门	
		通知机械师确认锁闭小盖板	
12	制动试验	下车→确认连挂端无漏风情况	
		车下通知动车组司机联控机车司机连挂完毕→开始制动试验	
		通知动车组司机联控机车司机施加制动(减压 100 kPa)→得到回复→确认动车组制动施加正常	
		通知动车组司机联控机车司机缓解制动→得到回复→确认动车组制动缓解正常→通知动车组司机联控机车司机制动试验完毕	
13	恢复现场	若车组已设置防溜时,须撤除防溜	
		通知司机操作停放制动缓解按钮缓解停放制动	
		将车下所有工具、备品带齐上车	
		关闭车门→确认停放制动缓解→通知司机联控机车司机可以动车	
14	救援运行	动车→运行途中加强盯控车组状态	
		通知司机运行途中加强盯控车组总风压力、蓄电池电压、列车运行状态。 风压>530 kPa　　电压>97 V	
15	解编作业	停车→施加停放制动或设置防溜并确认	
		关闭机车列车管折角塞门和动车组列车管(BP)截断阀→确认小盖板锁闭到位摘解制动软管→拆除防跳止挡	
		通知救援机车解钩动车	
		拆下动车组过渡车钩→放回动车组规定位置	
		动车组司机回收自动车钩、关闭前端罩盖	
		恢复回送时所有阀门及断路器等	

第八节 CR400AF 型动车组作为被救援车

序号	项目	具体内容	参考图片
1	准备工作	故障发生：区间停车 20 min、站内停车 30 min 仍无法判明故障原因或无法处置不能继续运行时，通知司机申请救援	
		通知司机保持车组处于制动施加状态	
		打开开闭机构： 自动打开头罩： 打开司机室配电盘 2→闭合【联解控制】断路器。在主控端 HMI 屏【设备控制】界面选择【连挂解联】选项，操作【开始连挂】，确认【连挂准备就绪】，断开【联解控制】断路器。 强制开头罩： 打开司机室右侧边柜司机室配电盘 1 下方的连挂解联手动操作面板。将【闭锁解除】开关向上扳至"强制合"。将【电连接器解】开关向上扳至"强制合"。将【罩开】开关向上扳至"强制合"，确认前端罩盖打开。将【闭锁解除】【电连接器解】【罩开】开关向下扳动，恢复常位。断开【联解控制】断路器。 手动开头罩： 断开【联解控制】断路器。关闭司机室设备舱 1 内配管单元箱的【分割合并】蝶形阀，将压缩空气排空（蝶形阀手柄与地面平行方向为"开"，与地面垂直方向为"关"）。首先确认头罩解锁机构为单侧解锁机构（仅在二位侧设有六角解锁螺柱）或双侧解锁机构（一、二位侧各设有六角解锁螺柱）。将六角棘轮扳手（SW18）套在固定罩下方手动解锁六角螺柱上，向头罩开启方向旋转棘轮扳手，解锁头罩。（可操作完一侧后再操作另一侧）在头罩解锁状态下，由随车机械师手动推开头罩舱门。开闭机构手动开启完毕，手动推动头罩至舱门开启最大状态，头罩自动锁定后，确认头罩锁闭到位	
		在 HMI 屏主页面点击【设备控制】→点击【连挂解联】→确认【连挂准备就绪】已点亮	
		确认头罩打开→断开【联解控制】断路器	
		在 HMI 上紧急关闭全列空调、关闭全列照明， 检查：蓄电池电压为________ V 总风压________ kPa	
		打开连挂端司机室配电盘 3→【预充电接触器开关】旋至红点位	

续上表

序号	项目	具体内容	参考图片
1	准备工作	通知司机盯控蓄电池电压→确认蓄电池电压在 100 V 以上、总风压 700 kPa 以上。蓄电池电压低于 100 V 时立即关闭蓄电池，总风压低于 700 kPa 时通知随车机械师	
		打开连挂端司机室配电盘 1→闭合【救援装置】断路器	
		打开转换开关盘 2→将【救援】旋钮旋至“被救援”位	
		打开救援连挂端转换开关盘 1→操作【司机警惕报警装置旁路 VCS】开关至隔离位	
		打开救援连挂端转换开关盘 1→操作【ATP 隔离开关 ATPCOS】至隔离位	
		在司机室观察线路情况。 平直道□　　斜弯道□	
		确认车组停放制动已施加	
		询问司机车组坡道情况，若需要设置防溜时，按照规定设置防溜	
		跟司机联系→确认救援来车方向	

续上表

序号	项目	具体内容	参考图片
1	准备工作	检查：蓄电池电压为________ V 总风压________ kPa 确认车组已降弓→关闭蓄电池	
		提前准备好防护信号（白天红、绿旗，夜间手信号灯）	
		向司机申请调度命令下车	
2	请令下车	带好防护信号→通知车长防护车门	
		确认调度命令。 口头调度命令□　　纸质调度命令□ 命令号：________________ 邻线封锁□　　邻线限速□	
3	检查确认	注意线路安全，不得跨越股道；高架桥上行走时注意脚下路面石板，尽量避免踩在石板上，防止失足跌落；站台侧作业时要注意股道与站台间的空隙，紧贴车体进行作业，注意安全	
		车长到位后手动开门下车	
		下车确认动车组所有受电弓均处于降弓状态	
		手拉确认车钩罩无法动作→已锁闭到位	
		清除车钩风管上的“防尘堵（胶带）”→确认两端车钩罩状态	
		检查确认车钩外观各接口等部件处无杂物，其他部件外观正常	
4	安装过渡车钩	准备好过渡车钩模块 3＋模块 4→清除模块上的防尘堵（胶带）→确认无异物	
		选择正确的辅助挂钩（较低一侧）→安装过渡车钩模块 3→确认安装正确	
		按照侧面指示线指示安装好模块 4→用插销固定→安装 R 型销开口销→拆除防跳止挡→压装过渡车钩→确认模块 3 上方指针指示到位（模块 4 安装方向为铭牌在上）	 

续上表

序号	项目	具体内容	参考图片
5	制动切除	车组蓄电池电压低无法继续供电时； 车组无风源导致风压无法满足缓解停放制动或会触发紧急制动时； 车组存在其他故障需要切除制动时	
6	引导作业	前往救援机车来车方向 300 m 外处做好防护	
		救援机车到达防护位置停车→救援机车司机联控随车机械师→得到随车机械师同意后撤除防护信号→救援机车在距离动车组前方 10 m 左右停车→将防护信号交被救援车随车机械师	
7	连挂准备	检查车钩是否与机车车钩在同一直线上→若车钩是否与机车车钩不在同一直线上→通知机车司机调整车钩角度→确认机车车钩处于全开位置，便于连挂，避免连挂时损坏车钩	
8	连挂作业	给出连挂信号	
		手信号指示救援机车→以 2 km/h 的速度进行连挂	
		连挂完毕→检查连挂状态	
9	试拉	检查完毕→通知救援机车进行试拉(注意：长大坡道向下坡道方向救援试拉时，应优先采取缓解制动方式试拉。具体方法为：救援动车组不施加牵引，先缓解救援动车组停放制动，再逐级缓解救援动车组常用制动，试拉完毕后立即施加最大常用制动)	
		试拉确认没有脱钩→判断车钩连接良好	
		安装防跳止挡	

续上表

序号	项目	具体内容	参考图片
10	贯通风路	连接机车列车管与动车组制动(BP)管(过渡车钩模块上方的软管)并确认连接正确	
		打开机车列车管折角塞门→打开连挂端2位侧充电机裙板BP救援转换装置阀盖板→确认【BP救援】【BP救援转换装置】阀为打开位置→锁闭小盖板	
		钻入连挂端司机室右侧设备舱1→打开【救援旁通】阀→确认总风压力达到600 kPa后将【救援旁通】阀关闭→打开【救援】阀→关闭设备舱门	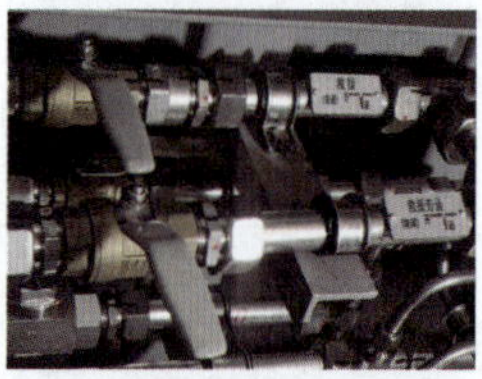
11	制动试验	投入主控并确认【方向选择】旋钮处于“前”位→确认总风正常→确认停放制动已施加→进行紧急复位确认制动状态→在HMI维护界面→回送发电界面→进入回送救援发电模式	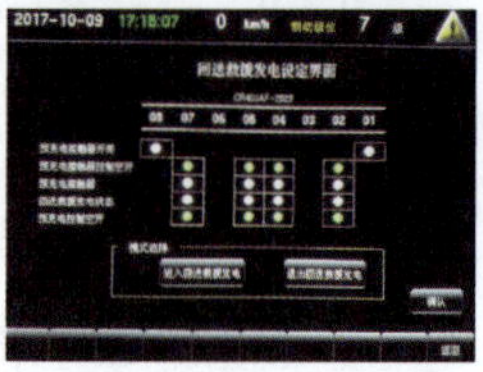
		下车→确认连挂端无漏风情况	
		上车→通知动车组司机联控机车司机连挂完毕→开始制动试验	
		通知动车组司机联控机车司机施加制动(减压100 kPa)→得到回复→确认动车组制动施加正常	
		通知动车组司机联控机车司机缓解制动→得到回复→确认动车组制动缓解正常→通知动车组司机联控机车司机制动试验完毕	
12	恢复现场	若车组已设置防溜时,须撤除防溜	
		通知机械师将车下所有工具、备品带齐上车	
		关闭车门→确认停放制动缓解→通知司机联控机车司机可以动车	
13	救援运行	动车→运行途中加强盯控车组状态	
		通知司机运行途中加强盯控车组总风压力、蓄电池电压、列车运行状态。 风压>530 kPa　电压>95 V	

续上表

序号	项目	具体内容	参考图片
14	解编作业	停车→施加停放制动或设置防溜并确认	
		关闭【BP 救援】阀	
		确认机车司机已关闭机车列车管折角塞门→摘解制动软管→拆除防跳止挡	
		通知救援机车解钩动车	
		拆下动车组过渡车钩→并放回动车组规定位置	
		动车组司机关闭前端罩盖	
		恢复回送时所有阀门及断路器等，退出回送救援发电模式	

复习思考题

1. 请阐述被机车救援时，各型动车组过渡车钩分别使用哪两个模块。
2. 救援运行时，司机需盯控车组总风压、蓄电池电压在什么范围内？

第七章　救援操作相关事项

针对动车组相互救援过程，前面的章节已经进行了系统的介绍，包括救援装置的构成原理、动车组被救援的优先级别、动车组救援车组、被救援车组操作流程、被机车救援过程等。本章将对动车组救援过程中的一些基本操作要求进行介绍，包括救援操作连挂引导、制动试验操作流程，提示过渡车钩安装、风管连接、安装芯线、挑线操作、滚动试验等过程的操作风险及要求，以便融会贯通，最大限度、可靠地完成动车组救援操作的全过程，有效救援动车组。

第一节　连 挂 引 导

被救援动车组准备完毕后，由随车机械师引导救援动车组（机车）以不大于 5 km/h 的速度进行连挂。

随车机械师手信号按照《铁路技术管理规程（高速铁路部分）》中第 483 条“调车手信号的显示方式”、第 484 条“联系用的手信号的显示的方式”结合实际情况执行如下。

1. 停车信号

要求列车停车（300 m 外被救援动车组防护信号或要求救援车停车信号）。昼间——展开的红色信号旗；夜间——红色灯光，如图 7-1 所示。

(a) 昼间

(b) 夜间

图 7-1　停车信号

2. 连接信号

表示连挂作业(救援车距被救援车组 10 m 处停车后,给出连挂信号)。昼间——两臂高举头上,使拢起的手信号旗杆成水平末端相接;夜间——红、绿色灯光(无绿色灯光的人员,用白色灯光)交互显示数次,如图 7-2 所示。

(a) 昼间

(b) 夜间

图 7-2　连接信号

3. 指挥救援车向被救援动车组移动

昼间——展开的绿色信号旗在下部左右摇动;夜间——绿色灯光在下部左右摇动,如图 7-3 所示。此时因救援车距离被救援动车组较远,若需要救援车停车时有充足的时间给出停车信号。

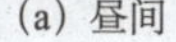

(a) 昼间

(b) 夜间

图 7-3　指挥救援车向被救援动车组移动

4. 指挥救援车向被救援动车组稍行移动

昼间——拢起的红色信号旗直立平举,再用展开的绿色信号旗左右小动;夜间——绿色灯光下压数次后,再左右小动,如图 7-4 所示。此时因救援车距离被救援动车组较近,若需要救援车停车时为确保能及时给出停车信号,昼间时须将红旗拿于左手适时放下红旗给出停车信号。

(a) 昼间

(b) 夜间

图 7-4　指挥救援车向被救援动车组稍行移动

5. 指挥救援车向显示人反方向稍行移动的信号(试拉)

昼间——拢起的红色信号旗直立平举,再用展开的绿色信号旗上下小动;夜间——绿色灯光上下小动,如图 7-5 所示。

(a) 昼间

(b) 夜间

图 7-5　指挥救援车向显示人反方向稍行移动的信号(试拉)

6. 指挥救援车解钩动车

昼间——展开的绿色信号旗上下摇动;夜间——绿色灯光上下摇动,如图 7-6 所示。

(a) 昼间

(b) 夜间

图 7-6　指挥救援车解钩动车

第二节　制 动 试 验

按照动车组编组、制动性能和车钩形式的不同,CRH 系列、CR 系列动车组及综合检测车总体可分为以下 11 类。

(1)CRH1 系列短编组:包括 CRH1A-200 型、CRH1A-250 型。

(2)CRH380D 型短编组。

(3)CRH1 系列长编组:包括 CRH1B 型、CRH1E 型、CRH1A 型重联、CRH380D 型重联。

(4)CRH2 系列短编组:包括 CRH2A 型、CRH2A 统型、CRH2C 型(CRH2C-1 型、CRH2C-2 型)、CRH2G 型、CRH2J 型、CRH380A 型、CRH380A 统型、CRH380AJ 型、CRH380AM 型。

(5)CHR2 系列长编组:包括 CRH2B 型、CRH2E 型、CRH380AL 型及 CRH2 系列短编组重联。

(6)CRH3 系列长编组:包括 CRH380BL 型、CRH380CL 型及 CRH3 系列短编组重联。

(7)CRH3 系列短编组:包括 CRH3C 型、CRH380B 型、CRH380BG 型、CRH380BG 统型、CRH380BJ 型。

(8)CRH5 系列短编组:包括 CRH5A 型、CRH5G 型、CRH5J 型。

(9)CHR5 系列长编组:CRH5 系列短编组重联。

(10)“复兴号”短编组:包括 CR400AF 型、CR400BF 型。

(11)“复兴号”长编组:包括 CR400AF-A 型、CR400BF-A 型、CR400AF 型短编组重联、CR400BF 型短编组重联、CR400AF 型短编组与 CR400BF 型短编组重联。

参考《CRH 系列动车组相互救援暂行作业办法》(铁总运〔2016〕37 号)相关规定结合实际运用经验建议制动试验程序如下:

1. 当动车组与动车组相互救援为以下方式时,只对救援进行简略制动试验(主制动手柄最大紧急制动位)并确认制动状态。

(1)CRH1 型系列短编组救援 CRH2 系列短编组、长编组;

(2)CRH380D 型短编组救援 CRH2 系列短编组;

(3)CRH1B 型、CRH1E 型动车组救援 CRH1 系列、CRH2 系列、CRH3 系列、CRH5 系列短编组、CRH380D 型短编组、CRH1 系列长编组;

(4)CRH2 系列短编组救援 CRH1 系列短编组、CRH380D 型短编组、CRH3 系列及 CRH5 系列短编组;

(5)CRH3 系列及 CRH5 系列短编组救援 CRH2 系列短编组、长编组。

(6)CRH3 系列长编组救援 CRH2 系列短编组。

2. 当动车组与动车组采取以下救援方式时,进行相应的制动试验。

(1)CRH2 系列、CRH1 系列及 CRH380D 型短编组相互救援(不含 CRH1B 型、

CRH1E 型担当救援动车组)；

(2)CRH3 系列及 CRH5 系列长编组、短编组相互救援(不含短编组相互救援)；

(3)CRH1 系列短编组、CRH380D 型短编组救援 CRH3 系列及 CRH5 系列长编组、短编组；

(4)CRH3 系列及 CRH5 系列短编组救援 CRH1 系列长编组；

(5)CRH3 系列长编组救援 CRH1 系列短编组及 CRH380D 型短编组。

制动试验步骤如下：

(1)救援动车组施加紧急制动，使列车管压力从 600 kPa 减至 50 kPa 以下，确认两列动车组制动已施加；

(2)救援动车组缓解紧急制动，使列车管压力升至 600 kPa，确认两列动车组处于缓解状态。

3. 当动车组救援动车组为以下方式时，进行相应的制动试验。

(1)CRH3 系列及 CRH5 系列短编组相互救援；

(2)CRH3 系列及 CRH5 系列短编组救援 CRH1 系列短编组及 CRH380D 型短编组制动试验步骤如下：

(1)操作救援动车组备用制动手柄，减压 50 kPa 以上，确认两列动车组制动已施加。

(2)缓解救援动车组制动，却仍两列动车组处于缓解状态。

4. CRH2 系列长编组、短编组相互救援时，制动试验步骤如下：

(1)救援动车组一次施加 B1、B4、B7 级常用制动，确认两列动车组制动已施加；

(2)缓解救援动车组常用制动，确认两列动车组处于缓解状态。

5. CR400AF 系列动车组与其他型救援时，制动试验可参照 CRH2 型动车组。

第三节　操 作 风 险

一、安装过渡车钩

动车组相互救援需要在被救援车组上安装使用两组车的过渡车钩模块时，连挂前要确认救援车组的模块辅助挂钩处于水平位，如图 7-7 所示，否则连挂时可能会导致辅助挂钩与自动车钩的碰撞从而对过渡车钩造成损坏。

如图 7-7 所示，可以看出解编时因辅助挂钩的影响，必须先操作未使用辅助挂钩的过渡车钩侧车组解钩拉绳，待救援车组动车离开后再拆解过渡车钩，否则会造成设备损坏。

图 7-7　确认救援车组的模块辅助挂钩处于水平位

如图 7-8 所示，CRH1A 型动车组被其他系列动车组使用过渡车钩救援时，可能存在模块 1 未安装到位即车钩指示线无法对齐的现象，此时可操作解钩拉绳解钩后再次压装或通过使用过渡车钩柱形连接销从过渡车钩指示线上方的空隙撬动转轴，也可以联控救援动车组进行连挂、压钩。

图 7-8　确认车钩指示线对齐

需要使用模块 4 进行救援时，连挂完毕试拉确认后，安装防跳止挡时，要确保防跳止挡如图 7-9 所示指向车钩内侧；同时插销卡扣要位于车钩外侧。若防跳止挡指向车钩外侧时救援运行中可能导致车钩分离；插销卡扣位于车钩内侧时救援运行中可能因碰撞使卡扣变形从而无法发挥固定防跳止挡的作用导致因防跳止挡失效造成车钩分离。

图 7-9　确认防跳止挡指向车钩内侧

二、风管连接

安装过渡车钩救援时连接列车(总风)软管,此时风管连接后呈自然下垂状态,若连接方式不对,风路贯通后会导致风管解开造成人身伤害事故或者在后续救援运行中过弯道时导致风管解开。过渡车钩设有总风软管且未连接使用时,要注意固定软管防止运行中摆动,同时可能会出现排风现象,此时需关闭相应总风阀。

正确连接风管后应如图 7-10 所示。

图 7-10　风管连接后正常状态

三、安装 32 芯线

CRH2 系列动车组相互救援需要使用 32 芯线时，如图 7-11 所示，安装及拆卸前救援车与被救援车均要降下受电弓、拔取主控，否则 32 芯连接器内的 103 线直流电，极易受伤及烧损连接器。被救援车组若需要投入主控时须断接 2A-2A1 线，否则全列车组制动无法缓解。

图 7-11　32 芯线位置

四、挑线操作

CRH1A 型动车组在作为救援车组使用模块 1+4 救援时，先退出司机室占用，将救援连挂端司机室操纵台右下方 EC 柜的 C. A1. 2. 2. X1 端子排 144802 号线进行挑线操作，然后重新激活，否则在安装完毕过渡车钩动车连挂时会导致牵引封锁，同时连挂完毕后退出占用恢复挑线后再激活占用；CRH1A 型重联动车组在作为被救援车组时，连挂前先退出司机室占用，将前车重联端司机室操纵台右下方 EC 柜的 C. A1. 2. 2. X1 端子排 144802 号线进行挑线操作，然后重新激活，否则将无法正常动车。

CRH1A-A 型动车组在作为救援车组使用模块 1+4 救援时，先退出司机室占用，将救援连挂端司机室操纵台右下方 EC 柜的 14-K2 继电器拔出，然后重新激活，否则在安装完毕过渡车钩动车连挂时会导致牵引封锁，同时连挂完毕后退出占用恢复 14-K2 后再激活占用；CRH1A-A 型重联动车组在作为被救援车组时，连挂前先退出司机室占用，将前车重联端司机室操纵台右下方 EC 柜的 14-K2 继电器拔出，然后重新激活，否则可能将无法正常动车。

进行相关挑线操作时要注意安全，严禁带电操作，操作完毕后要对线进行绝缘处理，恢复时也须注意安全。

五、滚动试验

当车组出现停放制动被切除的情况时，随车机械师联控救援司机操纵缓解动车组制动，以不高于 5 km/h 的速度运行，随车机械师在车下目视检查动车组相应车厢各轮对转动是否正常，是否轴抱死、异音及异常振动等；当车组全列停放制动被切除时需要确认全列停放制动车厢轮对转动均正常。

复习思考题

1. 安装过渡车钩需要注意哪些要点？
2. CRH2 系列动车组救援时，为什么安装 32 芯线需要降下受电弓、拔出主控？
3. 动车组救援制动试验有几种方式？分别适合什么车型？
4. 什么叫滚动试验？

第八章 知识拓展

第一节 CRH1A-A 型动车组 BP 风压与紧急制动 EB 的关系

本书介绍了 CRH1A-A 型动车组救援装置的工作原理，提到了不管是作为救援车还是被救援车，CRH1A-A 型动车组都能传递和接受紧急制动指令。

如图 8-1 所示，继电器 61-K53 的得失电与压力开关有着直接的关系，即当 BP 风压达到 400 kPa 时，压力开关 1-3 点接通使继电器 61-K53 得电，反之当 BP 风压低于 400 kPa 时压力开关 1-3 点断开使继电器 61-K53 失电，由此可以看出继电器 61-K53 其实就是 BP 管风压是否达到 400 kPa 的一个反映。继电器 61-K53 的得失电会直接影响延时继电器 61-K57 的状态，而继电器 61-K57 又会影响着 BP 救援转换装置内的紧急电磁阀 .13 的状态，从前面章节的介绍可以知道紧急电磁阀 .13 的作用是控制快速排空 BP 管。紧急电磁阀 .13 还可能会由继电器 61-K40 控制，继电器 61-K40 其实是单车紧急制动 EB 指令继电器、每个车厢都有一个 61-K40 继电器，当车组触发紧急制动 EB 时所有车的继电器 61-K40 失电。如图 8-1 所示，当继电器 61-K40 得电的时候紧急电磁阀 .13 肯定无法失电即无法控制快速排空 BP 管；当继电器 61-K40 失电即车组触发紧急制动 EB 时紧急电磁阀 .13 仅由继电器 61-K57 的 3-13 常闭触点控制其状态，而继电器 61-K57 是一种延时继电器(其常闭触点 3-13 得电时延时 1 s 断开、失电时延时 30 s 闭合)。综上所述，我们可以知道 BP 风压达到 400 kPa 至少 1 s 后继电器 61-K57 的 3-13 常闭触点断开，此时车组若是触发紧急制动 EB 则会导致紧急电磁阀 .13 失电从而快速排空 BP 管发出紧急制动指令；此时可能有个疑问，那就是继电器 61-K57 常闭触点失电延时 30 s 闭合这个功能有什么作用呢？接下来继续分析去寻找这个答案。

如图 8-2 所示，当 BP 风压低于 400 kPa 导致继电器 61-K53 失电后，作为被救援车时会导致继电器 61-K41 失电(61-K41 是车组紧急制动 EB 请求继电器，即车组触发紧急制动时通过继电器 61-K41 可控制全列的紧急制动 EB 指令继电器 61-K40)。

如图 8-3 所示，BP 管风压低于 400 kPa 导致继电器 61-K53 失电后，会影响到其常开触点后面的线路，形成断路，进而会导致全列的紧急制动 EB 指令继电器 61-K40 失电。

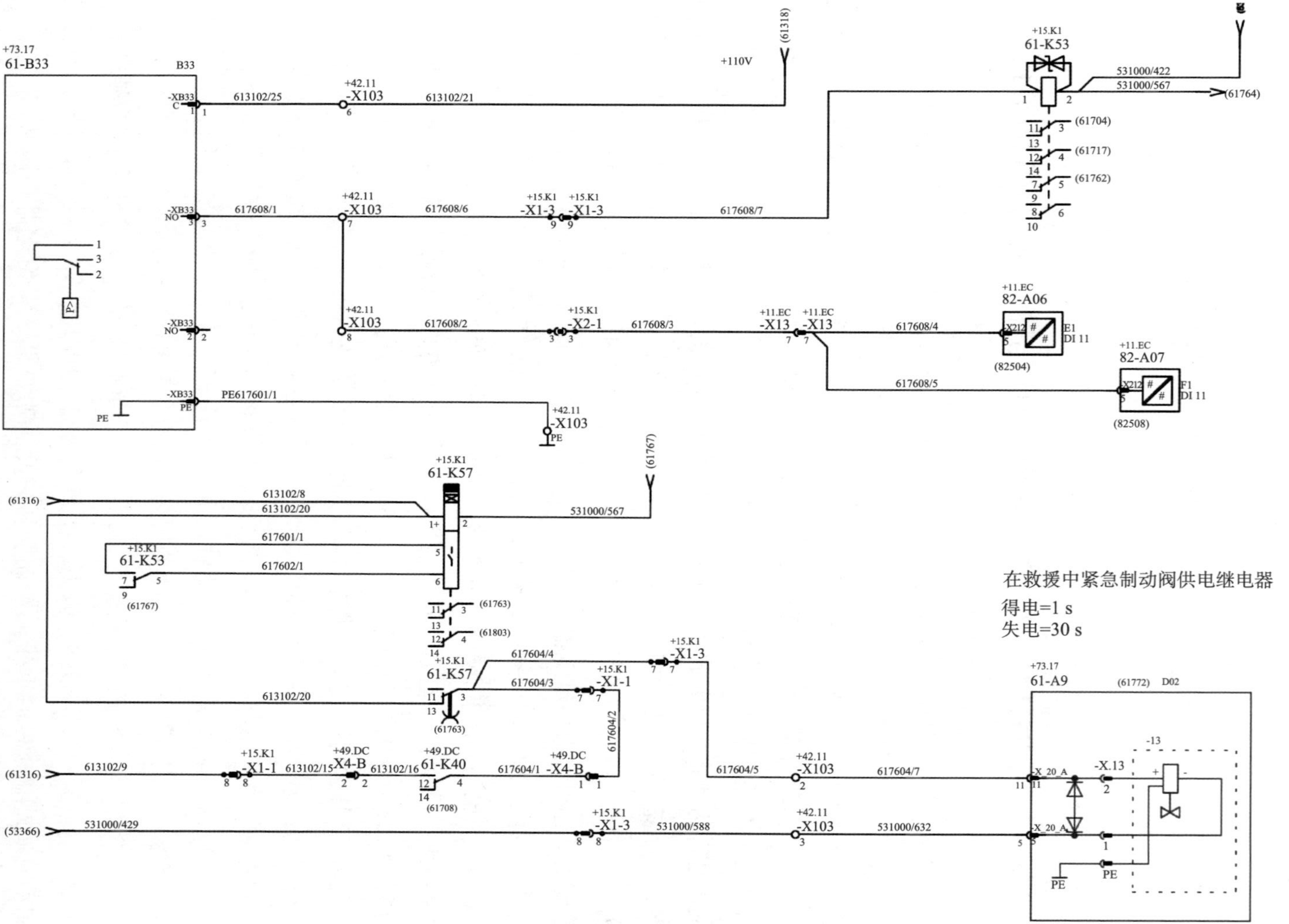

图 8-1　救援紧急电磁阀电路示意

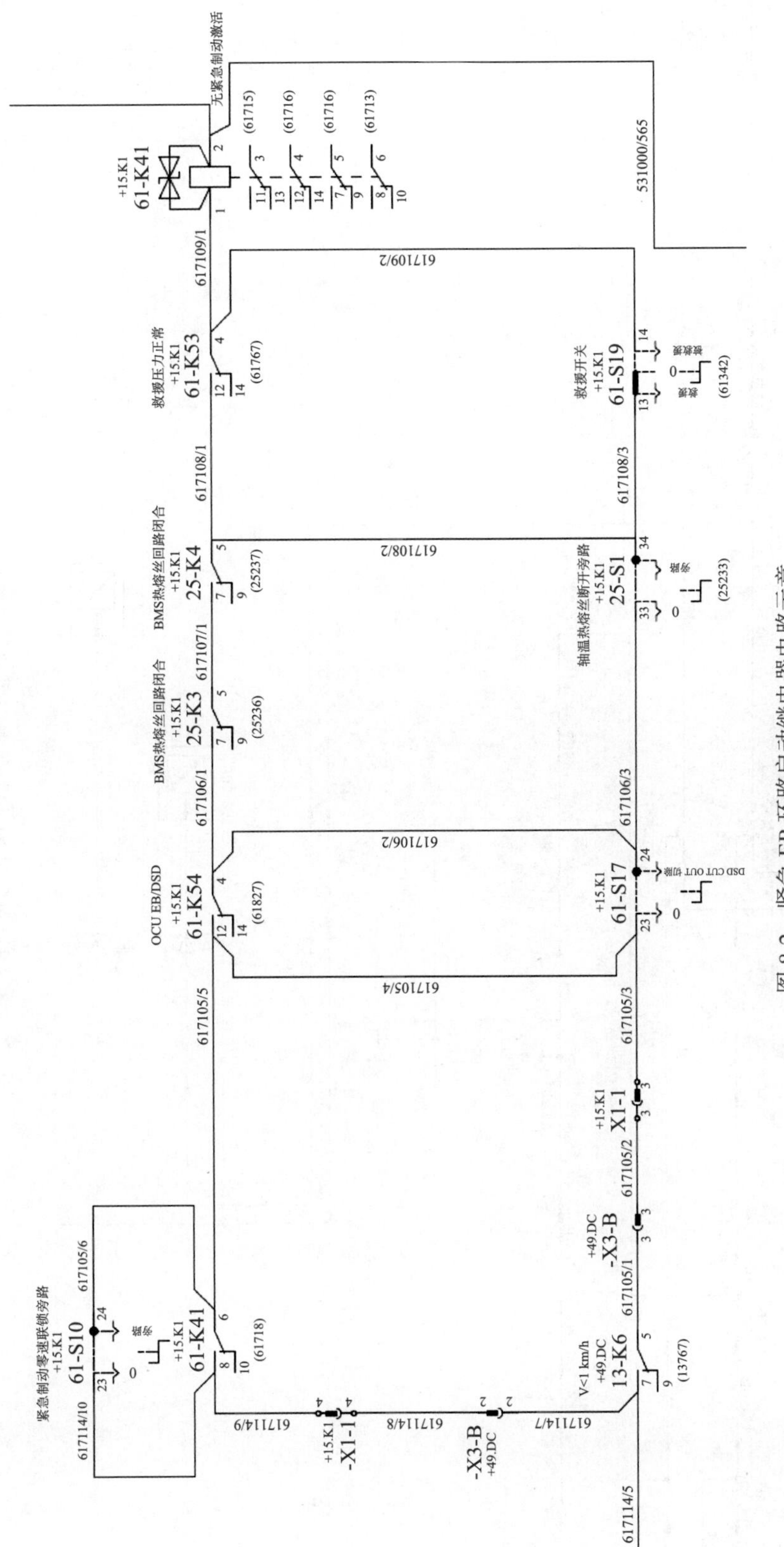

图 8-2 紧急 EB 环路启动继电器电路示意

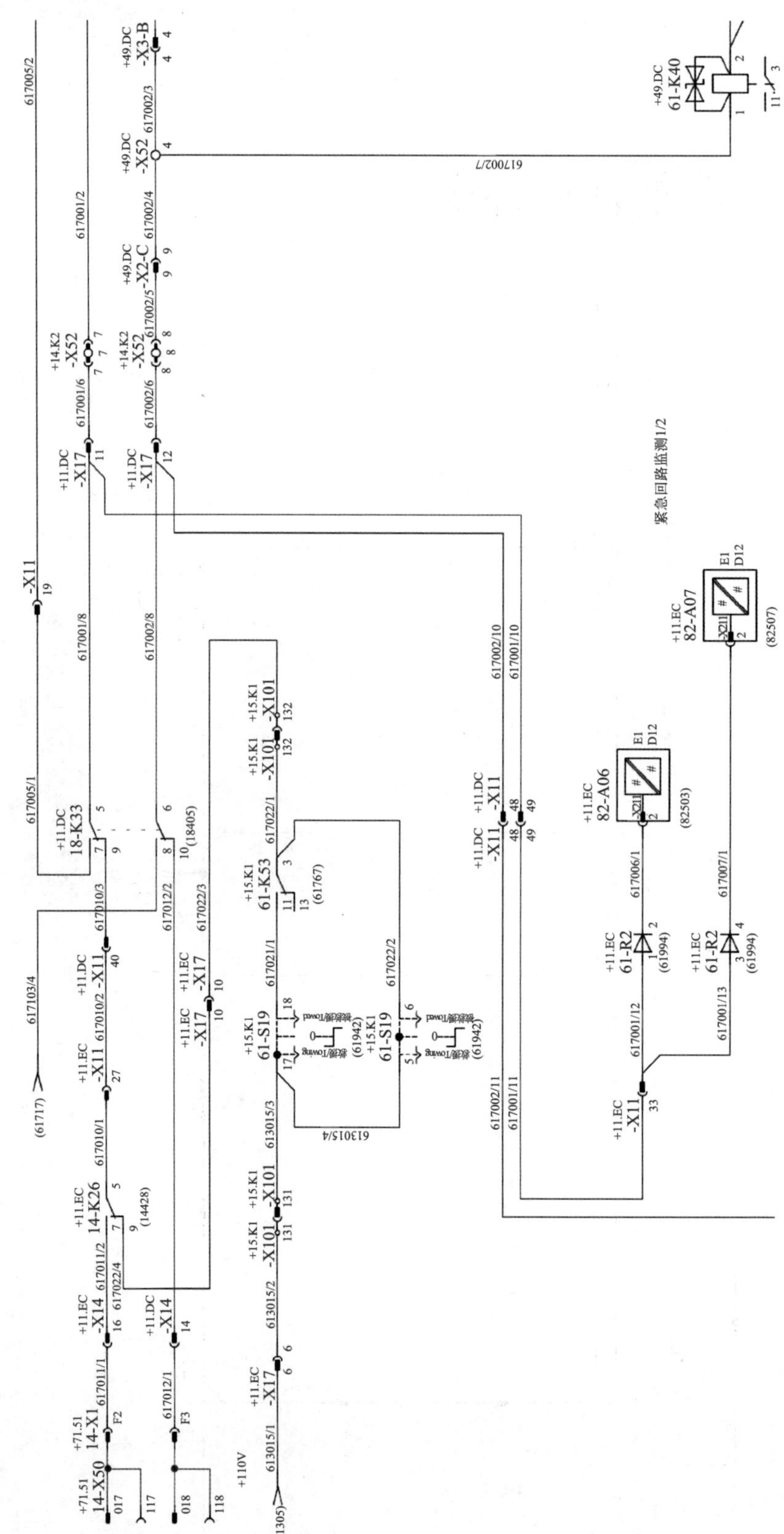

图 8-3　救援时 BP 风压低触发紧急制动电路

结合上面的分析发现，车组在 BP 风压低于 400 kPa 时，不论是作为救援车还是被救援车，均会导致全列的继电器 61-K40 失电，同时因为继电器 61-K57 也处于失电状态，若此时继电器 61-K57 的常闭触点未延时立即恢复闭合状态，那么紧急电磁阀 .13 将再次得电无法继续进行排风，可能会导致 BP 风无法排空继而无法传递紧急制动指令至其他车组；而若继电器 61-K57 的常闭触点延时 30 s 闭合，则意味着紧急电磁阀 .13 将会有至少 30 s 的失电时间，以便能排空 BP 管达到传递紧急制动指令的目的。

第二节　使用 32 芯连接线时制动相关操作解析

第二章介绍了 CRH2 系列动车组救援时使用 32 芯连接线的一些说明及注意事项，其中关于制动方面的内容，下面从原理上分析具体原因。

以 CRH6A 统型动车组为例，如图 8-4 所示，对车组操作【保持制动切除】旋钮进行保持制动切除时，前面串联有主控继电器 MCR 的常开触点，因此进行此操作时必须投入主控。

图 8-4　保持制动切除电路

结合前面章节对 32 芯连接线的介绍，得知两列车组使用 32 芯连接后 61～67 制动指令线、152 线、153 线、154 线、155 线、156 线贯穿。如图 8-5 所示，在操作被救援车连挂端救援手柄后 154D 线将无法得电，即使投入主控后 JTRTD 也无法得电，这也就意味着 JTR 无法得电。当主控端 JTR 无法得电时，此时 MON 屏会显示“紧急”，但此时因为救援车组主控端 JTR 处于得电状态，故 152 线会一直有电，虽然车组显示“紧急”制动，但实际未触发紧急制动；同时如图 8-6 所示，当被救援车组主控端 JTR 失电时会导致 ATCBR 得电，而 ATCBR 得电后会导致 66、67 号线得电，从而向车组发出 B7 级最大常用制动，造成全列制动无法缓解；因此此时车组施加的是最大常用制动而非紧急制动，想要缓解制动则需要断接被救援车主控端短接开关盘处的 2A-A1 可强制使 ATCBR 失电，进而缓解制动。

若为了单纯消除 MON 屏处显示的“紧急”而短接被救援车主控端短接开关盘处的 3-154G2 时，JTR 得电，同时 152 线得电并且会一直处于得电状态，此时即使两列车组 154 线失电也不会触发紧急制动，仅被救援车主控端制动手柄在快速位时才会施加紧急制动，此时存在相当大的风险；同时因 152 线处于得电状态，EBFBR 继电器也处于得电

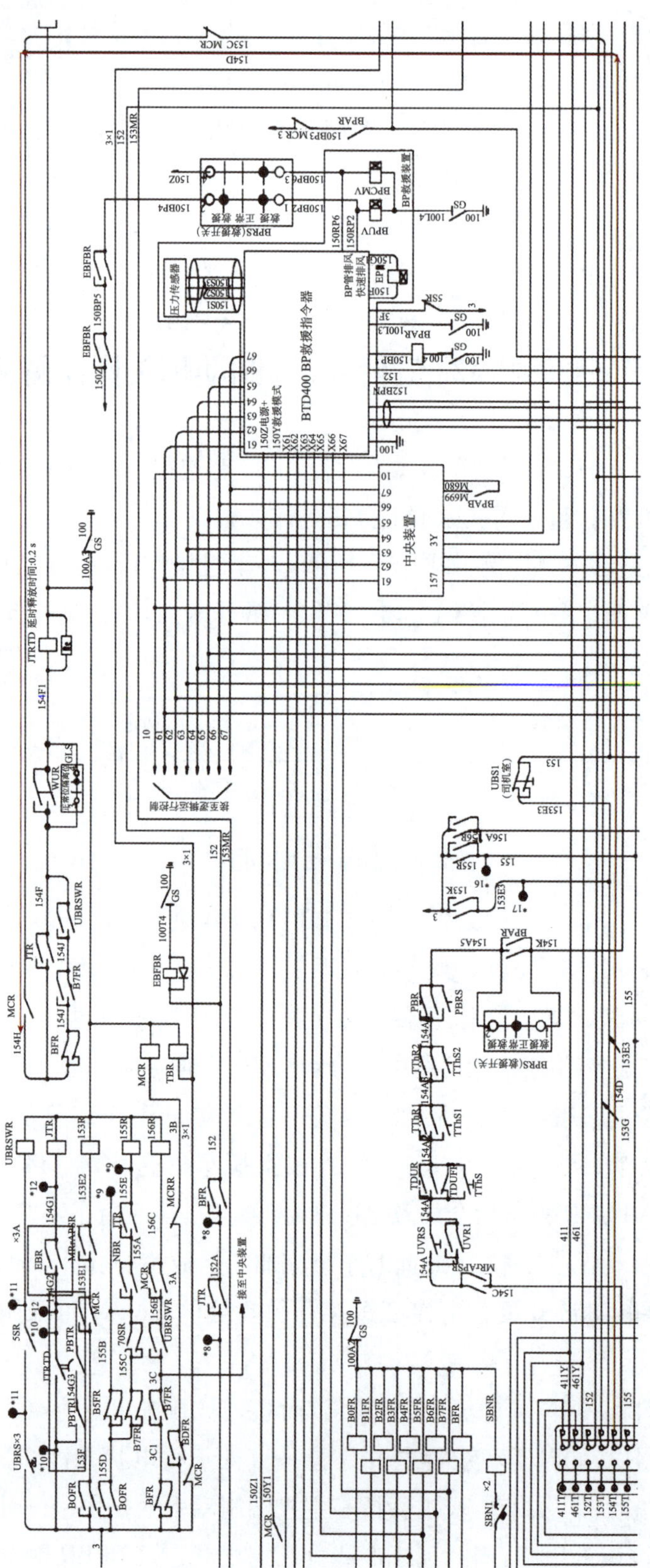

图 8-5 紧急制动继电器电路

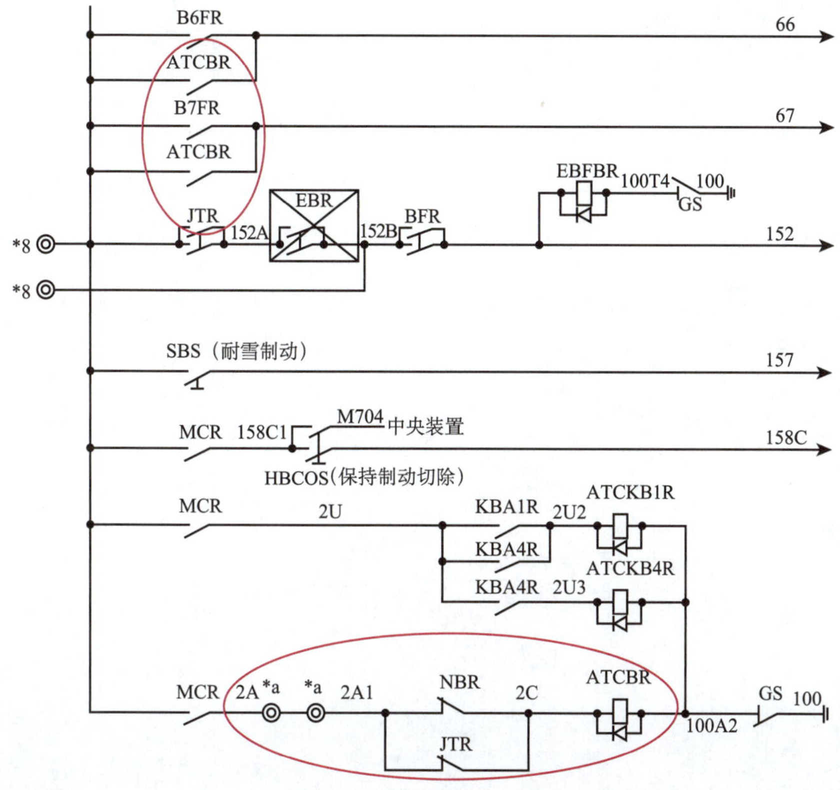

图 8-6　JTR 触发常用制动电路

状态，EBFBR 的一组常开触点负责向 ATP 反馈车组紧急制动的状态；正常情况下 ATP 进行制动测试时使 EBR 失电控制 JTR 失电从而使 152 线失电，但此时因 152 线一直处于得电状态，故 ATP 在进行制动测试时会接收到车组未能施加紧急制动的信息，导致 ATP 制动测试无法通过报出故障，无法运行。

通过上面的原理分析，可掌握安装使用 32 芯连接线的上述关键点，避免因误操作影响救援操作效率。

复习思考题

1. 请简述 CRH1A-A 型动车组 BP 风压与紧急制动 EB 的关系。

2. 使用 32 芯连接线时，怎样进行制动相关操作？

3. CRH1A 型动车组作为救援车使用模块 1+4 时，为什么要进行挑线操作？需要挑开哪根线？